Glauber Cavassani

SketchUp Pro 2016

Ensino Prático e Didático

1ª Edição

érica

SOMOS EDUCAÇÃO | Editora Saraiva

Av. das Nações Unidas, 7221, 1º Andar, Setor B
Pinheiros – São Paulo – SP – CEP: 05425-902

SAC | 0800-0117875
De 2ª a 6ª, das 8h00 às 18h00
www.editorasaraiva.com.br/contato

DADOS INTERNACIONAIS DE CATALOGAÇÃO NA PUBLICAÇÃO (CIP)
(CÂMARA BRASILEIRA DO LIVRO, SP, BRASIL)

Cavassani, Glauber
SketchUp Pro 2016: ensino prático e didático / Glauber Cavassani. – São Paulo : Érica, 2017.

Bibliografia
ISBN 978-85-365-1758-2

1. SketchUp (Programa de computador) 2. Computação gráfica I. Título.

16-1200 CDD-006.6
CDU 004.92

Índices para catálogo sistemático:
1. Computação gráfica

Diretoria executiva Flávia Alves Bravin
Diretoria editorial Renata Pascual Müller
Gerência editorial Rita de Cássia S. Puoço
Aquisições Fernando Alves (Coord.)
Rosana Ap. Alves dos Santos
Edição Paula Hercy Cardoso Craveiro
Silvia Campos Ferreira
Produção editorial Camilla Felix Cianelli Chaves
Katia Regina Pereira
Serviços editoriais Juliana Bojczuk Fermino
Kelli Priscila Pinto
Marília Cordeiro

Revisão Ricardo Franzin
Diagramação Villad'Artes Soluções Gráficas
Capa Casa de Ideias
Impressão e acabamento

1ª edição
3ª tiragem: 2018

Autor e Editora acreditam que todas as informações aqui apresentadas estão corretas e podem ser utilizadas para qualquer fim legal. Entretanto, não existe qualquer garantia, explícita ou implícita, de que o uso de tais informações conduzirá sempre ao resultado desejado. Os nomes de sites e empresas, porventura mencionados, foram utilizados apenas para ilustrar os exemplos, não tendo vínculo nenhum com o livro, não garantindo a sua existência nem divulgação.

A Ilustração de capa e algumas imagens de miolo foram retiradas de <www.shutterstock.com>, empresa com a qual se mantém contrato ativo na data de publicação do livro. Outras foram obtidas da Coleção MasterClips/MasterPhotos© da IMSI, 100 Rowland Way, 3rd floor Novato, CA 94945, USA, e do CorelDRAW X6 e X7, Corel Gallery e Corel Corporation Samples. Corel Corporation e seus licenciadores. Todos os direitos reservados.

Todos os esforços foram feitos para creditar devidamente os detentores dos direitos das imagens utilizadas neste livro. Eventuais omissões de crédito e copyright não são intencionais e serão devidamente solucionadas nas próximas edições, bastando que seus proprietários contatem os editores.

CL 641254 CAE 603107

Fabricante

Produto: **SketchUp Pro 2016**

Fabricante: **Trimble Navigation Limited**

Site: **http://www.sketchup.com**

Requisitos de hardware e de software do SketchUp Pro 2016

Usuários dos sistemas operacionais Windows 7, Windows 8 e Windows 10:

Hardware

Requisitos recomendados:

- Processador de 2 GHz ou superior.
- Memória RAM de 8GB ou mais.
- Espaço em disco rígido livre para a instalação de 500 MB.
- Placa de vídeo 3D com 1 GB de memória ou superior. Driver da placa de vídeo com a versão do OpenGL 2.0 ou superior e atualizada.

Requisitos mínimos:

- Processador de 1 GHz ou superior.
- Memória RAM de 4GB ou mais.
- Espaço em disco rígido livre para a instalação de 300 MB.
- Placa de vídeo 3D com 512 MB de memória ou superior. Driver da placa de vídeo com a versão do OpenGL 2.0 ou superior e atualizada.

Software

- Microsoft® Internet Explorer 9.0 ou superior.
- O SketchUp Pro requer .NET Framework versão 4.0.

Usuários de Mac OS X 10.8, 10.9 e 10.10:

Hardware

Requisitos recomendados:

- Processador Intel™ de 2.1 GHz ou superior.
- Memória RAM de 8 GB.
- Espaço em disco rígido livre para a instalação de 500 MB.
- Placa de vídeo 3D com 1 GB de memória ou superior. Driver da placa de vídeo com a versão 2.0 ou superior e atualizada do OpenGL.

Requisitos mínimos:

- Processador Intel™ de 2.1 GHz ou superior.
- Memória RAM de 4GB ou mais.
- Espaço em disco rígido livre para a instalação de 300 MB.
- Placa de vídeo 3D com 512 MB de memória ou superior. Driver da placa de vídeo com a versão do OpenGL 2.0 ou superior e atualizada.

Software

- QuickTime 5.0 e navegador para tutoriais multimídia.
- Safari.

Obs: Boot Camp, VMWare e Parallels não são ambientes compatíveis

Sumário

Capítulo 1 – Antes de Começar 15

1.1 A linguagem do livro 15

1.2 O conteúdo do livro 16

1.3 O que é o SketchUp 17

1.4 O SketchUp no mercado atual 18

1.5 Versões e tipos de licenças do software 18

1.6 O que há de novo nesta versão 19

Capítulo 2 – Primeiros Passos no SketchUp Pro 2016 21

2.1 Iniciar o SketchUp Pro 2016 21

2.2 Interface e barras de ferramentas 25

2.3 Navegação na área gráfica 28

2.4 Eixos de coordenadas espaciais 31

2.6 Selecionar objetos 34

2.7 Apagar objetos 36

2.8 Salvar um projeto 37

2.9 Painel Instructor 39

2.10 Exercício prático 40

Capítulo 3 – Configurações Iniciais e de Template 43

3.1 Unidades de medida 43

3.2 Auto-save no SketchUp 45

3.3 Templates 46

3.4 Salvar um template personalizado 47

3.5 Criar dois templates para uso posterior 48

Capítulo 4 – Ferramentas de Desenho 2D 49

4.1 Line 49

4.2 Rectangle 52

4.3 Circle 53
4.4 Arc 54
4.5 Polygon 55
4.6 Freehand 56
4.7 Exercícios práticos 56

Capítulo 5 – Ferramentas de Criação de Modelos 3D 58
5.1 Push/Pull 58
5.2 Follow Me 62
Procedimento para criar cantos chanfrados 64
Procedimento para criar um cone 65
Procedimento para criar uma esfera 66
5.3 Exercícios práticos 67

Capítulo 6 – Ferramentas de Modificação e Manipulação dos Modelos 71
6.1 Move 72
6.2 Rotate 72
6.3 Scale 74
Escalonar em proporção 74
Escalonar com precisão métrica 76
6.4 Offset 77
6.5 Técnicas para copiar objetos 79
Copiar utilizando a ferramenta Move + tecla <CTRL> 79
6.6 Técnicas para criar cópias múltiplas 80
Cópias do tipo matriz 80
Cópias do tipo polar 81
6.7 Técnicas para espelhar ou inverter um objeto 82
6.8 Exercícios práticos 83

Capítulo 7 – Grupos e Componentes 88
7.1 O que são e suas finalidades 88
7.2 Como criar um grupo 89

7.3 Como criar um componente 90

7.4 Editar um grupo ou componente 92

7.5 Painel Outliner 93

7.6 Salvar um componente 94

7.7 Painel Components e configuração da biblioteca pessoal 95

7.8 Desfazer um grupo ou componente 99

7.9 Exercícios práticos 100

Capítulo 8 – Construções de Linhas Auxiliares 102

8.1 Tape Measure Tool 102

8.2 Protractor 106

8.3 Exercício prático 109

Capítulo 9 – Layers: Camadas para Organização dos Níveis de um Projeto 110

9.1 Criação e uso de layers - painel Layers 110

9.2 Uso da barra Layers 112

9.3 Recursos Purge, Select All e Color by layer 113

9.4 Excluir uma ou mais layers 114

Capítulo 10 – Importação de Arquivos do AutoCAD 115

10.1 Sobre a localização absoluta no Model Space no AutoCAD 116

10.2 Importar um arquivo AutoCAD e ajustar as layers 116

10.3 Travar a referência AutoCAD para modelagem 3D 118

10.4 Modelagem 3D sobre a referência 119

10.5 Exercício prático 121

Capítulo 11 – Visualização do Projeto 3D 122

11.1 Views 122

11.2 Styles 125

11.3 Camera, Look Around e Walk 129

11.4 Visualização do projeto em perspectiva ou projeção paralela 131

Parallel Projection 131

Perspective 132

11.5 Exibir e ocultar elementos e objetos do projeto 132

Capítulo 12 – Texturas e Materiais 134

12.1 Painel Materials 135

12.2 Escolher, aplicar e editar o material para o acabamento 136

12.3 Técnicas de aplicação de materiais em diversas faces do modelo 3D 139

12.4 Editar um material já aplicado – recurso Position 140

12.5 Uso do conta-gotas – recurso Sample Paint 142

12.6 Criar um material com uma textura personalizada 143

12.7 Exercícios práticos 145

Capítulo 13 – Estilos de Apresentação em Sketch 147

13.1 Painel Styles 148

13.2 Escolher e aplicar um estilo de sketch 148

13.3 Editar traços e cores do estilo de sketch aplicado 151

Capítulo 14 – Estudo de Insolação para Maquete Eletrônica 155

14.1 Shadows 156

14.2 Geo-location 158

14.3 Solar North 161

14.4 Exercício prático 164

Capítulo 15 – Cenas e Exportação para Bitmap e Vídeo 165

15.1 Painel Scenes e criação de cenas 166

15.2 Exportar para bitmap 169

15.3 Exportar para vídeo 170

Scene Transitions 171

Scene Delay 171

15.4 Excluir uma cena criada 173

Capítulo 16 – Anotações em Geral 174

16.1 Adicionar textos indicativos 175

16.2 Adicionar textos descritivos 176

16.3 Formatação de textos 177

16.4 Dimensões ou cotas 178

Painel Entity Info e ferramenta Text 179

Com a ferramenta Dimension 180

16.5 Formatação de dimensões ou cotas 180

16.6 Textos 3D 181

Capítulo 17 – Cortes com a Ferramenta Section Plane 183

17.1 Ferramenta Section Plane 184

17.2 Opções de exibição e visualização dos cortes 185

17.3 Exercício prático 188

Capítulo 18 – Terrenos para Maquete Eletrônica com os Recursos Sandbox 189

18.1 From Scratch - criação de terrenos em malha 190

18.2 Smoove - edição de malha 191

18.3 From Contours - terrenos com curvas de nível 192

18.4 Stamp - terraplanagem 193

18.5 Drape - desenho sobre o terreno 194

Capítulo 19 – Match Photo: Modelagem 3D sobre Referência de Imagem 197

19.1 Importar a referência de imagem 198

19.2 Ajuste dos eixos para encaixe da perspectiva 199

19.3 Primeiros traços e a modelagem 3D 200

Capítulo 20 – LayOut: Introdução e Documentação de Projeto 205

20.1 Configurações iniciais do documento 207

Auto-text 207

Grid 208

Paper 209

References 210

Units 210

20.2 Importar modelos 3D do SketchUp 211

20.3 Visualização e escala do desenho 212

Procedimento 213

20.4 Trabalhar com mais de uma prancha 215
20.5 Desenhos e anotações em geral 216
Line 216
Arc 217
Rectangle 217
Circle 217
Polygon 218
20.6 Fechamento em PDF para impressão ou plotagem 220
20.7 Exercício prático 222

Capítulo 21 – Técnicas e Recursos Extras e Avançados 224
21.1 Projetar texturas em modelos 3D complexos 224
21.2 Múltiplas seções de corte no modelo 3D 226
21.3 Importar novas bases de estilos para apresentação 227
21.4 Disponibilizar o seu modelo na 3D Warehouse 230
21.5 Adicionar novos plugins e ferramentas ao SketchUp 232
21.6 Interação com o Google Maps 234
21.7 Serviço Trimble Connect 238

Bibliografia 240

Sobre o autor

Profissional atuante em projetos de arquitetura em São Paulo, com experiência e conhecimentos avançados em softwares de computação gráfica expoentes no mercado. Experiência anterior como instrutor em instituições de treinamentos reconhecidas como SENAC, InCAD e Cadritech nos últimos 10 anos. Também atua como implementador de tecnologias em escritórios de arquitetura e treinamentos de equipes.

Autor dos livros *Graphisoft ArchiCAD 19 - Representações gráficas de projetos arquitetônicos, V-Ray 2.0 Para Sketchup - Renderização fotorrealista para representações tridimensionais para Windows* e *Sketchup Pro 2013 – Ensino prático e didático*, publicados também por esta editora.

Agradecimentos

À minha família e aos meus amigos.

A todo o pessoal da editora pela confiança em meu trabalho e oportunidade de concretizar este livro e poder compartilhar o meu conhecimento com os demais estudantes, profissionais e entusiastas que procuram melhorar, desenvolver e criar trabalhos com os softwares de computador. A cada dia que passa, eles nos possibilitam engrandecer e agilizar projetos e ofícios do dia a dia.

Por fim, agradeço o apoio e compreensão dados pelo escritório onde trabalho atualmente com projetos de arquitetura corporativa.

Prefácio

E lá vamos nós para mais uma nova versão do SketchUp. Adquirido em 2006 pela Google e mais recentemente em 2012 pela Trimble, tornou-se um software-padrão para modelagem e representação 3D de projetos de arquitetura, engenharia, mecânica, indústria moveleira e produtos em geral. Inclusive possibilita, atualmente, a troca de seus arquivos com outros softwares já muito conhecidos na área de 3D, os quais fazem ligação direta com o SketchUp. Por sua fácil compreensão e o uso intuitivo de suas ferramentas e seus parâmetros, é uma alternativa prática e rápida entre os programas de computação gráfica existentes no mercado atualmente.

A versão Pro 2016 disponibiliza os recursos do SketchUp em sua totalidade. Essa versão é a mais utilizada nos pequenos, médios e grandes escritórios e na indústria de desenvolvimento de projetos que dependem da exibição gráfica de suas criações.

O livro traz um estudo didático e prático do SketchUp, desde a sua posição no mercado e suas versões, passando pela apresentação da interface, uso de templates, ferramentas de desenho e criação 2D e 3D, indo até a composição de projetos com aplicação de texturas, anotações, uso dos grupos e componentes, vistas ortogonais ou em perspectivas.

Aborda importação de referências CAD e de estilos em sketch, exportação dos resultados finais para imagem ou vídeo, geração de cortes, estudos de insolação, como também técnicas avançadas, interação com os recursos do Google Maps, aplicação de materiais em superfícies complexas e plugins diversos e gratuitos, entre outros recursos.

Para os usuários da versão antiga, este livro traz todas as principais novidades da versão atual 2016, como novas ferramentas de desenho, renovação em algumas janelas e gerenciamento da interface, entre outras.

Vamos começar?

O autor

Capítulo 1

Antes de Começar

Objetivos deste capítulo:

- Considerações a respeito do livro
- Considerações a respeito do SketchUp

1.1 A linguagem do livro

Cada capítulo inicia-se em uma nova página. Após a apresentação do título de cada capítulo prático, há também uma breve descrição em tópicos dos principais assuntos estudados no desenrolar do conteúdo.

Durante a leitura é aconselhável estar em frente ao computador ou notebook, com o software-título do livro também aberto em sua tela, a fim de acompanhar cada procedimento explicado, buscando refazer todas as etapas do livro.

Óbvio que uma leitura em um tempo vago do dia a dia – uma repassada prévia de um determinado tópico ou capítulo – é sempre importante a fim de se preparar para reler e executar posteriormente os procedimentos explicados no software.

Da mesma forma, é importante também uma leitura daquilo que foi praticado, pois corrobora a fixação do treinamento e das novas habilidades apresentadas. Quando uma etapa for solicitada, sua disponibilização irá ocorrer da seguinte maneira:

- Acesso em um **menu** e suas subopções, com um clique no botão esquerdo do mouse:

Menu View › Toolbars › Layers

- Acesso em um botão, com um clique no botão esquerdo do mouse:

Barra Sandbox › Botão From Contours ( )

Surgem alguns ícones de alerta, mostrando algum tipo de atenção ou caso específico da leitura. Essas notas são importantes porque sempre destacam algum item do capítulo. Note:

Nota importante.

Ideia ou uma maneira diferente de fazer.

Um jeito errado de fazer ou evitar um procedimento desnecessário.

Arquivo-referência para download do site da editora ou outro website[1].

Também merece atenção a menção, durante o texto, de uma letra ou um conjunto de letras entre os sinais < e >. O autor está querendo dizer que a tecla, por exemplo, <SHIFT>, deve ser pressionada, ou mesmo que um conjunto de teclas deve ser pressionado ao mesmo tempo, como, por exemplo, <CTRL>+<A>.

1.2 O CONTEÚDO DO LIVRO

Este livro ensina de forma didática todas as ferramentas do SketchUp Pro 2016, que os profissionais utilizam no mercado atualmente. É também um guia de consultas para futuras construções e desenvolvimento de projetos, mesmo depois de lido capítulo por capítulo. Tenha-o em mãos sempre que for necessário revisar aquele assunto que será novamente tratado como um passo a ser dado no seu trabalho diário.

Abrange todos os níveis de conhecimento sobre o programa, sendo completo. Trata dos recursos considerados mais sofisticados e avançados. Traz exercícios com projetos

---

1 Os arquivos estão disponibilizados no site: <http://www.editorasaraiva.com.br>.

que envolvam modelos de arquitetura, modelagem de elementos estruturais e produtos no geral. Enfatiza projetos de arquitetura e design de interiores, áreas de atuação profissional que mais utilizam o software para criar soluções e exibir trabalhos finais.

O livro também é indicado para qualquer outra área que o estudante ou o profissional técnico tenha escolhido e na qual considere interessante utilizar o SketchUp Pro 2016 a fim de criar, documentar e representar seus projetos em modelos 3D. Para essa finalidade, basta fazer apenas algumas adaptações às suas necessidades pontuais.

1.3 O que é o SketchUp

O software de computador SketchUp é uma ferramenta consolidada, com um principal objetivo mercadológico: um software prático e intuitivo de projeção em computação gráfica, especificamente, do 3D. O que mais chama a atenção é justamente o fato de conseguirmos, de maneira mais fácil em relação a outros softwares de desenho, projetar e construir modelos tridimensionais, a fim de representarmos qualquer ideia que seja.

O software obteve um destaque significativo no ano de 2006 e, assim, a multinacional de tecnologia *Google*® efetuou a aquisição de seus direitos de uso junto à empresa At Last Software®, antiga detentora. No ano de 2012, a empresa Trimble passou a ser a nova detentora dos direitos de uso do SketchUp, desenvolvendo-o a partir de então.

O programa tem como objetivo criar estudos volumétricos e qualquer outra representação 3D para diferenciados profissionais, como arquitetos, decoradores, designers de produtos diversos e videogames, engenheiros civis e mecânicos, marceneiros e urbanistas, entre outros.

Com a interação que podemos fazer de seus modelos com o Google Earth, por exemplo, as pessoas em qualquer parte do mundo acabam sabendo dos modelos tridimensionais vistos dentro dos mapas do Google Earth e, consequentemente, percebem que são criados a partir do SketchUp.

Para arquitetos, engenheiros e urbanistas, essa fusão é de grande valia, pois permite estudos exatos de geolocalização, área e entorno do edifício em 3D, estudos de insolação e estudos volumétricos, entre outros.

A fabricante também oferece, visando à popularização contínua do SketchUp, uma biblioteca online de objetos 3D (prontos para a aquisição de forma gratuita) para a composição de projetos, como automóveis, bancos, esquadrias, módulos de cozinha, postes em geral, vasos de plantas ou qualquer outro item de que precisarmos.

Essa biblioteca é a Trimble 3D Warehouse, sendo possível acessá-la pela URL https://3dwarehouse.sketchup.com – inclusive, da própria página do SketchUp (veremos como realizar essa interação no Capítulo 7 – *Grupos e Componentes*). A Figura 1.1 exibe uma imagem da Trimble 3D Warehouse.

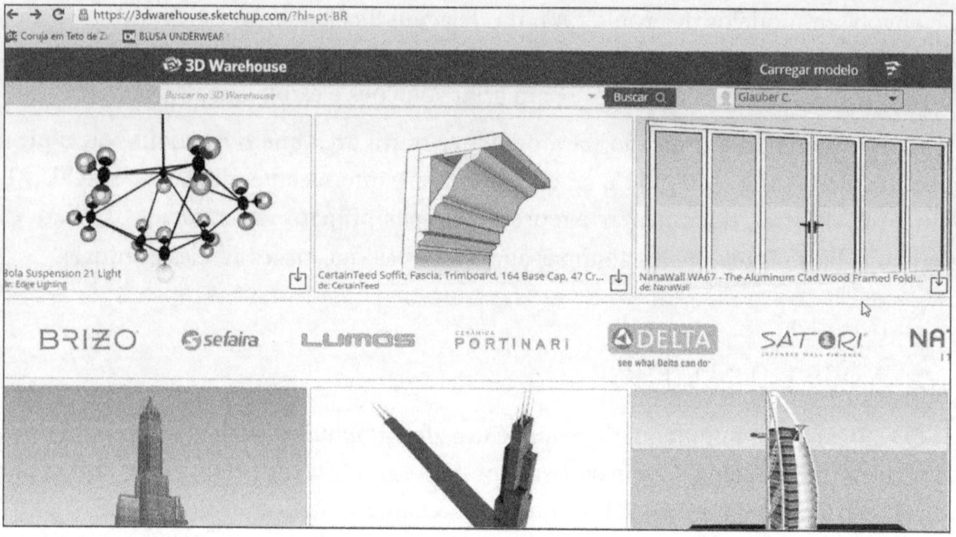

Figura 1.1 | 3D Warehouse.

1.4 O SketchUp no mercado atual

Os escritórios de criação, sejam de construção civil, publicidade, arquitetura ou design, estão trazendo para o dia a dia o software da Trimble como alternativa rápida, de preço mais acessível, que soluciona casos de modelos tridimensionais. São tão eficientes quanto os outros já existentes de anos anteriores e de fabricantes diferentes que vigoram até hoje, com acabamento próximo a um sketch ou esboço ou mesmo de qualidade impressionante de fotorrealismo.

O SketchUp é um software muito procurado por estudantes técnicos de computação gráfica e universitários que atuam em áreas que lhes possibilitem desenvolver projetos estudantis com esse tipo de ferramenta de forma facilitada, rápida e pragmática. É possível entregar seus projetos em tempo significativamente menor do que o praticado por outros similares. Esse é o diferencial para esses estudantes, futuros profissionais técnicos, projetistas e designers.

1.5 Versões e tipos de licenças do software

O **SketchUp** encontra-se atualmente na sua **versão 2016**. O software é distribuído sob dois tipos de licença de uso, que são:

- **Versão Make:** essa versão é gratuita e alguns recursos ficam indisponíveis para uso. Um dos recursos essenciais, que não conseguimos utilizar com essa versão, é a possibilidade de importar um arquivo de referência para a construção de modelos 3D vindos do Autodesk® AutoCAD.

- **Versão Pro**: essa versão é paga e traz os recursos completos do produto; não apenas o próprio SketchUp, como também os outros dois produtos vinculados ao pacote: o Trimble® Layout 2016 e o Trimble® StyleBuilder 2016. O Layout tem o objetivo de documentar, com pranchas digitais, os modelos 3D criados com o SketchUp. O StyleBuilder possibilita a criação de estilos de traços do desenho desses modelos, como um sketch digital.

A **versão Pro** não tem apenas novos softwares complementares ao SketchUp, mas também recursos a mais com relação à sua licença de uso gratuita. Um desses é a possibilidade de importação de arquivos de outros programas, como arquivos .DWG, do Autodesk® AutoCAD. Com essa licença, também é possível exportar o projeto para arquivos do tipo .PDF e .EPS. Este último tipo de arquivo permite continuar edições do desenho em softwares de computador que trabalham com ele. Programas como Adobe® Photoshop e Adobe® Illustrator são exemplos. Além desses arquivos, a versão Pro também permite exportar para .3DS e .FBX, que são extensões muito utilizadas em programas 3D, como o Autodesk® Maya e o Autodesk® 3ds Max.

1.6 O QUE HÁ DE NOVO NESTA VERSÃO

O **SketchUp** está com o recurso Trimble Conect mais aprimorado. Na versão 2015 era necessário um plugin para a interação com o SketchUp, mas na versão 2016 ela está inclusa, como parte integrante do programa. Esta é uma plataforma de colaboração, compatibilização e acompanhamento de projetos em nuvem.

Figura 1.2 | Trimble Connect.

A interface está com um aspecto mais claro, embora ainda com a cor cinza de fundo, e um componente diferente de apresentação no arquivo novo é exibido: uma representação de escala humana masculina no lugar da feminina.

São inúmeras as melhorias nas ferramentas de desenho e edição tradicionais do SketchUp: as inferências (dicas de pontos inteligentes) estão muito mais espertas, assim como as ferramentas para desenhar Arcos e Círculos, e quase todas as ferramentas de edição de objetos foram melhoradas.

Também é possível, agora, organizar as janelas da interface num único elemento, como que em bandejas, que podem ser minimizadas e abertas sempre que necessário.

FIGURA 1.3 | Janelas, agora, em bandejas.

Na versão 2016, a equipe do SketchUp fez uma reorganização dos materiais e atualizou a coleção.

Capítulo 2

Primeiros Passos no SketchUp Pro 2016

Objetivos deste capítulo:

- Iniciar o SketchUp
- Interface
- Abrir e salvar arquivos
- Métodos de seleção

2.1 Iniciar o SketchUp Pro 2016

O processo-padrão de inicialização do SketchUp é igual ao de qualquer outro programa que costumamos abrir. Neste livro, o sistema operacional usado foi o Windows 10, portanto as telas condizem com o sistema. Não se preocupe se estiver utilizando outra versão do Windows ou mesmo plataforma Mac. Basta inicializar igualmente a outros programas que você usa diariamente.

Note a Figura 2.1.

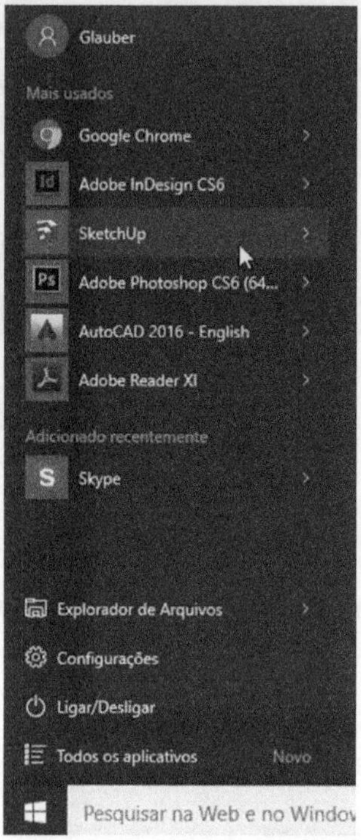

FIGURA 2.1 | Menu Iniciar, programa SketchUp.

Tecle o botão **Windows**, em seu teclado, para encontrar o ícone clicável do **SketchUp**.

Como alternativa para inicializar o software, encontre os atalhos fixados na área de trabalho quando o SketchUp for instalado no computador, conforme Figura 2.2.

FIGURA 2.2 | Atalhos da Área de trabalho.

Com um duplo clique do botão esquerdo do mouse sobre o atalho **SketchUp 2016**, inicialize o programa, se desejar.

Por padrão, ao inicializar o SketchUp, uma tela de boas-vindas é exibida de imediato, antes ainda de se abrir a interface de trabalho com suas barras de ferramentas para criação, como se vê na Figura 2.3.

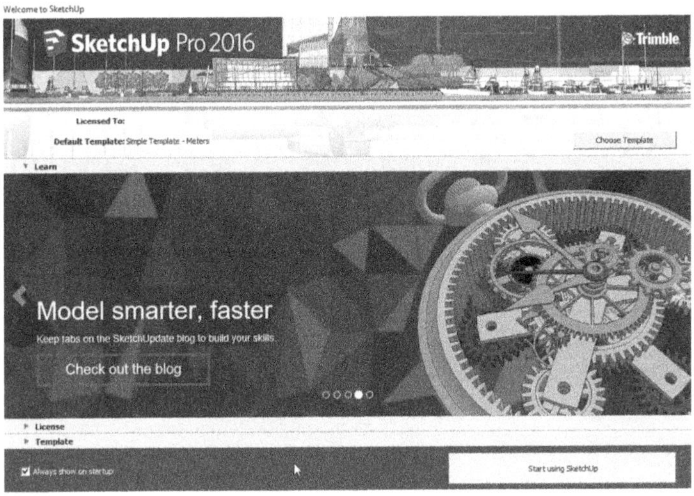

Figura 2.3 | Tela de boas-vindas.

A tela oferece ajustes complementares. Veja:

- Learn: uma setinha que, quando clicada, exibe a bandeja de dicas de uso do software.
- License: opção para exibir a bandeja de inserção da licença adquirida para o uso da versão Pro. Uma vez cadastrada a licença, não será mais necessário o clique nesse botão.

Tão importante quanto a inserção da licença de uso, nessa tela é preciso escolher o template de trabalho para o futuro projeto ou modelo 3D criado.

Um template nada mais é do que uma espécie de "novo arquivo" com propriedades prontas que o acompanham. No caso do SketchUp, esse template traz configurações de cores da área gráfica de trabalho, como também a unidade de medida. Esses ajustes podem facilmente ser feitos depois, mesmo que qualquer template seja escolhido.

Por padrão, procedemos ao seguinte:

1. Clique no botão Choose Template (Figura 2.4).

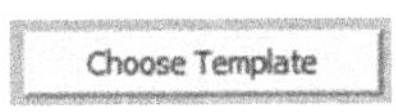

Figura 2.4 | Botão Choose Template.

2. Visualize a lista de templates disponíveis e clique uma vez para selecionar o template desejado (Figura 2.5).

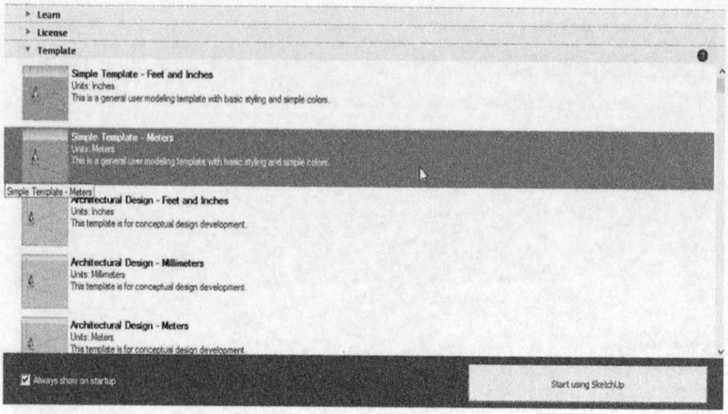

Figura 2.5 | Lista de escolha do template.

3. Após selecionar o template – no caso, foi selecionada a opção **Simple Template – Meters**, pela questão da unidade de medida *metros* —, clicamos, para iniciar de fato, no botão **Start using SketchUp** (Figura 2.6).

Figura 2.6 | Botão Start using SketchUp.

Caso não queira mais a exibição dessa tela a todo momento que se inicia o SketchUp, clique na opção *"Always show on startup"* para desativá-la, situada no canto inferior esquerdo dessa mesma tela de boas-vindas. Como já mencionado, os ajustes desses templates podem ser escolhidos a qualquer momento depois durante o trabalho.

Note a interface inicial do SketchUp, depois de aberto, na Figura 2.7.

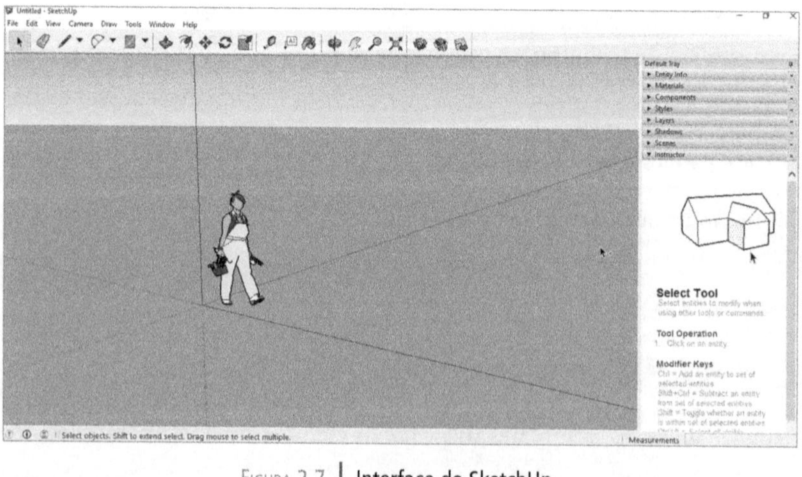

Figura 2.7 | Interface do SketchUp.

Repare que há uma barra de ferramentas disposta ao longo da parte superior. Há ainda uma barra na parte de baixo. Há também uma grande área ao centro, utilizada para composição dos modelos ou projetos tridimensionais (3D) e uma janela com bandejas disposta ao lado direito, por padrão.

2.2 Interface e barras de ferramentas

O SketchUp tem a sua interface bem limpa. Não há um monte de botões enchendo a tela, como um painel de avião. Os botões do SketchUp têm funções múltiplas ou multiações, diminuindo a quantidade de botões que geralmente encontramos em outros softwares de computação gráfica.

A primeira coisa que deve ser feita no SketchUp é a fixação das principais barras de ferramentas. Algumas delas, por exemplo, já são carregadas na inicialização; outras devem ser abertas. Para isso, vamos ver como abrir as barras de ferramentas do SketchUp.

Menu View › Toolbars...

Note também o caminho na Figura 2.8.

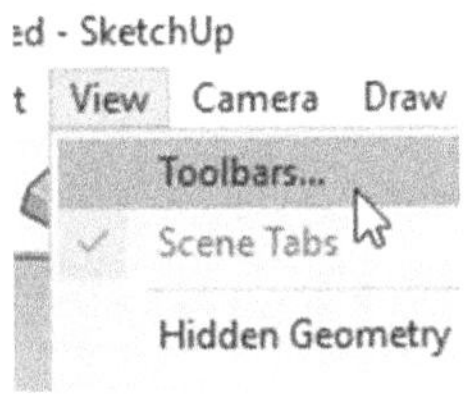

Figura 2.8 | Caminho para abrir novas barras de ferramentas.

No painel que se abre, veremos duas guias – Toolbars e Options. Na guia Toolbars, visualizamos uma lista de checagem, para conseguirmos clicar e abrir quantas barras quisermos (Figura 2.9).

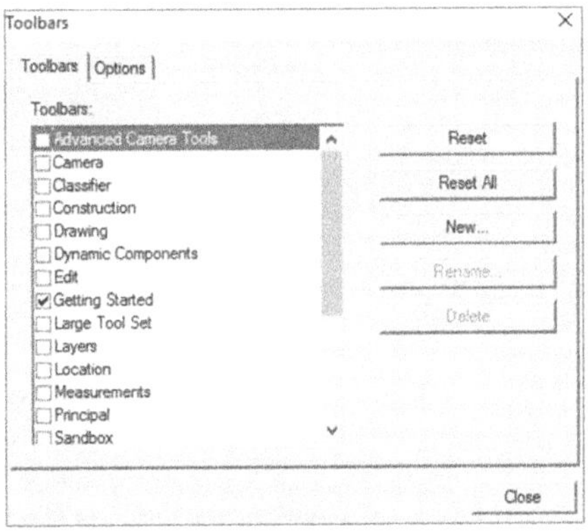

Figura 2.9 | Painel Toolbars.

Vamos conhecer, a princípio, as barras pelos seus respectivos nomes:

- **Barra Principal:** encontramos ferramentas básicas de trabalho, tais como ferramenta de seleção, apagar, textura e criação de componentes (Figura 2.10).
- **Barra Drawing:** já nessa encontramos as ferramentas de desenho 2D (Figura 2.11).
- **Barra Edit:** nela estão as ferramentas básicas de manipulação de objetos, como, por exemplo, ações de mover, rotacionar e escalonar, entre outras (Figura 2.12).

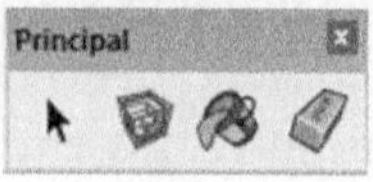

Figura 2.10 | Barra Principal.

Figura 2.11 | Barra Drawing.

Figura 2.12 | Barra Edit.

- **Barra Construction:** nessa barra, encontram-se as ferramentas de linhas de construção auxiliares e anotações de desenho (Figura 2.13).
- **Barra Camera:** barra de ferramentas para navegação na área de trabalho (Figura 2.14).
- **Barra Section:** nessa barra, encontramos ferramentas de geração de seções de corte do modelo 3D (Figura 2.15).

Figura 2.13 | Barra Construction.

Figura 2.14 | Barra Camera.

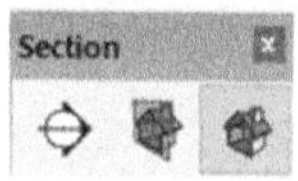

Figura 2.15 | Barra Section.

- **Getting Started:** essa barra é um agrupamento de diversas ferramentas de muitas outras barras; é um conjunto dos recursos mais usados no programa (Figura 2.16).

Figura 2.16 | Barra Getting Started.

Outras barras, que é interessante estarem abertas na interface do SketchUp, são as seguintes:

- **Barra Views:** barra com recursos de visualização do desenho em diferentes vistas (Figura 2.17).
- **Barra Styles:** barra com botões que alteram estilos de visualização do projeto ou modelo 3D (Figura 2.18).

- **Barra Layers:** assim como no AutoCAD ou demais softwares de computação, o SketchUp também possibilita a organização dos desenhos, modelos 3D e anotações por meio de camadas ou níveis de projeto, conforme Figura 2.19.

FIGURA 2.17 | Barra Views.

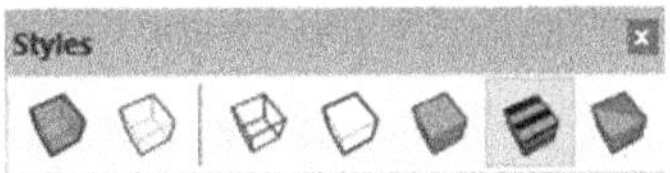

FIGURA 2.18 | Barra Styles.

FIGURA 2.19 | Barra Layers.

Essas barras, depois de abertas, são exibidas em um local qualquer sobre a área gráfica. Podemos arrastar com o botão esquerdo, pressionado para outro lugar na interface, abrindo um bom espaço para a criação e desenho nessa área.

> Tente também alocar as barras de ferramentas mencionadas na interface com um **duplo clique** nos títulos. Prático e fácil!

- **Barra Measurements:** é uma última barra importante para os primeiros passos no SketchUp (Figura 2.20). A Measurements possibilita que digitemos valores numéricos para construções de elementos 2D e 3D. Isto é, podemos indicar um comprimento de dois metros a um segmento de linha, um raio de 52 centímetros para um círculo, ou mesmo um pé-direito de 2,75 metros para um volume 3D representativo de uma parede.

FIGURA 2.20 | Barra Measurements.

Essa barra fica geralmente posicionada na parte de baixo da interface, conforme Figura 2.21.

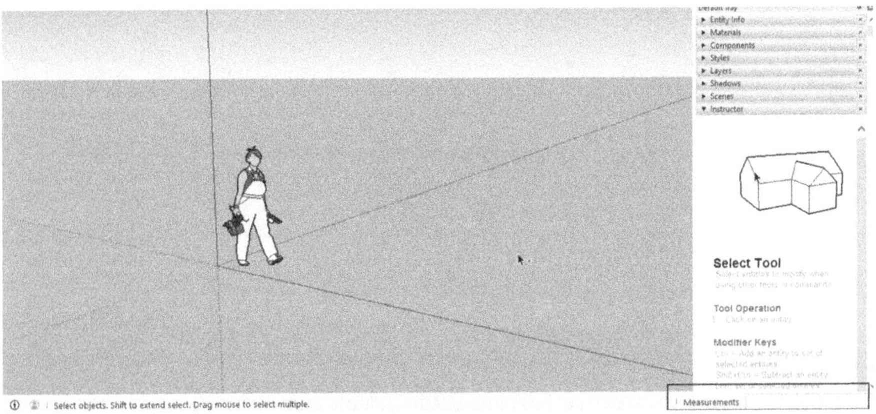

FIGURA 2.21 | Local da barra Measurements.

As demais barras do SketchUp serão abertas e estudadas conforme chegar o momento certo do aprendizado. Sem pressa!

A interface do SketchUp também é composta pela barra clássica de menus, conforme Figura 2.22. Veremos todos eles no livro.

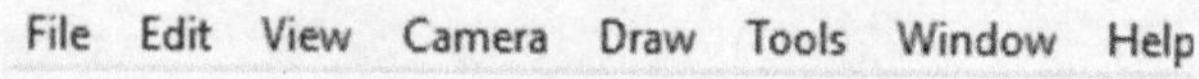

FIGURA 2.22 | Barra de menus.

2.3 Navegação na área gráfica

Desde já, é importante que o iniciante em SketchUp domine as ferramentas e os atalhos de navegação dentro da área gráfica do programa.

Primeiramente, veremos os procedimentos por meio das ferramentas:

- **Ferramenta Pan:** clique na ferramenta **Pan** e coloque o botão esquerdo do mouse sobre a área gráfica para movimentá-la a qualquer sentido, a fim de visualizar outras áreas ao lado, acima ou abaixo, conforme Figura 2.23.

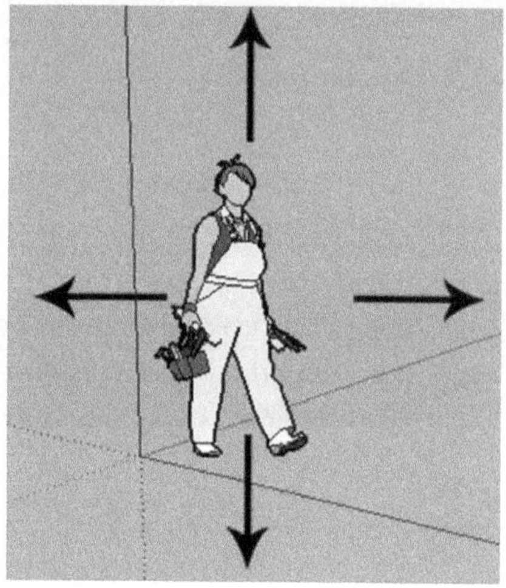

FIGURA 2.23 | Movimento da ferramenta Pan.

Também é possível usar esse recurso pressionando o botão do meio do mouse e a tecla <SHIFT>. Veja a Figura 2.24.

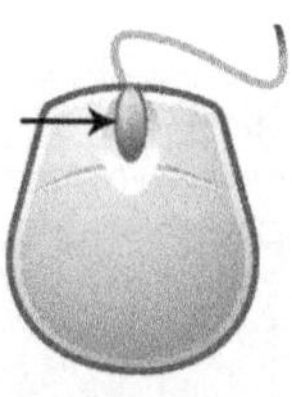

FIGURA 2.24 | Botão do meio ou scroll button pressionado.

- **Ferramenta Orbit:** clique nessa ferramenta e, com o botão esquerdo do mouse pressionado sobre a área gráfica, arraste para rotacionar livremente o ambiente e os modelos sobre ele (Figura 2.25).

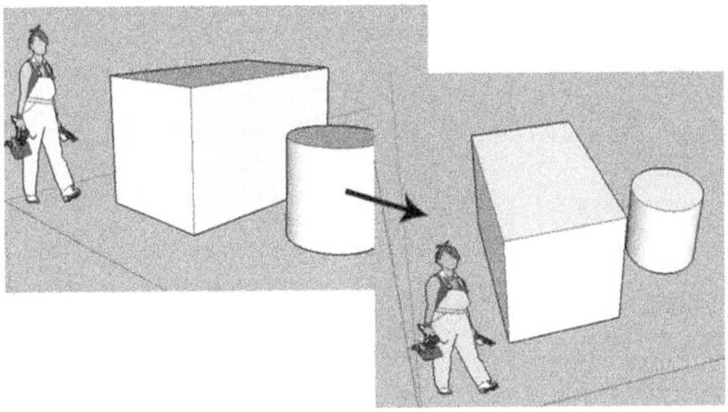

Figura 2.25 | Giro 3D na área gráfica.

Também podemos acessar a ferramenta Orbit por meio de atalho de mouse, pressionando o botão do meio do mouse ou o scroll button e movimentando-o.

Ferramenta Zoom: com essa ferramenta é fácil afastar e reaproximar os objetos modelados na área gráfica.

Pressione então o botão esquerdo com a ferramenta Zoom ativa e arraste o mouse para a frente ou para trás a fim de verificar o efeito, conforme Figura 2.26.

Figura 2.26 | Ferramenta Zoom em funcionamento.

Se preferir, apenas "role" o botão do meio ou scroll button do mouse e o zoom é automaticamente realizado para mais próximo ou mais afastado.

Ferramenta Zoom Extents: essa ferramenta permite ampliar o zoom, enquadrando todos os objetos da área gráfica na tela, de modo a se visualizar tudo que já foi criado, conforme Figura 2.27. É um recurso interessante quando você estiver com o zoom muito próximo de um ponto e quiser visualizar o projeto todo novamente - ou, simplesmente, quando perder de vista o seu desenho criado e quiser encontrá-lo.

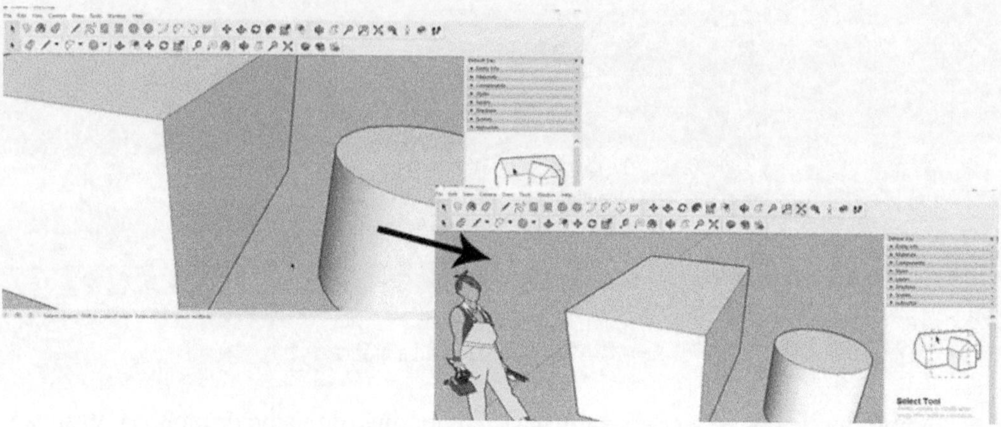

Figura 2.27 | Na imagem da esquerda, sem Zoom Extents; na imagem da direita, com Zoom Extents.

Agora, caso você tenha exibido a barra Camera, haverá mais duas ferramentas de manuseio de zoom que não estão disponíveis na barra superior principal (Figura 2.28).

Figura 2.28 | Barra Camera.

Ferramenta Zoom Window: essa ferramenta permite ampliar o zoom, enquadrando os objetos através de uma janela desenhada por meio do botão esquerdo do seu mouse pressionado. Assim que concluir o arrasto, tudo que foi enquadrado terá o zoom ampliado.

Ferramenta Zoom Previous: essa ferramenta permite que voltemos ao último ponto de vista de zoom que tivemos anteriormente. Basta um clique no botão da ferramenta e a operação será realizada.

Na prática, é preferível utilizar os atalhos estudados anteriormente, como rolar o scroll do mouse para zoom, pressionar o scroll do mouse para uso da ferramenta **Pan** e usar scroll pressionado+movimento do mouse para usar o giro 3D da ferramenta **Orbit**.

Outra possibilidade prática de uso das ferramentas de navegação no SketchUp é o clique do **botão direito sobre a área gráfica**. Todas elas ficam dispostas no menu suspenso que se abre; para que elas apareçam nesse menu, porém, precisamos acionar uma delas da forma tradicional, isto é, mediante clique no botão da ferramenta.

Procedimento

1. Clique, por exemplo, na ferramenta **Zoom** ( ).
2. Clique com o botão direito na área gráfica para abrir o menu de opções (Figura 2.29).

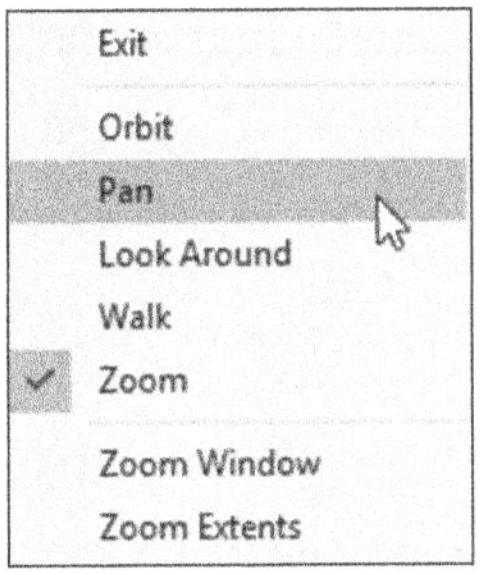

Figura 2.29 | Menu de opções de navegação.

3. Agora, clique, por exemplo, na opção Pan. Note que de imediato se disponibiliza o uso da ferramenta, pressionando-se o botão esquerdo do mouse.

2.4 Eixos de coordenadas espaciais

O SketchUp trabalha com projetos 3D e, por isso, fornece um ambiente ou espaço tridimensional - **largura**, **altura** e **profundidade** - para que consigamos realizar as criações, partindo de qualquer ponto do espaço ou do modelo 3D a ser desenvolvido.

A área gráfica do SketchUp oferece prontamente três eixos infinitos de cores, vermelho, verde e azul, conhecidos tecnicamente como **Red**, **Green** e **Blue**, para auxiliar no posicionamento e direções espaciais do ambiente (Figura 2.30).

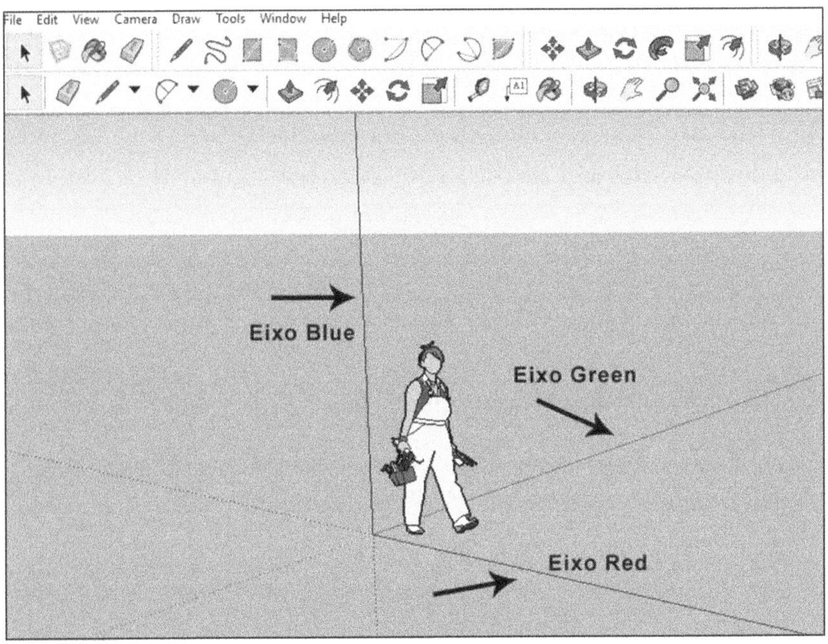

Figura 2.30 | Eixos de coordenadas espaciais.

Esses eixos de coordenadas podem facilmente ser desligados se for do seu agrado ou necessidade, conforme Figura 2.31. Para isso, acesse:

Menu View ➤ Axes

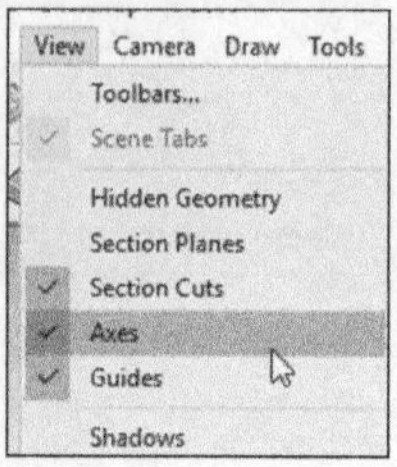

Figura 2.31 | Ocultar e reexibir os eixos de coordenadas espaciais.

Os eixos ficam ocultos momentaneamente. Basta voltar a esse mesmo caminho para voltar a exibi-los.

Para a compreensão dos eixos, exiba-os novamente, refazendo o caminho na opção Axes.

Por fim, compreenda desde já que os eixos são compostos de linhas contínuas e pontilhadas. Esses eixos servem para direcionar o desenho das linhas e faces nos sentidos ortogonais, ou seja, em planos XYZ.

No Capítulo 4 - *Ferramentas de Desenho 2D*, vamos aprender a desenhar e usar os eixos no espaço tridimensional de desenho.

2.5 Abrir um projeto no SketchUp

Neste tópico, vamos aprender como abrir um modelo 3D ou projeto 3D. Será necessário realizar o download dos arquivos de referência do livro no site da Editora Érica.

> Vamos utilizar o arquivo "ÁREA GOURMET.skp", que se encontra disponível com os arquivos para download no site da editora.

Procedimento

1. Acesse o Menu File ➤ Open, conforme Figura 2.32.
2. Ao abrir a tela de busca de arquivos do Windows, busque o arquivo do download do site da editora chamado "ÁREA GOURMET.*skp*" (Figura 2.33).

Figura 2.32 | Caminho para abrir um projeto no SketchUp.

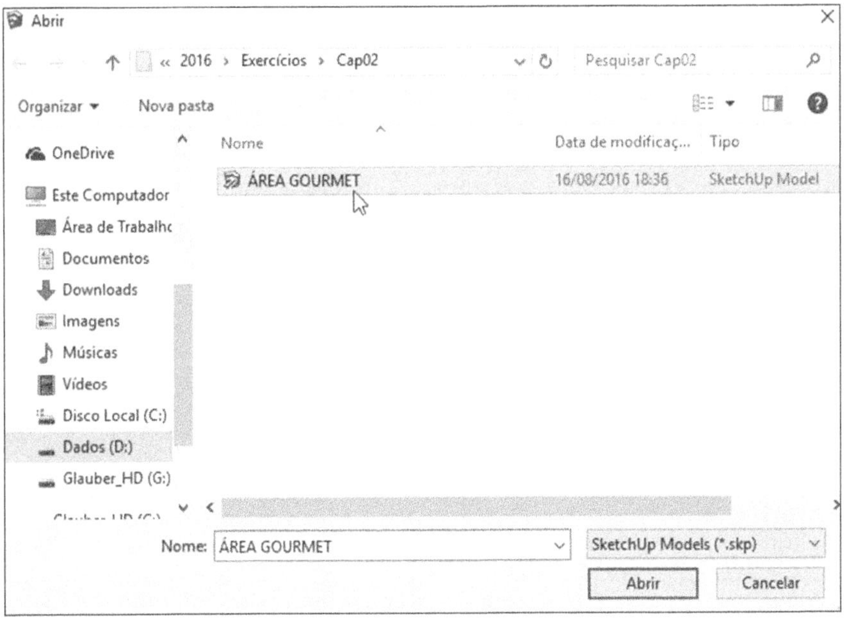

Figura 2.33 | Abrir um arquivo SketchUp.

Após clicar no botão Abrir, veremos o projeto aberto dentro da área gráfica do SketchUp. Caso o programa interrogue sobre salvar as alterações, clique em "não" ou "no", uma vez que o SketchUp permite que apenas um arquivo fique aberto por vez. Veja:

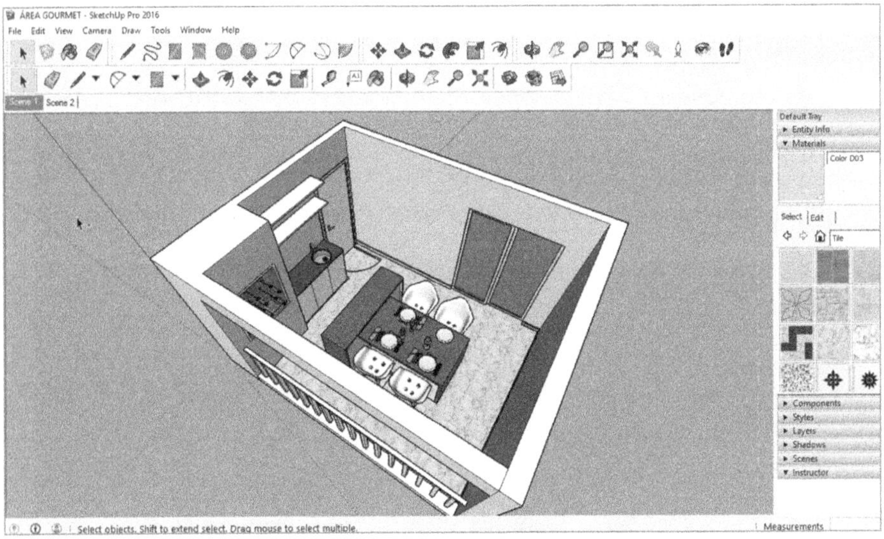

Figura 2.34 | Projeto de esboço de ambiente aberto.

Agora, sim, um primeiro projeto 3D aberto. Vamos aprender alguns novos comandos e procedimentos?

2.6 Selecionar objetos

Vamos aproveitar a cena aberta anteriormente para aprender como selecionar objetos na área gráfica para realizar qualquer tipo de ação, como movimentar, copiar ou mesmo apagar.

Para selecionar no SketchUp, a ferramenta indicada sempre será a **Select**, conforme Figura 2.35.

Figura 2.35 | Ferramenta Select para seleção de objetos.

> Utilize a tecla **barra de espaços** para ativá-la de forma rápida e fácil.

Os métodos de seleção no SketchUp são vários, seja pela quantidade de cliques com o botão esquerdo, seja pelo pressionar do botão esquerdo e arrastar, abrindo janelas de seleção (como em outros programas do gênero).

Vejamos a quantidade de cliques seguidos com o botão esquerdo do mouse.

- **Um clique:** seleciona um elemento. Uma linha, um arco, uma face, um grupo.
- **Dois cliques:** seleciona o elemento e seus elementos adjacentes.
- **Três cliques:** seleciona o objeto 3D por completo.

Vamos praticar?

Procedimento

1. Na cena "ÁREA GOURMET.skp", clique uma vez em uma das faces da parede interna (qualquer uma). Note que ela fica pontilhada, conforme Figura 2.36.

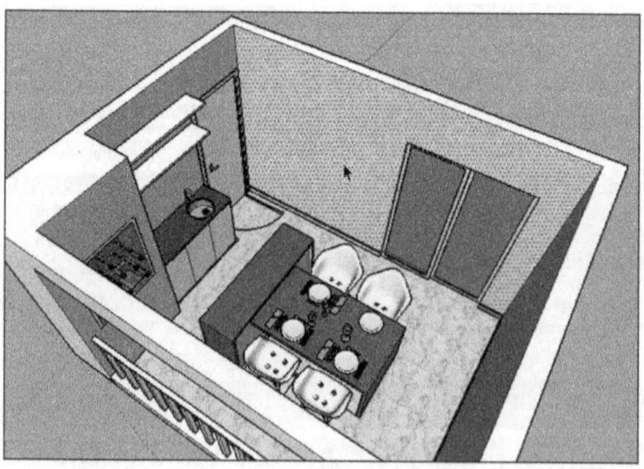

Figura 2.36 | Exercícios de seleção de objetos em cena.

2. Para desfazer a seleção, clique em qualquer ponto vazio da área gráfica.

3. Agora, dê dois cliques na mesma face da parede. Note que não somente a face da parede é selecionada, mas as linhas que contornam a face da parede também ficam de cor azul, ou seja, selecionadas também (Figura 2.37).

4. Clique em um local vazio novamente para desfazer essa seleção. Continue, agora, com três cliques rápidos na mesma face. Muitos objetos são selecionados (Figura 2.38).

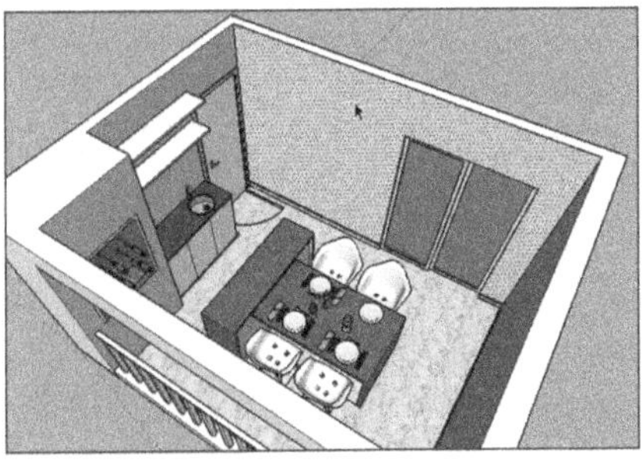

Figura 2.37 | Duplo clique para selecionar elementos e seus adjacentes.

Figura 2.38 | Exercício de seleção de objetos.

5. Note que outras linhas e faces também foram selecionadas. Clique fora para retirar a seleção.

Uma questão: por que outras paredes e partes do modelo 3D também foram selecionadas? Porque os objetos da seleção apresentam-se como se estivessem "grudados", foram modelados e postos juntos, sem nenhum espaço entre eles. Assim, o SketchUp entende que são um só objeto 3D.

O sofá, a luminária e os demais objetos decorativos não foram selecionados porque apresentam-se como se estivessem "protegidos". Esse tipo de proteção para seleção é acrescido a eles por serem objetos do tipo *Grupos* ou *Componentes.* Veremos a respeito no Capítulo 7 – *Grupos e Componentes.*

Caso queira selecionar todo o projeto em um simples passo, basta pressionar o botão esquerdo num canto vazio e arrastar o mouse até outro canto, enquadrando-o todo, conforme Figura 2.39.

Note como fica a cena com tudo selecionado na Figura 2.40.

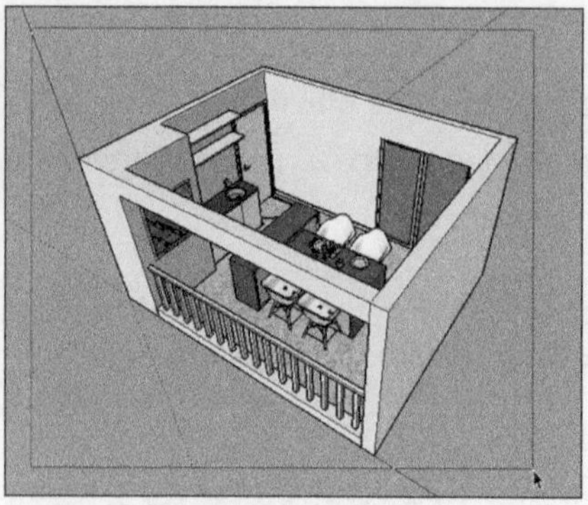

Figura 2.39 | Método de seleção por janela de enquadramento.

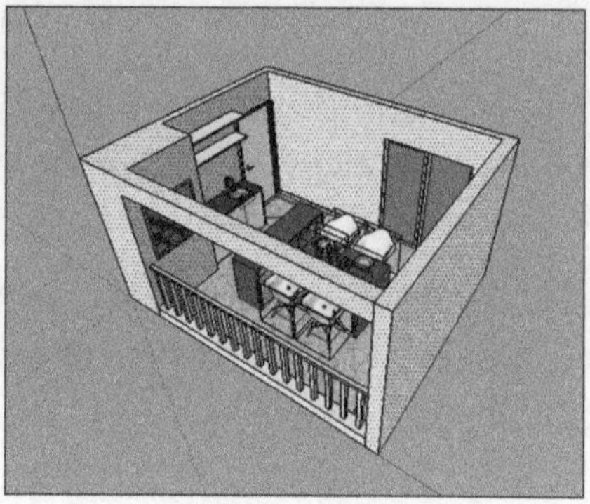

Figura 2.40 | Todo o projeto em cena selecionado.

Uma dica legal é saber que, se teclarmos juntas as teclas <CTRL>+<A>, também selecionamos todos os objetos da cena.

É preciso observar que arrastar janelas de seleção em sentidos diferentes também tem resultados diferentes na seleção dos objetos. Assim:

- Da esquerda para a direita: só será selecionado o que estiver totalmente dentro da área da janela de seleção.
- Da direita para a esquerda: todos os objetos que ficarem "no caminho" da área da janela de seleção serão selecionados, mesmo que só um pedaço deles tenha sido capturado.

Caso ainda desejemos selecionar mais de um elemento ou objeto ao mesmo tempo, podemos pressionar <CTRL> e clicar uma vez em cada um desses objetos.

Caso também queiramos excluir um elemento ou objeto de um grupo de seleção, basta pressionar a tecla <SHIFT> e clicar nesse objeto a ser ignorado. Essa tecla também é usada para adicionar objetos a um grupo de objetos selecionados (multifunção).

2.7 Apagar objetos

Para apagar objetos da cena no SketchUp, podemos utilizar dois métodos bem tradicionais, que são:

- Ferramenta Eraser
- Tecla Delete

A ferramenta Eraser serve para apagar um ou mais elementos dos objetos no SketchUp (Figura 2.41).

Figura 2.41 | Ferramenta Eraser.

Procedimento

1. Clique o peitoril do guarda-corpo para selecioná-lo, conforme a Figura 2.42.
2. Clique na ferramenta Eraser e depois no quadro para apagá-lo (Figura 2.43).

Figura 2.42 | Selecionando o quadro da cena para excluí-lo.

Figura 2.43 | Com a ferramenta Eraser, clique para excluir o quadro.

A outra maneira é simplesmente selecionar com um clique no(s) objeto(s) e teclar <DELETE>.

3. Vimos então que o procedimento de apagar é bem simples. Um elemento qualquer como linha ou face é apagável com a ferramenta Eraser, assim como um Grupo. Já um Componente a ferramenta Eraser não apaga, e somente a tecla <DELETE> resolve este problema. Apague sempre objetos que não são mais importantes ao projeto. Objetos "à toa" só atrapalham na visualização de zoom com o Zoom Extents e na seleção total com <CTRL>+<A>, além de deixar mais carregada a cena do projeto.

Se acidentalmente você apagar um elemento ou objeto da cena, tecle <CTRL>+<Z> e assim ele volta ao local onde estava. Simples, não?

2.8 Salvar um projeto

No SketchUp, também necessitamos salvar os arquivos para armazenamento e gravação do que foi construído neles (Figura 2.44). O processo é igual aos dos demais softwares de computador.

Menu File › Save ou Menu File › Save As

Figura 2.44 | Salvar o projeto do SketchUp.

Vamos à tela para salvar o arquivo. Note que é a tela-padrão Windows.

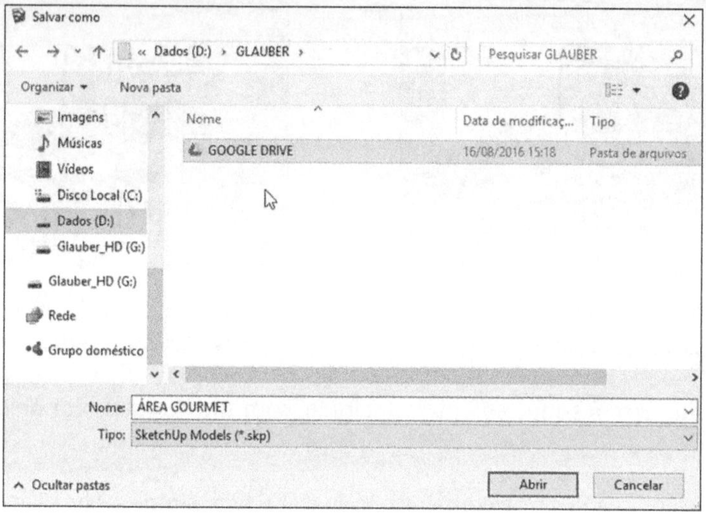

Figura 2.45 | Salvando o arquivo em SketchUp.

Se observarmos a Figura 2.45, constatamos que podemos salvar em qualquer local do computador. Também é possível dar um nome e, de preferência, manter o tipo de arquivo que é oferecido prontamente, o SketchUp Models (*.skp) - arquivo específico do SketchUp, última versão e, no caso, versão 2016. Podemos verificar, na lista de tipos de arquivos, que o programa oferece opções para salvar em versões anteriores (Figura 2.50).

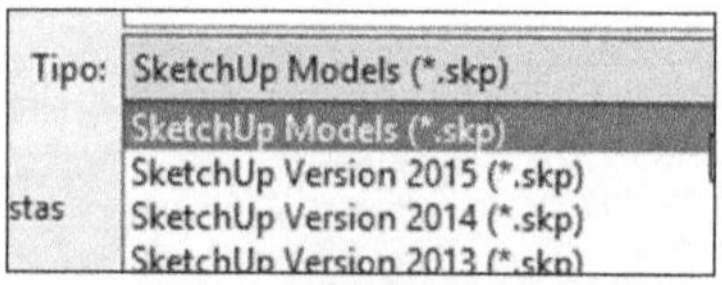

Figura 2.46 | Lista de versões para salvar o projeto.

Basta clicar sempre no botão **Salvar**.

2.9 Painel Instructor

A proposta do SketchUp, como dito anteriormente, é ser um software de fácil aprendizado e popularmente divulgado.

Um recurso muito interessante no programa é um painel chamado **Instructor**. Esse painel oferece rápidos e curtos tutoriais animados da ferramenta que é acionada naquele instante em que o painel está aberto.

Esses painéis são abertos, todos eles, pela janela lateral direita, bandeja **Instructor** Vejamos!

Observe também o menu e o painel nas Figura 2.47.

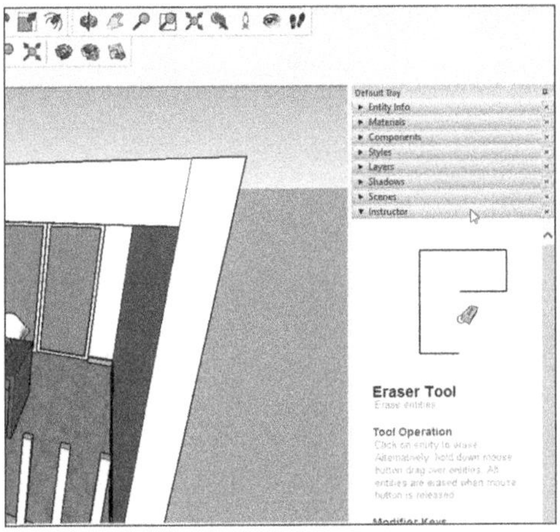

Figura 2.47 | Painel Instructor.

O funcionamento desse painel consiste em, primeiramente, selecionar uma ferramenta das existentes no SketchUp e observar o tutorial animado que é exibido instantaneamente.

Note em seguida:

- Ferramenta ativa **Eraser**, na Figura 2.48.
- Como o painel **Instructor**, na Figura 2.49.

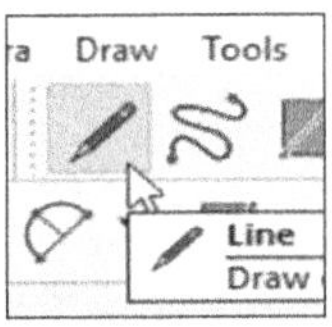

Figura 2.48 | Ferramenta Eraser acionada.

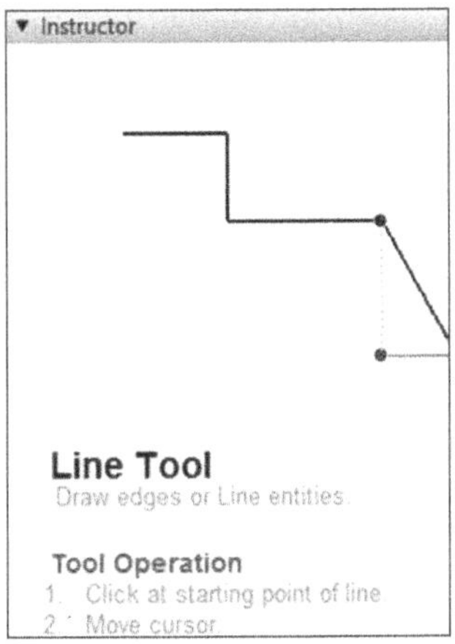

Figura 2.49 | Painel Instructor mostrando como usar a ferramenta Eraser.

Note que o painel mostra o procedimento de operação-padrão e atalhos de teclas para utilizar com a ferramenta, além de mais algumas operações. É uma espécie de *"help"* rápido.

Portanto, cada uma das ferramentas que clicamos mostra dicas de uso. Faça o teste!

2.10 Exercício prático

Vamos realizar alguns procedimentos práticos para fixar um pouco mais, aprender algumas outras dicas e treinar as técnicas de seleção, como também aprender a apagar (deletar, excluir) com a ferramenta **Eraser** (Figura 2.50).

Neste tópico, vamos utilizar o arquivo "SELEÇÃO.skp", disponível para download no site da editora.

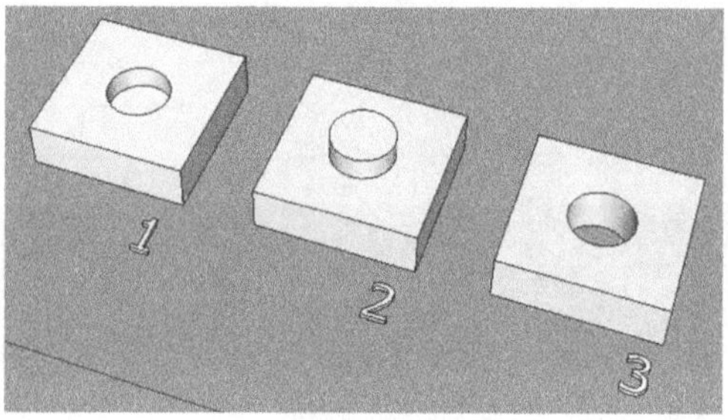

Figura 2.50 | Modelo 3D – selecionar e excluir.

1. Clique na ferramenta **Select** ( ).
2. No modelo 3D indicado como 1, clique para selecionar a aresta interna do círculo.
3. Agora, clique na ferramenta **Eraser** ( ) e, em seguida, na aresta selecionada (Figura 2.51). Note como vai ficar o modelo 3D (Figura 2.52).

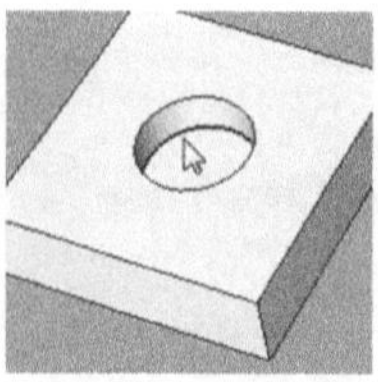

Figura 2.51 | Aresta interna selecionada.

Figura 2.52 | Aresta apagada.

Apagando a aresta de baixo, as faces ao redor que eram sustentadas por ela também são apagadas. Uma face nunca é mantida sem arestas em seu entorno para sustentá-la.

4. Volte com a ferramenta Select, teclando na barra de espaço <SPACEBAR>. Se clicar na aresta do círculo que sobrou acima e novamente apagar com a ferramenta Eraser, você vai perceber que a superfície acima fica totalmente limpa (Figura 2.53).

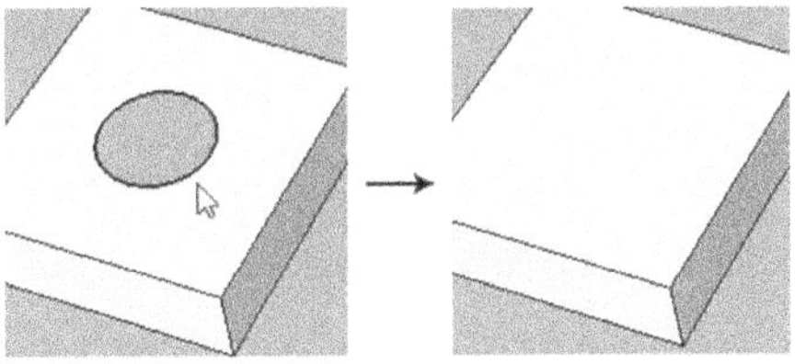

Figura 2.53 | Exclusão da aresta de cima.

> Linhas que dividem uma superfície plana, que são apagadas com a ferramenta Eraser ou com a tecla <DELETE>, não afetam a face, pois elas estão "no meio". Se excluir uma aresta ao redor, a face então também será apagada.

5. No modelo 3D de número 2, abra uma janela de seleção da esquerda para a direita, confome Figura 2.54.

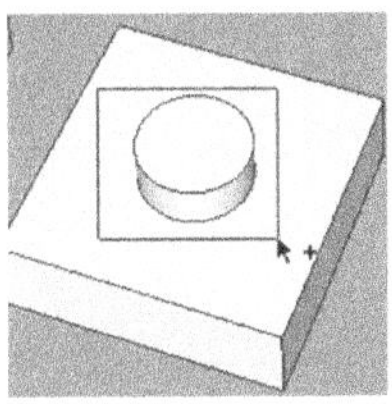

Figura 2.54 | Seleção em janela.

6. Agora, simplesmente, tecle <DELETE>. O pequeno cilindro é apagado.

7. Dessa vez, clique em uma nova ferramenta, chamada Line (✎). Com cliques nos extremos do círculo de cima do modelo 3D de número 3, feche o buraco, mas deixe a reta, conforme Figura 2.55.

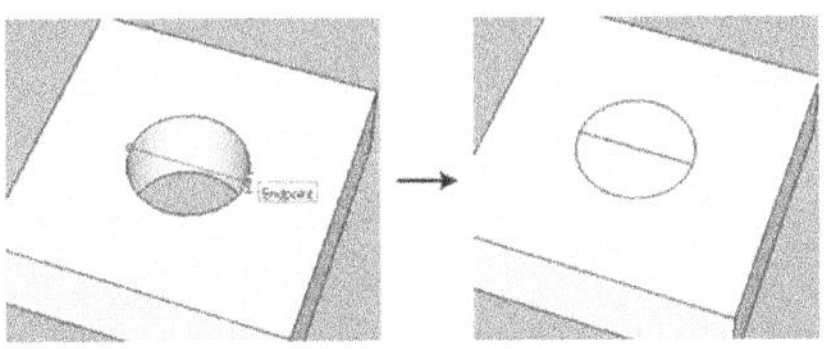

Figura 2.55 | Ferramenta Line utilizada para fechar um buraco.

8. Ative a ferramenta **Select** para selecionar o círculo superior e a reta, com a tecla <SHIFT> pressionada. Depois, tecle <DELETE>. Perfeito! Agora já podemos efetuar o mesmo procedimento, usando a ferramenta **Orbit** ( ) para girar a área gráfica e apagar o círculo da face de baixo do modelo. A superfície fica limpa e fechada, conforme Figura 2.56.

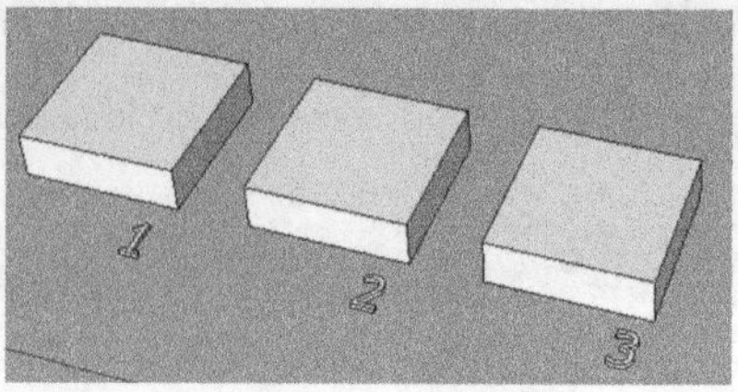

FIGURA 2.56 | Objetos excluídos com o exercício.

Capítulo 3

Configurações Iniciais e de Template

Objetivos deste capítulo:

- Unidades de medida
- Ajustes de informações gerais do arquivo
- Templates

3.1 Unidades de medida

Logicamente, trabalhar com projetos envolve utilizar proporções entre os seus elementos constituintes. Melhor ainda se o software de computador utilizado proporcionar precisão, oferecendo alguma unidade de medida para o desenho em 2D ou 3D.

O SketchUp trabalha dessa forma e ainda oferece uma janela específica para configurar *unidades de comprimento* e de *ângulo*. Vejamos o caminho a percorrer.

Menu Window › Model Info

Visualize o caminho trilhado na Figura 3.1:

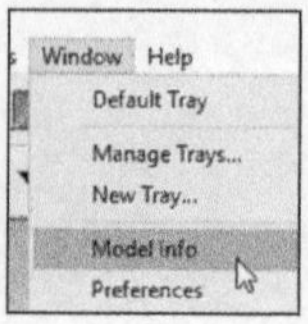

FIGURA 3.1 | Model Info – unidades de medida.

Assim que a janela se abrir, veremos que, do lado esquerdo, há uma lista de categorias que ajustam informações do modelo, conforme Figura 3.2, mostrando também que devemos entrar na categoria Units.

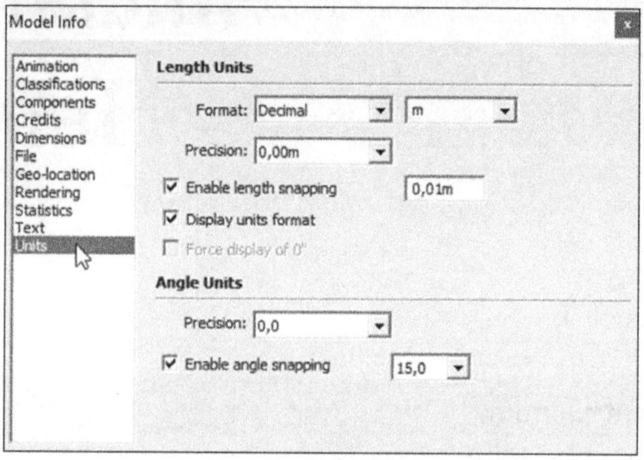

FIGURA 3.2 | Categoria Units.

Os parâmetros são:

- **Format**: por padrão, deixamos sempre a opção **Decimal**. É possível trabalhar também nos formatos **Architectural**, **Engineering** e **Fractional** (formatos de medição norte-americanos). Logo ao lado, escolha a sua unidade de medida. A Figura 3.3 exibe as opções.

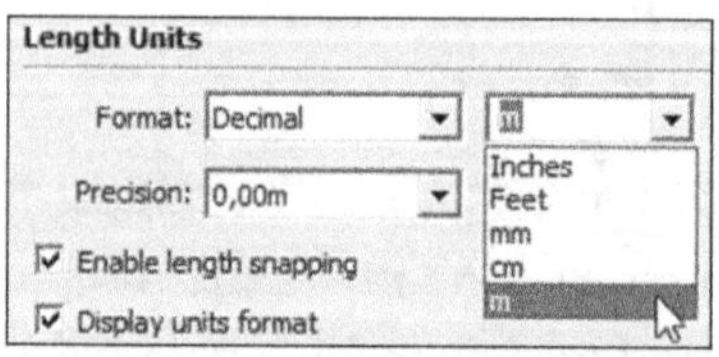

FIGURA 3.3 | Formato e unidade de medida.

Use **Meters** para metros, **Centimeters** para centímetros ou **Millimeters** para milímetros.

- **Precision**: por padrão, trabalhamos conforme a ABNT, sempre com duas casas decimais – 0,00. Aumente ou diminua se achar conveniente.
- **Enable length snapping**: ao desenhar com a ferramenta **Line**, por exemplo, podemos achar pontos de snap em intervalos sob medida nesse parâmetro digitado. Se digi-

tar 1,00m, o segmento de linha pode ser criado de 1 em 1 metro, por exemplo (os snaps são sugeridos ao movimentarmos o mouse). Desligue se não lhe interessar.

- Display units format: com essa opção ligada, a unidade aparece junto com o *sufixo* aos valores numéricos – 2,50m em vez de simplesmente mostrar 2,50.

Ainda na mesma tela, veremos parâmetros para configurar a unidade e intervalos para uso dos ângulos do SketchUp:

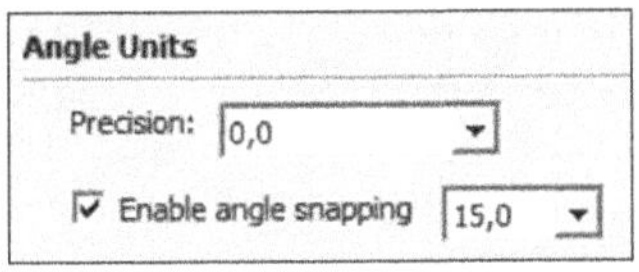

Figura 3.4 | Ajustes das unidades relacionadas a ângulos para construção de desenho.

- Precision: precisão de casas decimais para *minutos*(') ou *segundos*("). Se quiser, mantenha o padrão, que é 0,0.
- Enable angle snapping: intervalo de snap para encontro de ângulos ao se utilizar, por exemplo, a ferramenta Protractor ou Rotate, que aprenderemos depois. Se desejar, mantenha o valor 15,0.

Simplesmente feche a janela para confirmar os ajustes realizados.

3.2 Auto-save no SketchUp

Sei que, a essa altura do campeonato, o leitor já deve estar querendo aprender a desenhar, desenhar e desenhar, mas vamos com calma! Mais alguns ajustes de cena e estaremos aptos para o desenho.

O SketchUp fornece também no menu Window uma janela chamada Preferences. Vamos acessá-la por ora.

Menu Window › Preferences

Visualize o caminho trilhado na Figura 3.5.

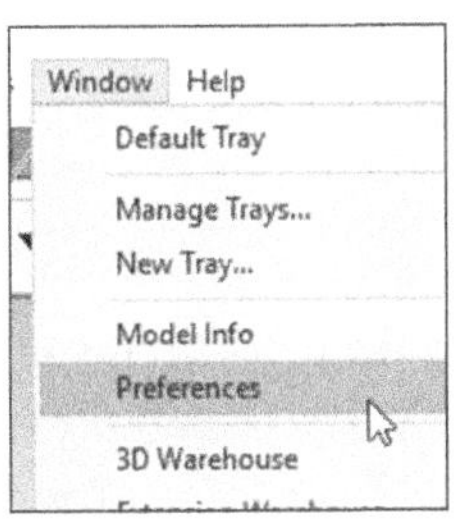

Figura 3.5 | Menu Window, acesso para a janela Preferences.

Das diversas categorias, por ora, vamos observar apenas uma. As demais iremos estudar no momento oportuno.

A Figura 3.6 mostra a categoria **General**, ao lado esquerdo na lista, já selecionada (clique sempre nela para selecionar).

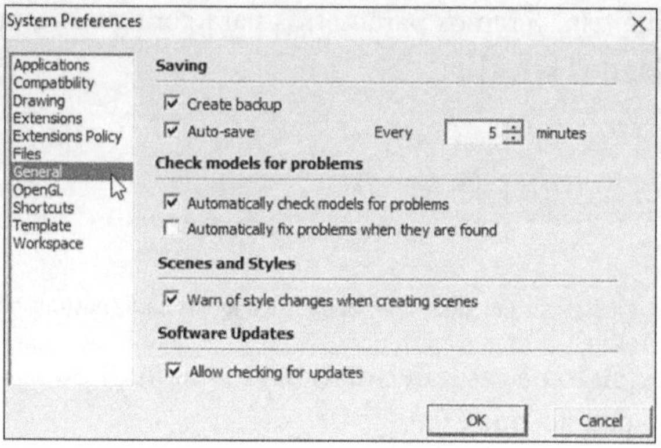

FIGURA 3.6 | Janela Preferences.

A Figura 3.7 exibe os parâmetros de **Auto-save**.

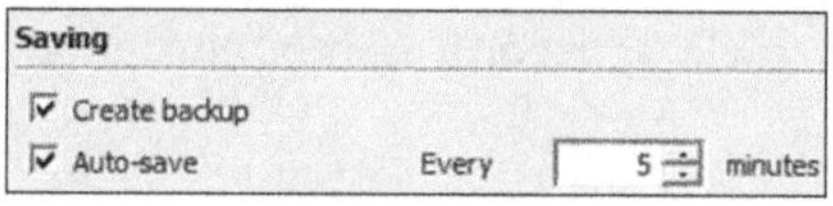

FIGURA 3.7 | Parâmetros de Auto-save.

Em seguida, uma lista dos parâmetros que merecem sua atenção:

- **Create backup:** esse parâmetro, quando ativado, mantém a ideia de que o SketchUp salve cópias de segurança do arquivo.
- **Auto-save:** mantenha esse parâmetro ligado sempre, para que o SketchUp salve automaticamente o seu arquivo.
- **Every "x" minutes:** digite um número de minutos para que o SketchUp salve automaticamente de tempos em tempos, com os minutos especificados aqui.

3.3 Templates

Quando iniciamos o SketchUp, a sua tela de boas-vindas oferece uma lista de templates a escolher. O **template** fornece algumas informações do modelo e preferências de forma automática, pois elas ficam armazenadas nesses templates. Um template, então, nada mais é do que um "arquivo novo" com ajustes anexados, para ganharmos tempo com parâmetros comuns a cada projeto, sem necessidade de arrumar tudo novamente.

3.4 Salvar um template personalizado

No próximo tópico deste capítulo, criaremos alguns templates para cada área de atuação no mercado e teremos os exercícios práticos para isso. Neste, aprenderemos o caminho para salvar o template, para usar logo mais nos exercícios.

Acesse então **Menu File › Save As Template**.

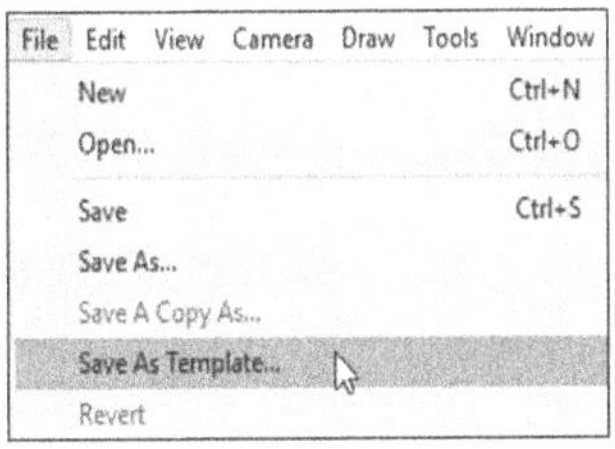

Figura 3.8 | Salvando um template – Save As Template.

- O SketchUp abre uma janela bem diferente do padrão de quando se salva um arquivo geralmente. Na Figura 3.9, mostramos a janela, já com algumas informações digitadas.

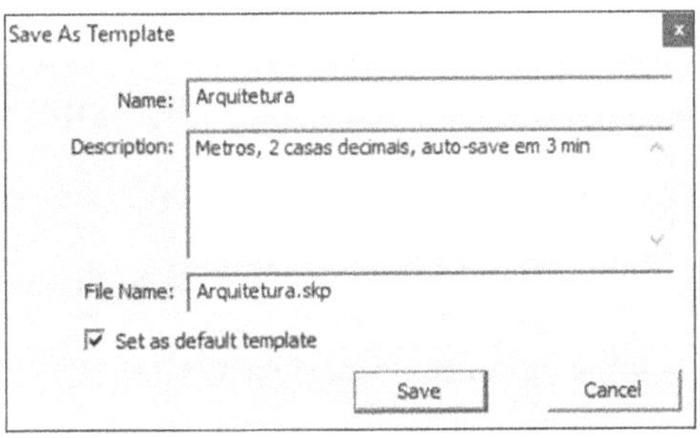

Figura 3.9 | Janela Save As Template.

O nome do arquivo será referência de identificação na lista de templates, portanto digite um nome que seja bem específico. A descrição não é necessária, mas ajuda se digitar informações específicas do arquivo template.

A opção **Set as default template** pode ser desligada, se você não quiser que esse arquivo seja sempre utilizado ao carregar o SketchUp. Caso queira, mantenha o parâmetro ligado.

Figura 3.10 | Manter o template como padrão.

- Clique em **Save**.

Caso deseje abrir um novo arquivo para averiguar, feche e abra novamente o SketchUp. Clique no botão **Choose Template** e constate o template recém-criado.

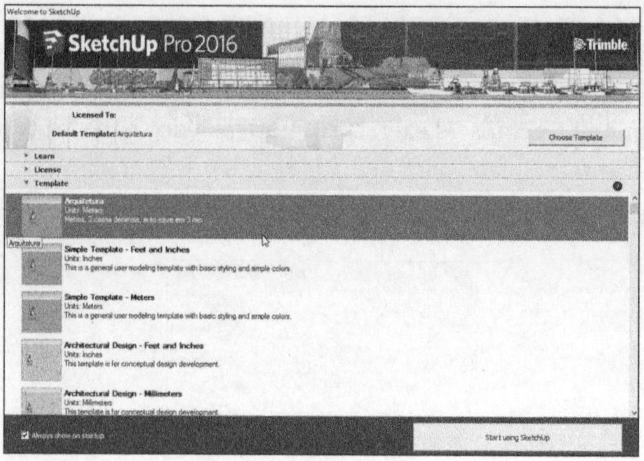

Figura 3.11 | Lista de templates na tela de boas-vindas do Google SketchUp.

Existem outras configurações que podem ser armazenadas com o template, como:

- Formatação de textos.
- Formatação de cotas.
- Layers.
- Coordenadas geográficas.
- Objetos 3D.

Por fim, vamos realizar alguns exercícios.

3.5 Criar dois templates para uso posterior

Vamos criar dois templates para usar posteriormente.

1. Abra um **novo arquivo** no SketchUp.
2. Na janela **Model Info**, ajuste a unidade de medida para **Metros**; ajuste também para usar **duas casas decimais** e snap de intercalação ao desenhar (**Enable length snapping**) em **0,01m**.
3. Apague o componente da moça que sempre é exibido, de nome "*Lisanne*".
4. Salve como template – **Save As Template**, com o nome de *"Arq & Urbanismo"*.
5. Abra agora um novo arquivo novamente.
6. Na janela **Model Info**, ajuste a unidade de medida para **Centímetros**, ajuste também para que possa usar **duas casas decimais** e snap de intercalação ao desenhar (**Enable length snapping**) em **0,01cm**.
7. Verifique se o componente "Lisanne" já foi excluído.
8. Salve como um template – **Save As Template**, com o nome de *"Móveis e Produtos"*.

Capítulo 4

Ferramentas de Desenho 2D

Objetivos deste capítulo:

- Conhecer as ferramentas de desenho 2D
- Gerar os primeiros traços e formas geométricas
- Criar referência para um futuro modelo tridimensional

4.1 Line

Por mais simplória que possa parecer, uma boa parte do que construímos no SketchUp é criada com a ferramenta Line.

Todo e qualquer tipo de segmento reto é desenhado com esse recurso. O desenho feito com a Line pode ser ou não aberto. Os desenhos abertos não geram preenchimentos, denominados tecnicamente preenchimentos (faces), sendo compostos somente pelas próprias linhas, denominados contornos (contours) ou arestas (edges).

A Figura 4.1 exibe um desenho simples, criado com a ferramenta Line.

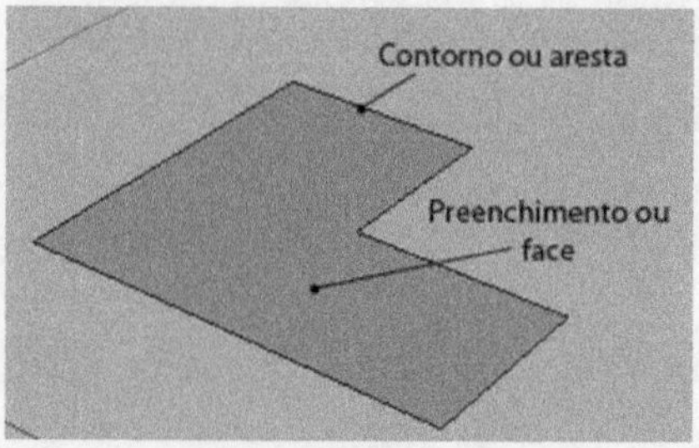

Figura 4.1 | Elementos do desenho 2D no SketchUp.

A ferramenta é representada pelo seguinte botão:

Figura 4.2 | Ferramenta Line.

Para utilizar a ferramenta **Line**, proceda da seguinte forma:

1. Acione a ferramenta **Line** com um clique no seu botão ( ).
2. Clique num ponto na área gráfica e aponte no **eixo Red** (vermelho). Digite o **valor = 2**.
3. Sem clicar ou pressionar qualquer outro botão do mouse, aponte no **eixo Green** (verde) e digite o **valor = 2**.
4. Vamos criar um pequeno quadrado. Então, volte o cursor ao **eixo Red** e para a esquerda. Digite o **valor = 2**. Perceba que, ao desenhar, a linha fica colorida, como o eixo, indicando o procedimento correto.

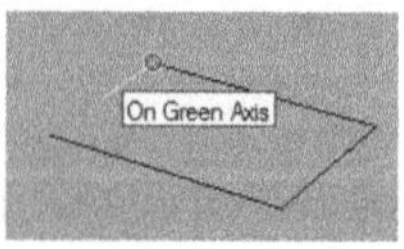

Figura 4.3 | Construção de linhas paralelas aos eixos de coordenadas espaciais.

5. Por fim, podemos clicar no primeiro instante do desenho. **Clique no início da primeira linha reta** para fechar o quadrado, conforme Figura 4.4.

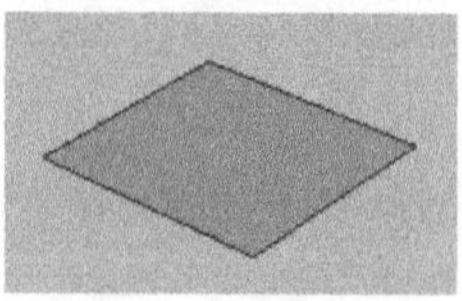

Figura 4.4 | Desenho feito com a ferramenta de desenho Line.

Para criar diagonais, é melhor sempre criar, antes de tudo, referências com linhas paralelas aos eixos. Note:

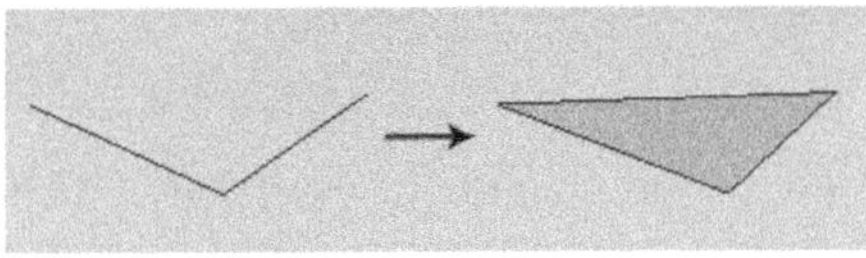

Figura 4.5 | Formas geométricas com linhas em sentido diagonal aos eixos.

Se for necessário fazer linhas com comprimentos decimais, como um **valor = 3.5**, basta digitar usando o separador **vírgula**.

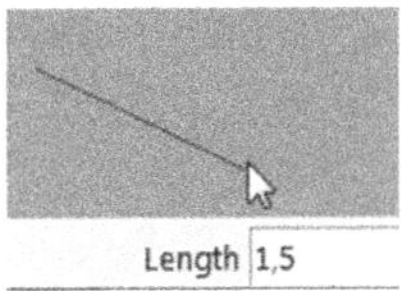

Figura 4.6 | Comprimento de linha com casas decimais – uso da vírgula.

As primeiras linhas devem ser sempre desenhadas no sentido dos eixos Red e Green. Essas linhas iniciais garantem que a base do desenho 2D ou 3D esteja plana.

Se for também interessante, podemos desenhar no sentido do **eixo Blue** (azul). É a mesma ideia do **eixo Z** de programas CAD (Figura 4.7).

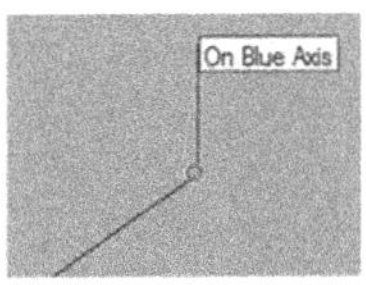

Figura 4.7 | Desenhando no eixo Blue (azul).

A ferramenta **Line** é interessante porque podemos criar todas as arestas de um modelo tridimensional. Para criar um cubo, basta desenhar todas as arestas, obedecendo aos sentidos nos **eixos Red**, **Green** e **Blue**.

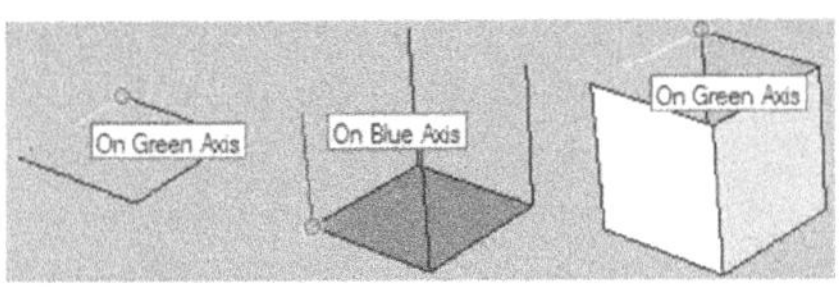

Figura 4.8 | Etapas de construção de um cubo com linhas.

Repare como poderíamos construir uma pequena rampa, somente com a ferramenta **Line**.

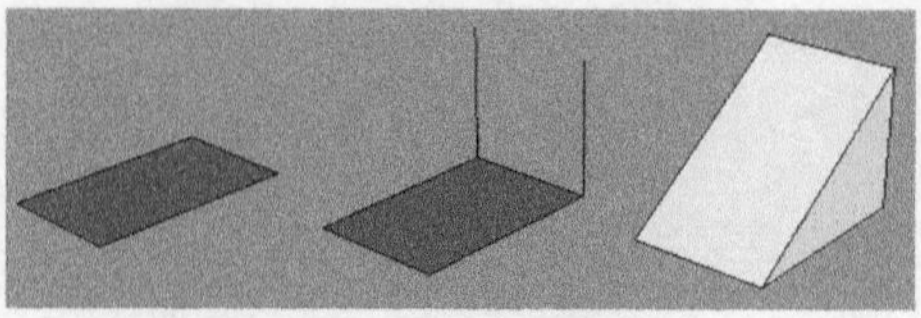

Figura 4.9 | Construindo modelos 3D também com a ferramenta Line.

4.2 Rectangle

A ferramenta de criação de retângulos do SketchUp desenha retângulos e quadrados. Essas formas são geralmente desenhadas em 2D, e suas linhas são sempre paralelas aos eixos de coordenadas **Red** e **Green**. A Figura 4.10 exibe o ícone da ferramenta.

Figura 4.10 | Ferramenta Rectangle.

Procedimento

1. Clique na ferramenta **Rectangle** para começar ( ).
2. Clique em um ponto na área gráfica e mova o cursor do mouse no sentido desejado.
3. Clique para concluir e fixar o canto oposto. Podemos também digitar uma dimensão específica. Digite, por exemplo, o **valor = 3,50; 7,00**. Note a Figura 4.11.

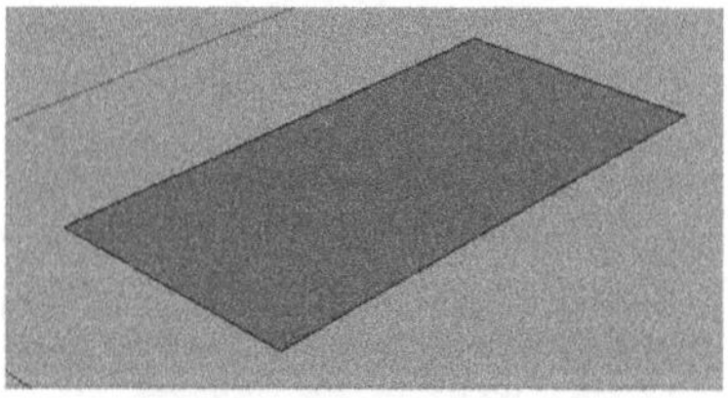

Figura 4.11 | Retângulo desenhado.

Caso queira desenhar um retângulo usando o **eixo Blue**, tenha ao menos linhas desenhadas na vertical para conseguir clicar nos pontos certos, conforme Figura 4.12.

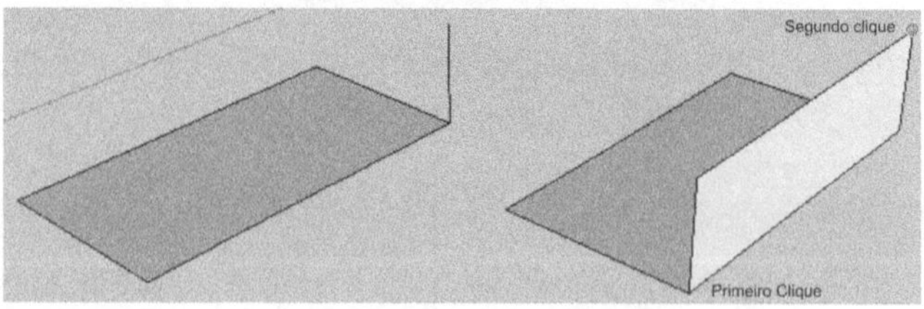

Figura 4.12 | Construção de retângulos no eixo Blue.

4.3 Circle

A ferramenta Circle tem a função de desenhar círculos ou arcos.

A ferramenta Circle também se encontra na barra de desenho, com as demais.

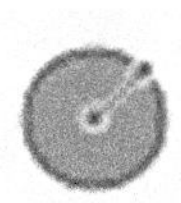

Figura 4.13 | Ferramenta Circle.

Procedimento

1. Clique para acionar a ferramenta Circle (●).
2. Clique em um ponto na área gráfica para fixar o centro do novo círculo.
3. Digite num ponto mais afastado do centro para fixar o raio. Podemos também indicar um raio específico. Se preferir, em vez de clicar, digite o valor = 2 (Figura 4.14).

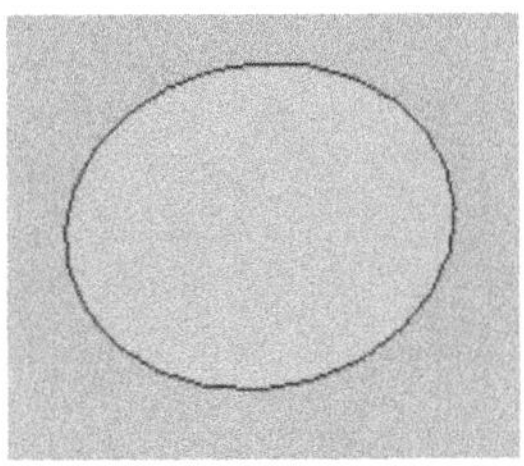

Figura 4.14 | Círculo desenhado.

Também conseguimos construir arcos com o auxílio da ferramenta Circle. Vamos lá?

4. Clique para acionar a ferramenta Line (✎).
5. Clique nos pontos indicados na Figura 4.15.

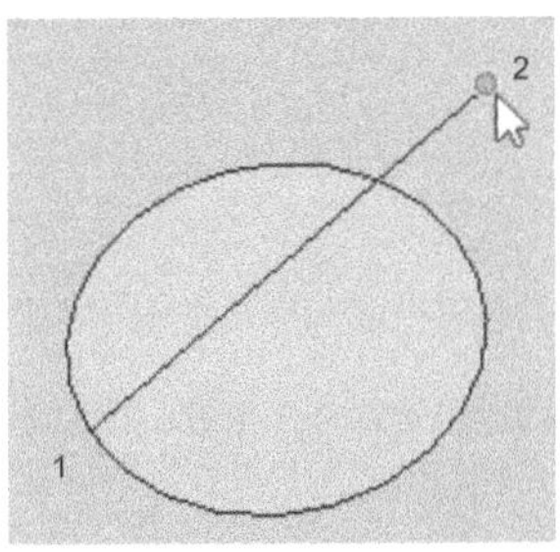

Figura 4.15 | Desenho da linha reta.

6. Apague os elementos indicados na Figura 4.16 e visualize o arco que sobra.

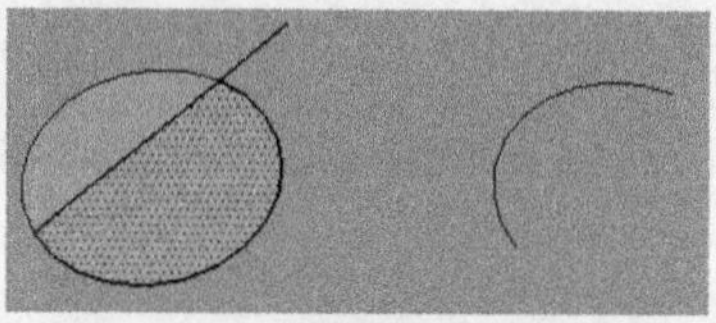

Figura 4.16 | Criação de arcos.

A ferramenta **Circle** também oferece parâmetro para criar formas poligonais. Quando se clica na ferramenta para começar o círculo, vemos que, antes ainda de clicar para indicar o seu centro, há a possibilidade de digitar a quantidade de lados da futura forma geométrica.

Figura 4.17 | Parâmetro Sides – lados.

Veja as possibilidades de desenho:

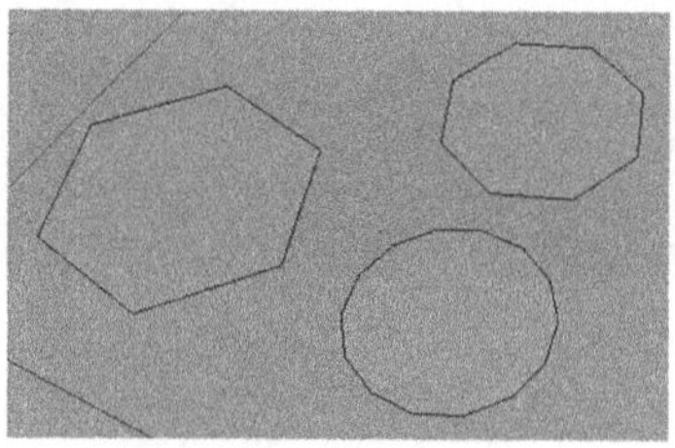

Figura 4.18 | Formas poligonais com a ferramenta Circle.

4.4 Arc

O SketchUp dispõe também de um conjunto de ferramentas específicas para desenhos de arcos. São três opções: **Arc, 2 Point Arc** e **3 Point Arc**. Veja o conjunto de botões para construção de arcos, na barra de desenho do SketchUp:

Procedimento

1. Clique para ativar a ferramenta **2 Point Arc** ( ).
2. Clique em um ponto na área gráfica para começar a construção do arco (início do arco).
3. Clique em um outro ponto para fixar o final do arco.

4. Mova o cursor novamente e clique para fixar a altura ou flecha do arco. Se desejar, digite um valor. Vejamos:

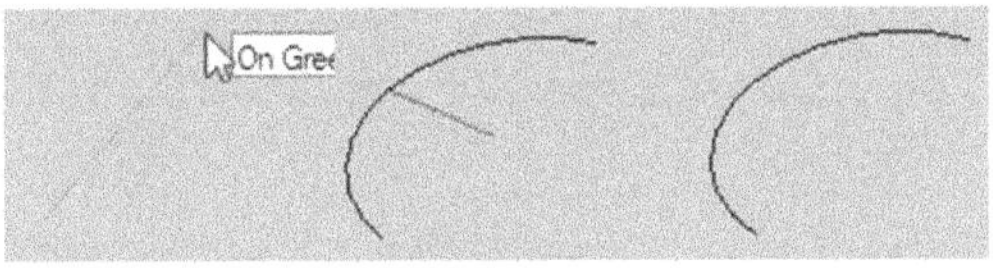

Figura 4.19 | Construção de um arco no SketchUp.

A ferramenta **Arc** também permite facetar os arcos (criar lados). Quando clicamos na ferramenta para começar o desenho de um arco, o parâmetro na barra de status é exibido, assim como nos círculos.

Figura 4.20 | Parâmetro Sides – lados.

Note as opções de formas dos arcos no SketchUp na Figura 4.21:

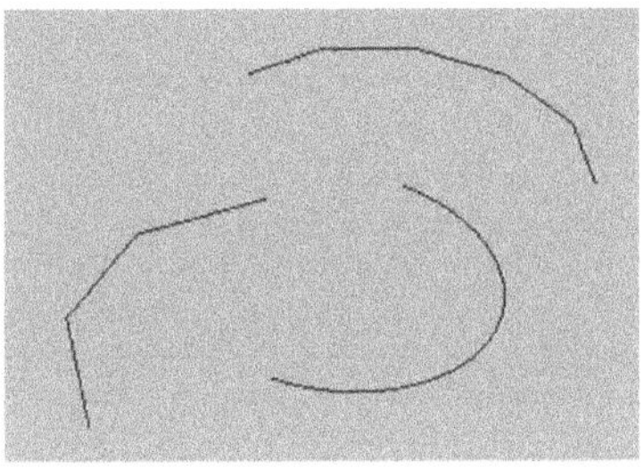

Figura 4.21 | Arcos diversos.

4.5 Polygon

A ferramenta **Polygon** oferece recursos semelhantes aos do círculo. Melhor dizendo, o círculo se parece com a ferramenta de desenho de polígonos. Usar uma ou outra para desenhar não fará diferença nos desenhos.

A ferramenta também é encontrada com as demais na barra lateral.

Procedimento

1. Clique na ferramenta **Polygon** ( ).
2. Visualize a barra de status (barra inferior) e digite a quantidade de lados desejada.
3. Clique em um ponto da área gráfica e digite o valor do raio.

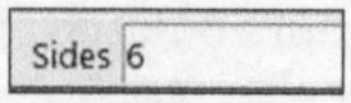

Figura 4.22 | Parâmetro para ajustar o número de lados.

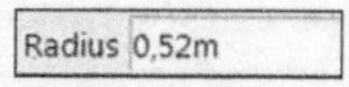

Figura 4.23 | Ajuste do raio do polígono.

O resultado de seus desenhos se assemelha aos dos criados com o círculo.

4.6 Freehand

A **Freehand** é um meio de desenhar de forma livre, sem precisão. É provável que uma mesa de desenho digitalizadora seja o melhor jeito de desenhar com essa ferramenta.

Como essa ferramenta não está próxima da barra principal, devemos exibir a barra **Drawing** a fim de encontrá-la.

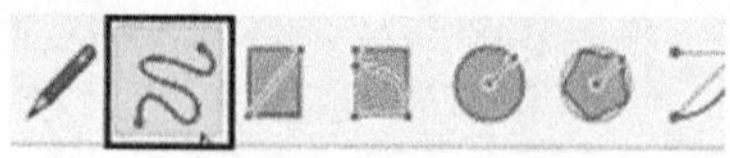

Figura 4.24 | Freehand.

Uma demonstração:

Figura 4.25 | Desenhos à mão livre com a Freehand.

4.7 Exercícios práticos

Tente desenhar o mesmo que as figuras apresentadas em seguida sugerem. Foram propostos alguns passos de construção prévios para ajudar. Não importa o tamanho, desenhe algo proporcional. Vamos lá?

1. Neste primeiro, use uma base retangular de 2m x 1m com a ferramenta **Rectangle** ( ). Faça o desenho das demais linhas somente com a ferramenta **Line** ( ):

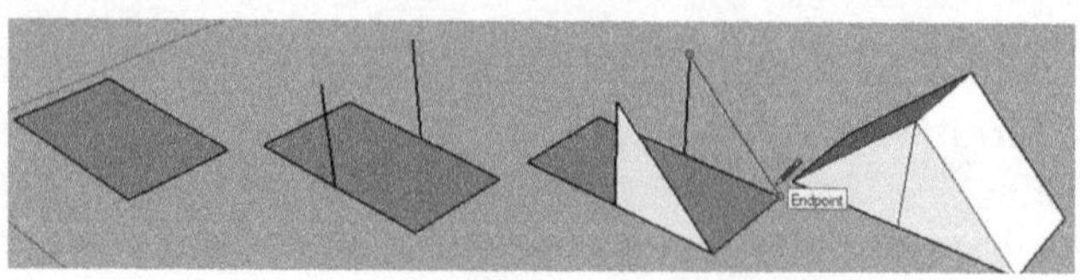

Figura 4.26 | Forma geométrica 1.

2. Neste próximo, clique na ferramenta Polygon ( ). Digite 3 para o número de lados. Clique em um ponto da área gráfica e abra um raio com um clique para fixar. Por meio da ferramenta Line ( ), crie as linhas verticais e o fechamento superior.

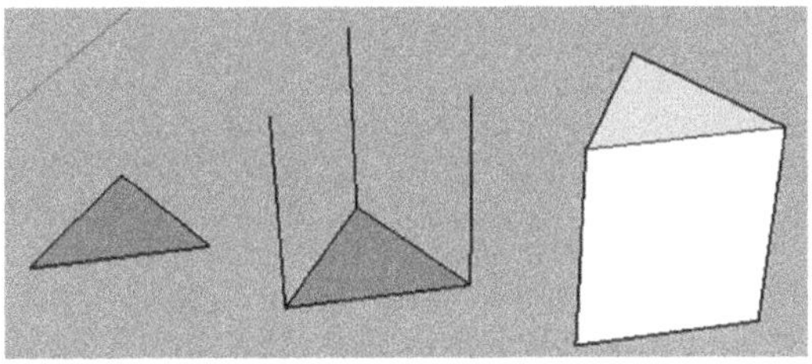

Figura 4.27 | Prisma triangular.

3. Mais um exercício sugerindo uma pirâmide, usando a ferramentas Rectangle ( )para fazer a base de 1mx1m e o uso da ferramenta Line ( ) para as demais linhas (eixo central e faces).

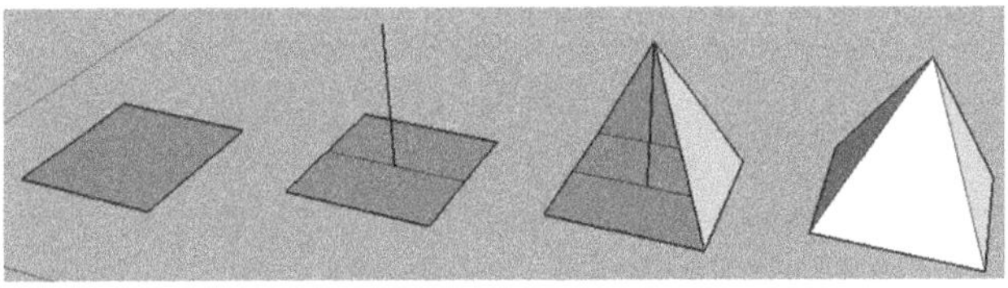

Figura 4.28 | Pirâmide.

4. E mais um exercício com linhas, para o desenho de uma pequena escada.

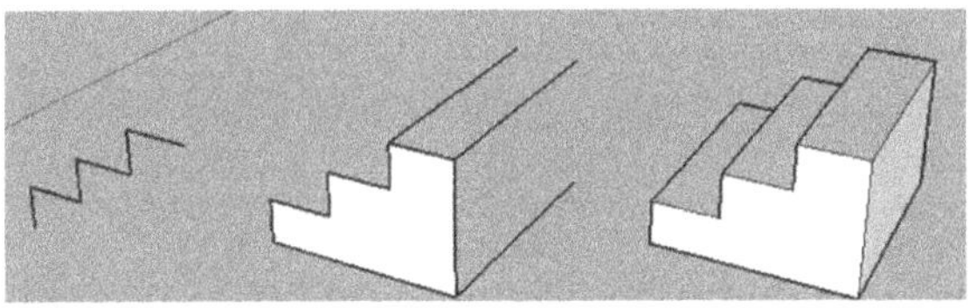

Figura 4.29 | Escada.

5. Com círculos, ferramenta Circle ( ), linhas e ferramenta Eraser ( ):

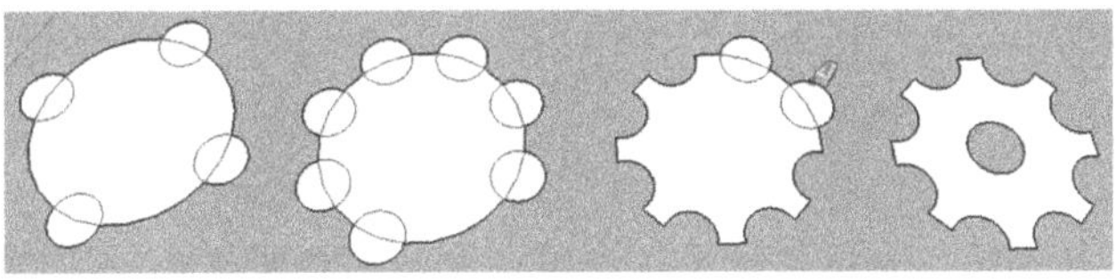

Figura 4.30 | Desenho 2D de uma peça mecânica.

Capítulo 5

Ferramentas de Criação de Modelos 3D

Objetivos deste capítulo:

- Aprender técnicas de extrusão e subtração de volumes
- Extrusão por caminho
- Criação de objetos 3D

Até aqui aprendemos a usar as ferramentas de desenho e vimos que é possível criar modelos 3D simples com a junção das linhas.

As ferramentas neste capítulo proporcionam inúmeras possibilidades de criação tridimensional, com a capacidade de terem multifunções.

5.1 Push/Pull

Essa ferramenta será uma das mais utilizadas nos projetos. Com ela, podemos criar extrusões, subtração de volumes e perfurar objetos. Com a união das ferramentas **Line** e **Push/Pull**, podemos criar desde uma bancada ou uma esquadria de janela até um galpão ou uma casa com alguns cômodos.

A ferramenta Push/Pull é dependente de um primeiro objeto desenhado em 2D ou 3D. Vejamos, então.

Procedimento

1. Faça um desenho 2D com a ferramenta Rectangle (▩) de 2 m x 1 m (digite 2;1).

Figura 5.1 | Retângulo.

2. Clique na ferramenta Push/Pull (◆) que se encontra na barra lateral padrão (ou na barra superior), se estiver aberta, dê um clique com o botão esquerdo (sem pressionar) e mova o cursor para cima (Figura 5.2).

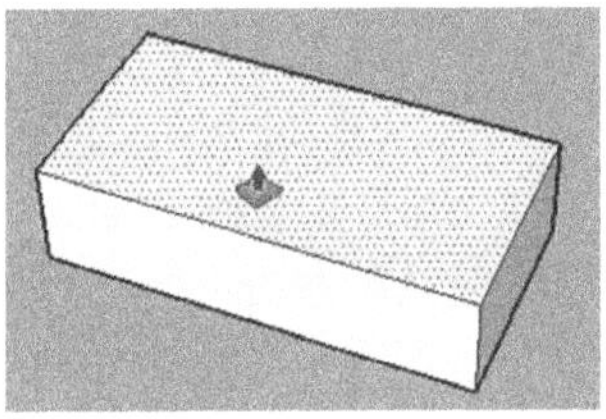

Figura 5.2 | Push/Pull em andamento.

3. Clique para fixar uma altura de extrusão. Podemos também digitar um valor para a altura em vez de clicar. O parâmetro é exibido na barra inferior.

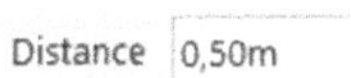

Figura 5.3 | Parâmetro Distance – altura da extrusão.

4. Com a ferramenta Line (✏), desenhe uma reta ligando os dois cantos da face lateral, conforme Figura 5.4.

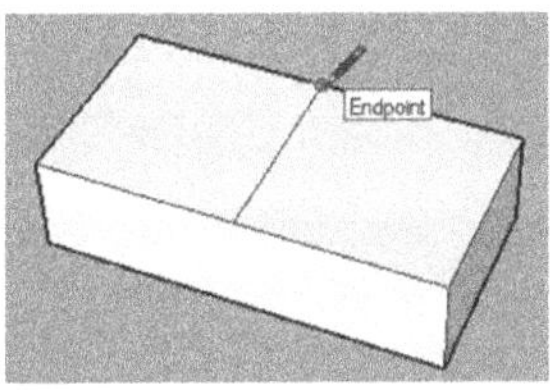

Figura 5.4 | Linha desenhada.

5. Novamente, com a ferramenta **Push/Pull** (), clique em uma das metades e movimente o cursor para cima. Digite o valor = **0,4 m**. Tecle **<ENTER>**.

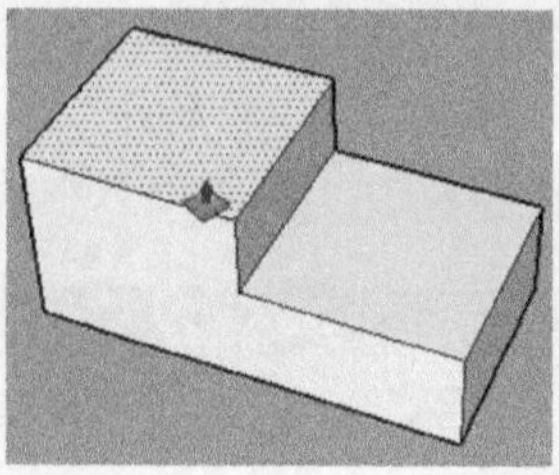

FIGURA 5.5 | Nova extrusão sobre a face superior do modelo 3D.

> Quando for digitar um valor preciso, seja para criar, seja para subtrair volume 3D, é possível digitar o sinal de menos "–" antes para indicar um valor negativo. Assim, o efeito irá ao contrário da direção em que se está "empurrando" com o cursor.

Para perfurar o modelo 3D por completo é necessário "empurrar" o cursor para dentro do volume até que a legenda **"On Face"** apareça ao lado do cursor. É necessário girar a área gráfica no efeito da ferramenta **Orbit** (pressione o botão do meio, scroll) para visualizar o outro lado do modelo para a legenda aparecer, conforme Figura 5.6.

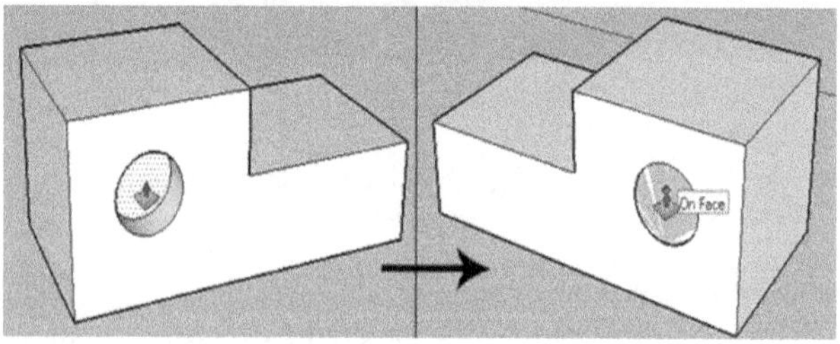

FIGURA 5.6 | Perfurar por completo com a Push/Pull.

Um exemplo:

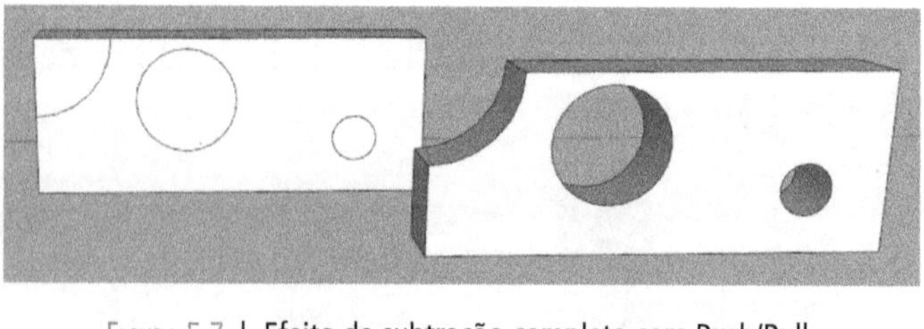

FIGURA 5.7 | Efeito de subtração completa com Push/Pull.

E mais um exemplo, no qual as faces foram empurradas para dentro do objeto 3D, subtraindo.

Aqui, somente com a ferramenta **Line** e a ferramenta **Push/Pull**.

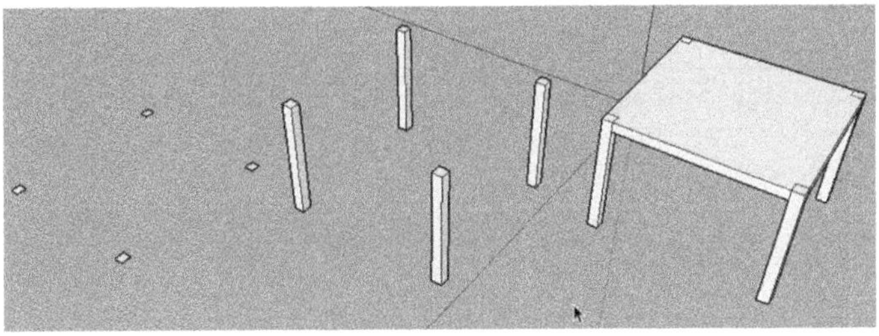

Figura 5.8 | Pequena mesa quadrada.

Observe um perfil desenhado com a ferramenta **Line** e sua extrusão lateral num valor = **1,20 m** com a **Push/Pull**.

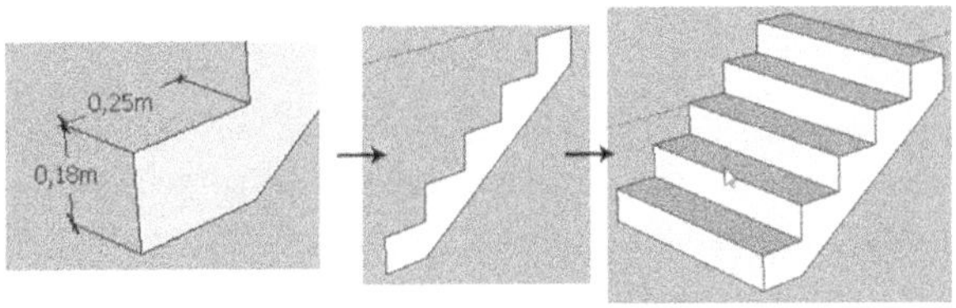

Figura 5.9 | Um pequeno lance de escada.

As Figuras 5.10 e 5.11 exibem uma estação urbana de ônibus.

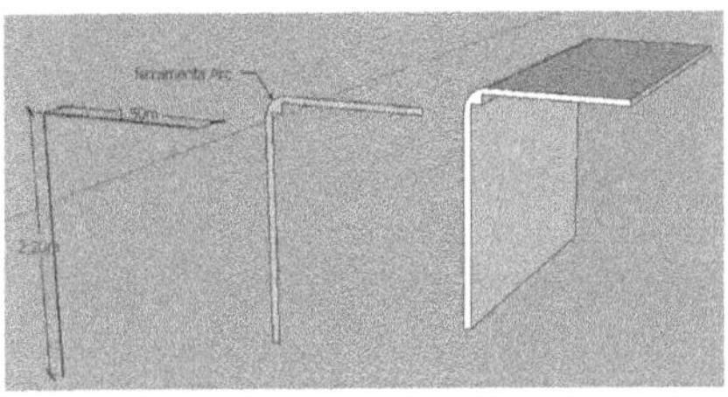

Figura 5.10 | Construindo uma parada de ônibus.

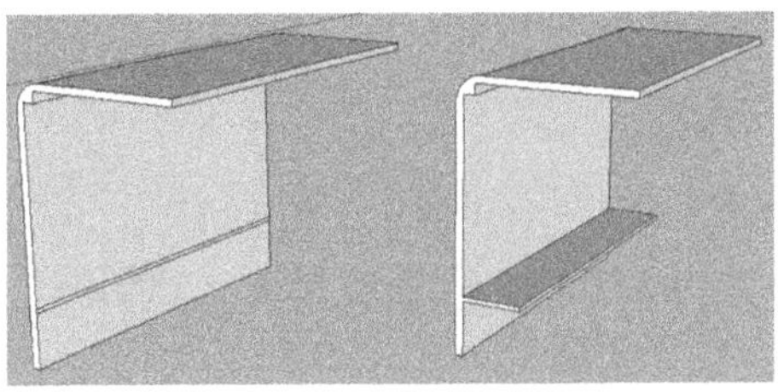

Figura 5.11 | Parada de ônibus completa.

No exemplos das Figuras 5.12 e 5.13 aparece uma amostra de como modelar uma mesa de centro, para um ambiente interno, com o uso do **Rectangle**, **Line** e **Push/Pull**.

Figura 5.12 | Modelando uma mesa de centro.

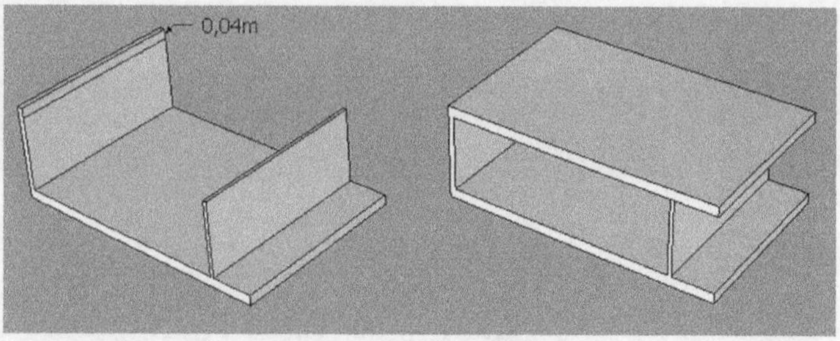

Figura 5.13 | Projeto de uma mesinha de centro para um ambiente interno.

Os modelos tridimensionais podem ter formas mais complexas se agregarmos também as funcionalidades da ferramenta **Follow Me**.

5.2 Follow Me

No SketchUp, na mesma barra lateral, encontramos próximo da ferramenta **Push/Pull** o recurso do **Follow Me** (Figura 5.14)

Sua principal função é permitir uma extrusão ou subtração de volume, obedecendo a um **caminho traçado** e abrindo um leque de possibilidades de criação no Google SketchUp.

Figura 5.14 | Botão do Follow Me.

Vamos lá!

1. Crie três linhas retas com a ferramenta **Line** (✎) para criar o desenho de um vão luz de porta, de 2.10 m x 0,90 m, conforme Figura 5.15.
2. No canto inferior faça o desenho de um batente com as seguintes medidas, também com a **Line**:

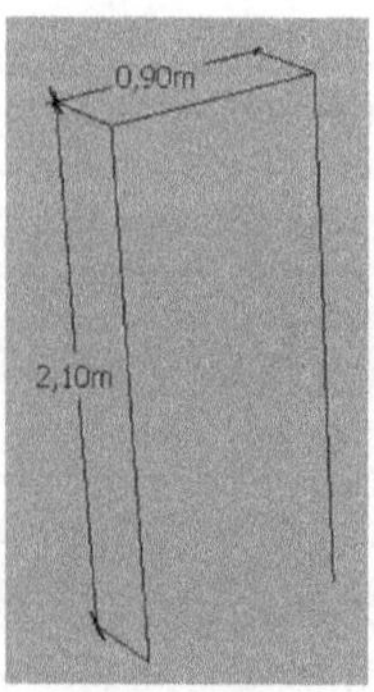

Figura 5.15 | Vão de porta.

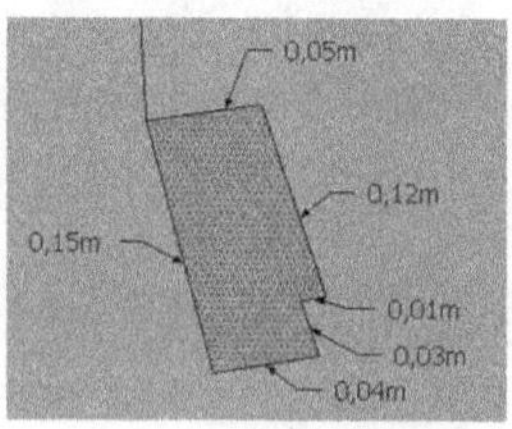

Figura 5.16 | Medidas do batente.

3. Selecione somente as **linhas do vão** da porta (não selecione o batente embaixo).

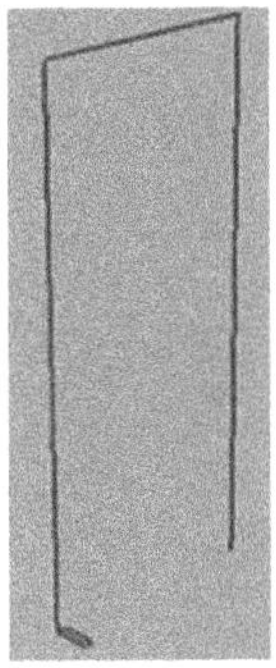

FIGURA 5.17 | Somente as linhas do vão da porta estão selecionadas.

4. Clique para acionar a ferramenta **Follow Me** () e dentro do **preenchimento do batente**. Se tudo correr bem, veremos a extrusão do batente percorrendo automaticamente as três linhas anteriormente selecionadas, que representam o vão de luz.

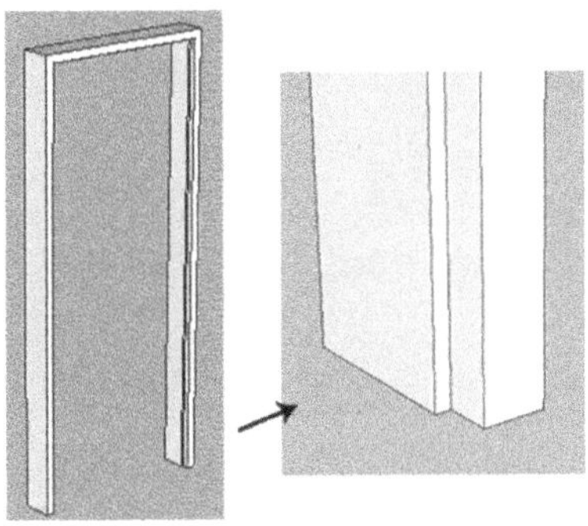

FIGURA 5.18 | Batente completo para uma porta com o Follow Me.

O **Follow Me** só fará a extrusão em linhas selecionadas. Somente as linhas que foram selecionadas do caminho que queremos sofreram o efeito da extrusão, conforme Figura 5.19.

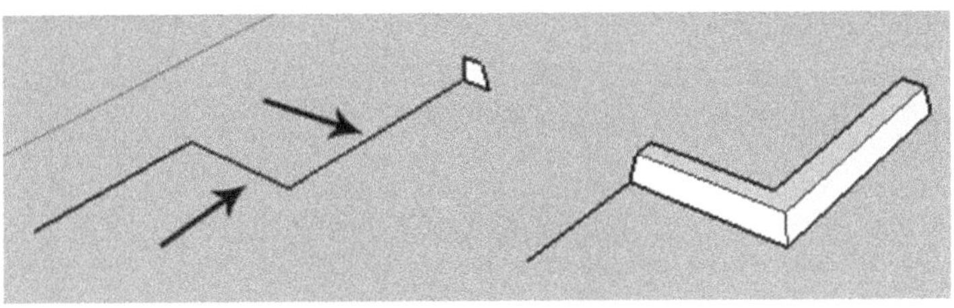

FIGURA 5.19 | Follow Me segue somente as linhas que foram selecionadas.

Use a ferramenta também se for necessário subtrair. Note como podemos fazer um canto chanfrado ou arredondado de um modelo 3D.

Procedimento para criar cantos chanfrados

1. Faça uma base retangular com a **Rectangle** ( ) e depois uma extrusão de sua face com o **Push/Pull** ( ). Note em seguida.

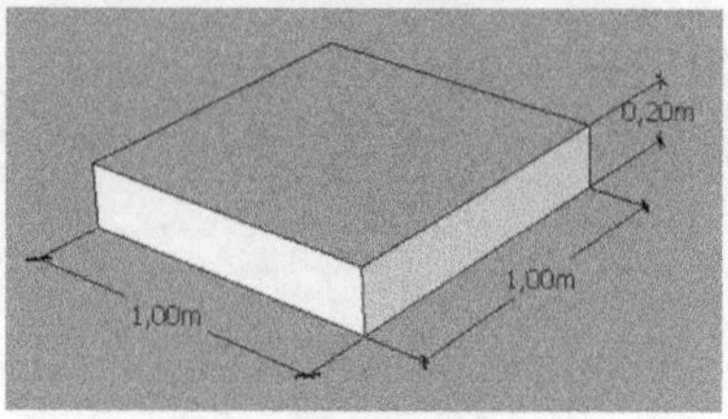

Figura 5.20 | Objeto 3D.

2. Agora desenhe uma linha encontrando as duas arestas da face lateral e indicando o perfil do futuro chanfrado que será criado.

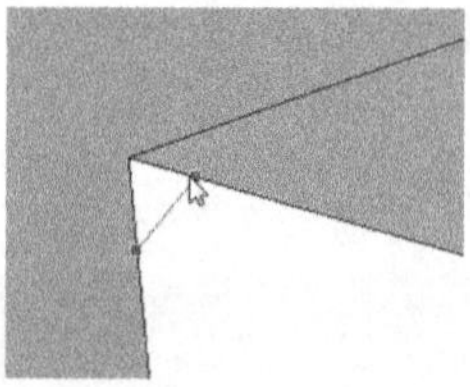

Figura 5.21 | Desenho do futuro chanfro.

3. Selecione todas as arestas superiores que contornam a face de cima do objeto 3D.

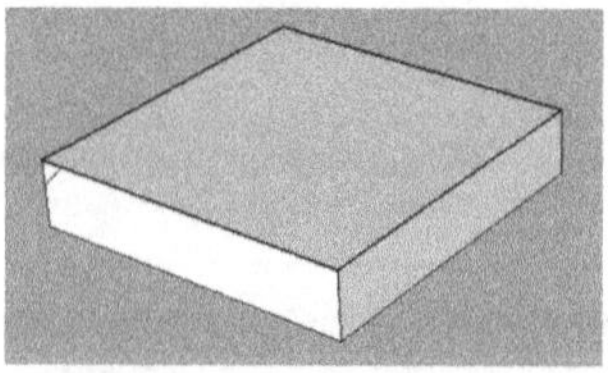

Figura 5.22 | Arestas contornando a face de cima do objeto selecionadas.

4. Clique para acionar a ferramenta **Follow Me** ( ) e no pequeno espaço que foi criado no cantinho da face lateral.

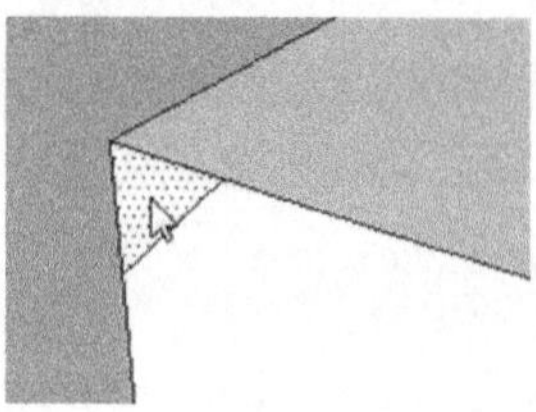

Figura 5.23 | Clique com a Follow Me.

5. Se tudo estiver certo, veremos os cantos chanfrados do jeito que pretendíamos.

Figura 5.24 | Cantos chanfrados com subtração de volume – Follow Me.

Fácil, não? Tente fazer o mesmo procedimento com a mesma ordem de ferramentas, substituindo a linha por um **arco** da *etapa 2* do passo a passo anterior, para criarmos **cantos arredondados**.

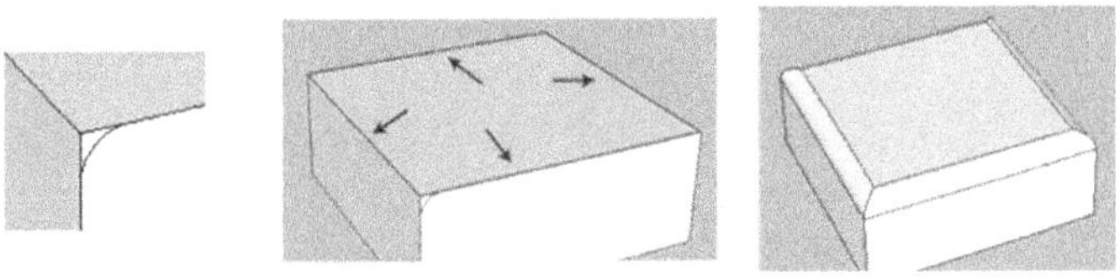

Figura 5.25 | Follow Me para gerar cantos arredondados.

Para averiguar mais possibilidades de modelagem com o uso do **Follow Me**, vamos fazer um passo a passo de um *Cone*.

Procedimento para criar um cone

1. Use a ferramenta **Circle** (●) para desenhar um círculo de raio = 0,50 m.
2. Desenhe uma linha no **eixo Blue**, de altura = 1,20 m, no centro do círculo. Note em seguida.

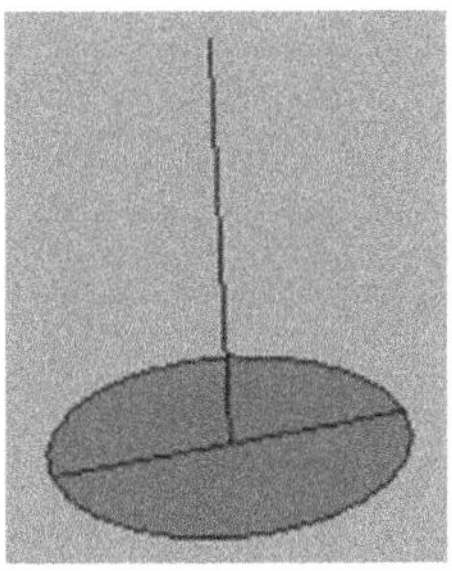

Figura 5.26 | Base de um cone.

3. Desenhe ainda mais uma linha (Figura 5.27) e apague uma das linhas que ficaram na base do círculo.

Figura 5.27 | Construção de um cone.

4. Selecione a borda do círculo da base e, com a ferramenta **Follow Me**, clique na face do triângulo que está "em pé". Acompanhe:

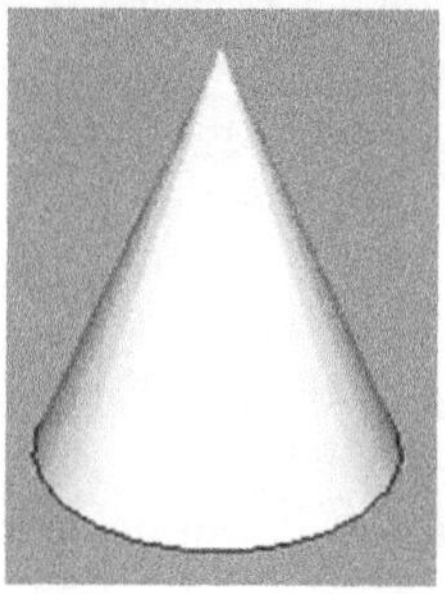

Figura 5.28 | O cone está pronto agora.

Vamos tentar agora criar uma esfera?

Procedimento para criar uma esfera

1. Desenhe um círculo novamente de raio = 0,50 m.
2. Desenhe também uma linha reta no **eixo Blue** de altura = 0,50 m.
3. Desenhe agora um arco. Preste atenção, quando for desenhar, ao ponto em que ele deverá tangenciar, de maneira imaginária, o **eixo Green** ou **Red**, além do **Blue**, conforme Figura 5.29.

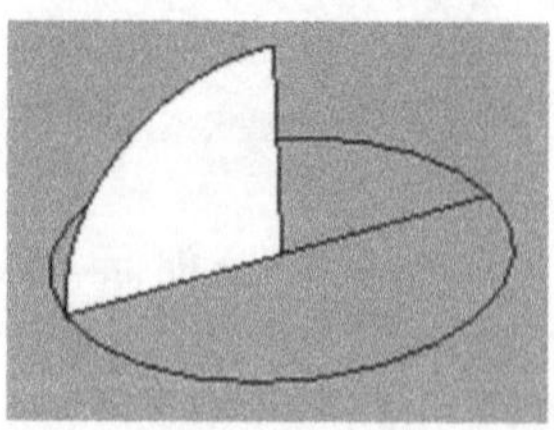

Figura 5.29 | Base para construção de uma esfera.

4. Procure fazer o mesmo desenho na parte de baixo do círculo-base.

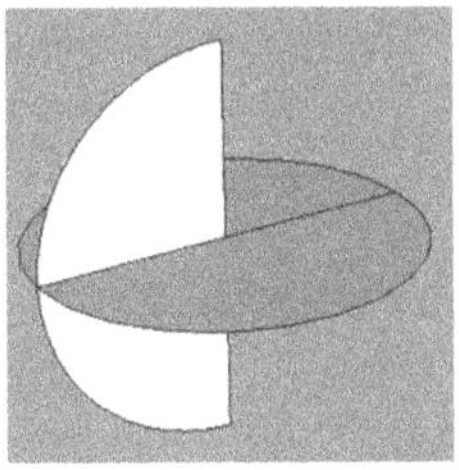

Figura 5.30 | Construção da esfera.

5. Apague a linha que divide o círculo-base em dois pedaços. Também apague o preenchimento do círculo, conforme Figura 5.31.

6. Para fechar, selecione a borda do círculo e ative a ferramenta Follow Me. Clique na face do objeto de dentro do círculo para concluir a esfera.

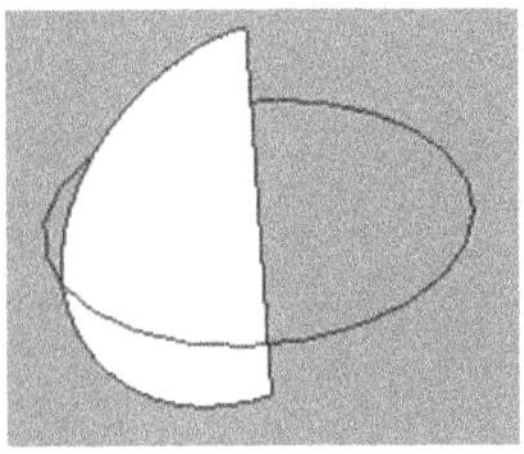

Figura 5.31 | Penúltima etapa da construção da esfera.

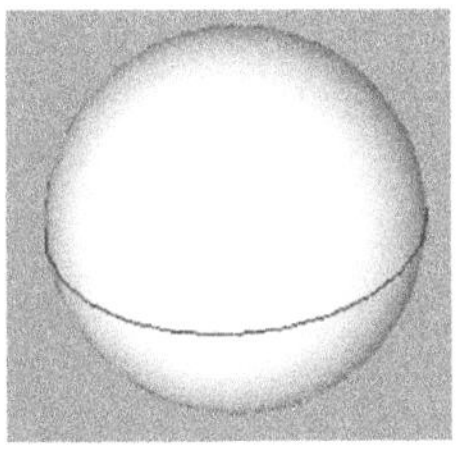

Figura 5.32 | Esfera pronta.

5.3 Exercícios práticos

Vamos praticar, procurando desenvolver os modelos 3D propostos.

a. Torneira.

- Comece com um retangulo e uso da ferramenta Push/Pull.

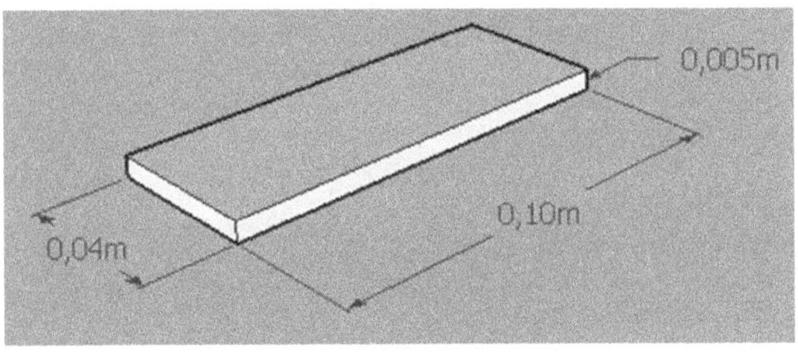

Figura 5.33 | Base da torneira.

- Use a ferramenta de linhas e arcos para desenhar a próxima etapa.

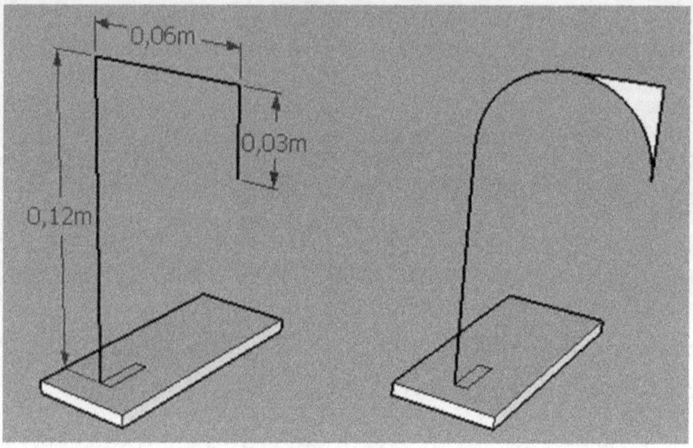

Figura 5.34 | Desenho da estrutura da torneira, com linhas.

- Selecione as linhas da torneira. Use a ferramenta **Follow Me** para criar o 3D, partindo do pequeno retângulo criado na base maior. Conclua com mais detalhes, conforme mostra a Figura 5.35.

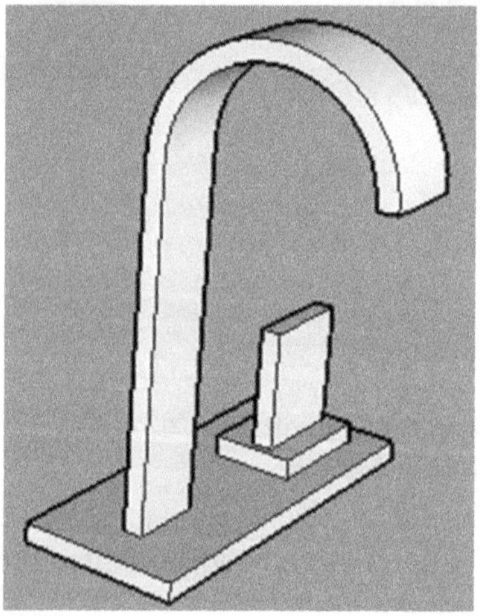

Figura 5.35 | Dois retângulos e uso do Push/Pull para extrusão dos pés.

b. Criação de um aparador.

- Com a ferramenta **Line**, desenhe obedecendo os **eixos Blue** e **Green**, conforme a Figura 5.36:

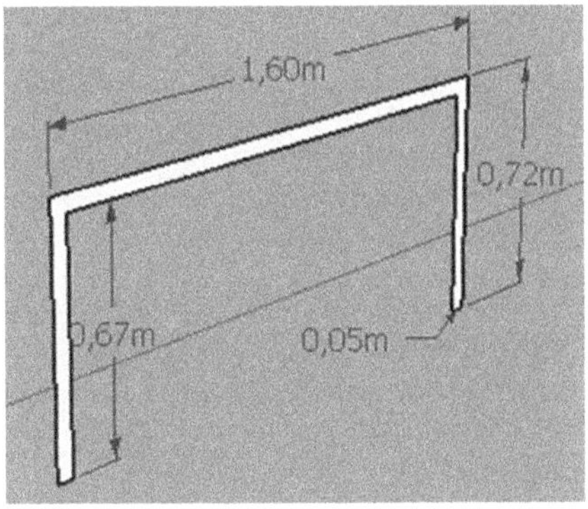

Figura 5.36 | Primeiras etapas da construção do aparador – uso de Line.

- Usamos, então, o **Push/Pull** para criar extrusão na face com distância = **0,50m**. Confira como fica até aqui.

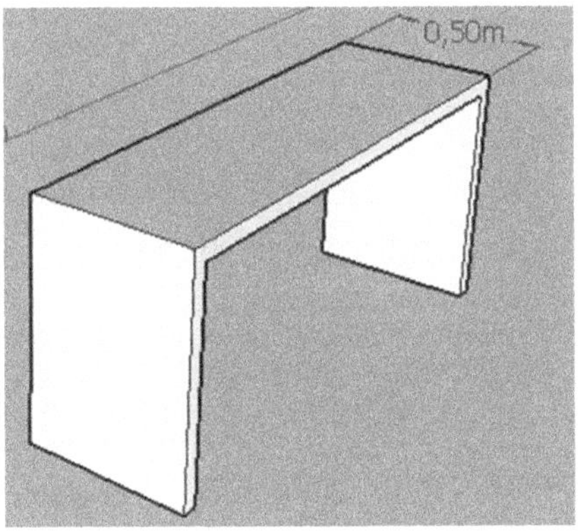

Figura 5.37 | Uso do Push/Pull.

- Por fim, use a ferramenta **Rectangle** e depois **Push/Pull**, partindo da lateral do pé para criar uma prateleira inferior. Veja na Figura 5.38 o resultado final.

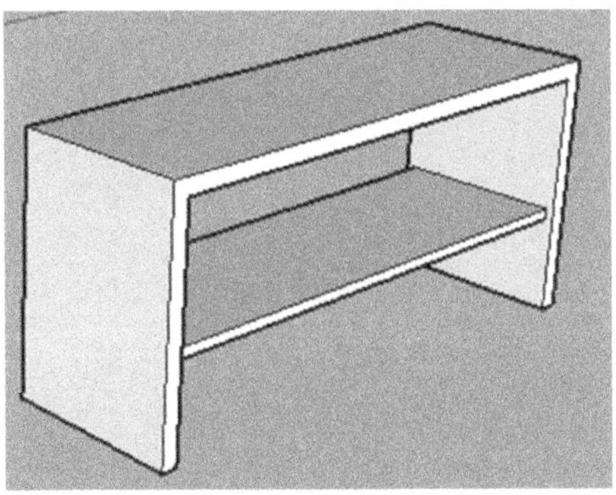

Figura 5.38 | Prateleira inferior.

c. Mesa de centro redonda.

- Primeiramente, desenhe um círculo com a ferramenta **Circle** com um raio = **0,15m**. A seguir, com a ferramenta **Line**, desenhe as linhas nos **eixos Blue** e **Red**, conforme exibe a Figura 5.39. Conclua o perfil do nosso pé da mesa com um arco. Veja:

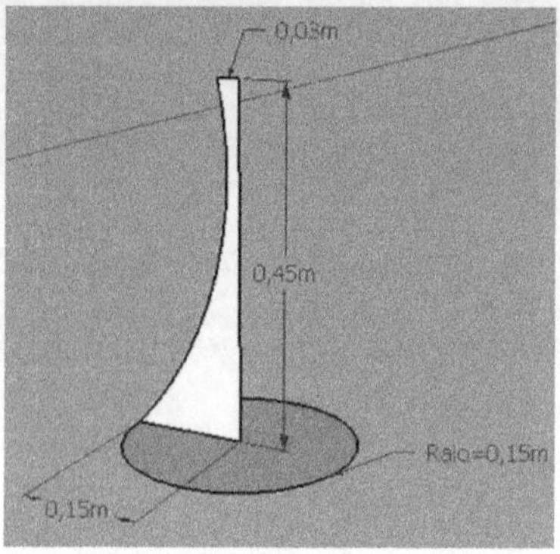

Figura 5.39 | Linhas, arco e círculo. Pé da mesa.

- Para concluir, crie o tampo da mesa, com as ferramentas **Circle** e **Push/Pull**, com um raio = **0,22m**. Veja o resultado final. Bonita, não?

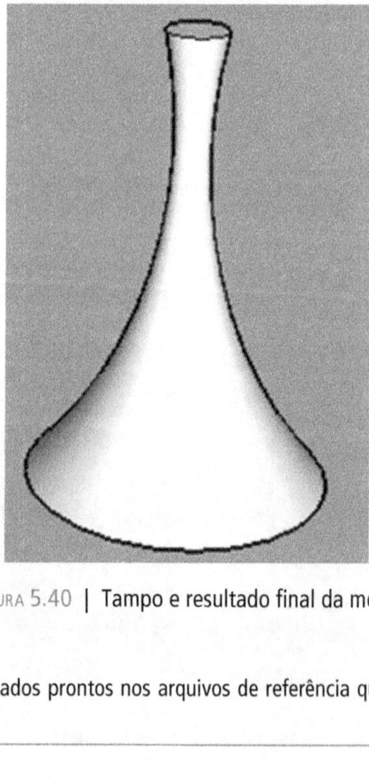

Figura 5.40 | Tampo e resultado final da mesa.

Encontre esses modelos criados prontos nos arquivos de referência que estão disponíveis para download no site da editora.

Capítulo 6

Ferramentas de Modificação e Manipulação dos Modelos

Objetivos deste capítulo:

- Manipular objetos no espaço da área gráfica
- Técnicas para copiar, espelhar e escalonar objetos
- Técnicas para cópias múltiplas

Bem, agora já está na hora de aprendermos a manipular os objetos dentro da área gráfica do SketchUp. As manipulações essenciais são:

- Mover objetos
- Rotacionar objetos
- Escalonar objetos

Essas três encontram-se dispostas também na barra lateral (Figura 6.1).

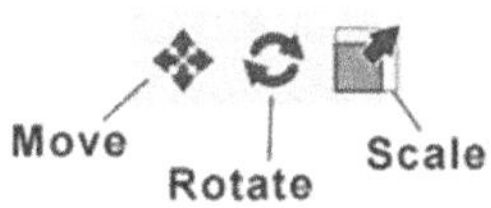

Figura 6.1 | Ferramentas de manipulação de objetos.

Vamos começar o estudo com a ferramenta Move para movimentar os objetos em cena.

6.1 Move

A ferramenta Move é utilizada para mover objetos no espaço da área gráfica. É possível mover nos sentidos dos eixos, fazendo com que o objeto manipulado mantenha-se alinhado com a sua posição anterior em Red, Green ou Blue.

Procedimento

1. Faça o desenho de um círculo - Circle ( ) de raio = 0,40 m.
2. Dê um duplo clique no preenchimento do círculo para selecioná-lo.
3. Clique na ferramenta Move ( ).
4. Clique no preenchimento do círculo. Mova o cursor no sentido do eixo Red (perceba que há uma linha pontilhada indicando a direção correta, na cor correta também).

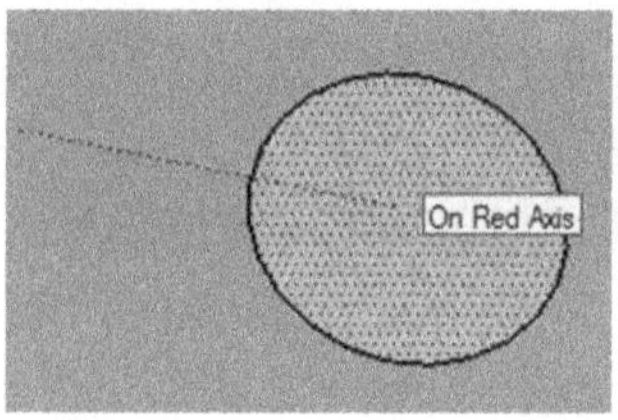

Figura 6.2 | Movimentando o círculo – ferramenta Move.

5. Clique num outro ponto para fixar. Em vez disso, ainda com a linha tracejada indicando o sentido, podemos digitar um valor de quanto o círculo será movimentado, partindo da sua posição inicial, no parâmetro Length (barra inferior ou barra de status). Pressione <ENTER> por fim, caso tenha digitado mesmo um valor.

Figura 6.3 | Parâmetro Length.

6.2 Rotate

A ferramenta Rotate rotaciona os objetos na área gráfica. Se a ferramenta Move indica o sentido ou eixo de movimentação com uma linha pontilhada da mesma cor do eixo indicado (vermelho, verde ou azul), a Rotate mostra um transferidor da cor no sentido em que o objeto será rotacionado.

Procedimento

1. Desenhe um quadrado com o Rectangle (▨) com medidas iguais a 1 m x 1 m.
2. Com a ferramenta Push/Pull (◈) faça uma extrusão desse quadrado com altura = 1 m.
3. Dê três cliques rápidos nesse novo cubo criado para selecioná-lo. Note na Figura 6.4 como estamos até aqui.

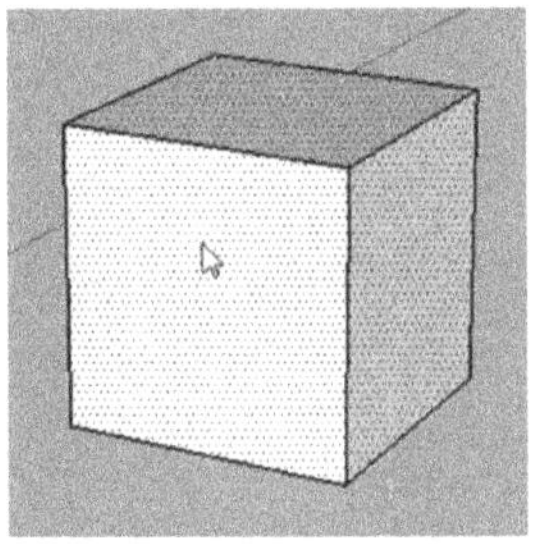

Figura 6.4 | Cubo criado até aqui.

4. Clique para acionar a ferramenta Rotate (↻).
5. Mova o cursor do mouse em um dos cantos do cubo. Repare se ele está na cor azul e clique. Esse ponto clicado será o eixo de rotação (Figura 6.5).
6. Clique no outro canto de baixo do cubo (Figura 6.6).

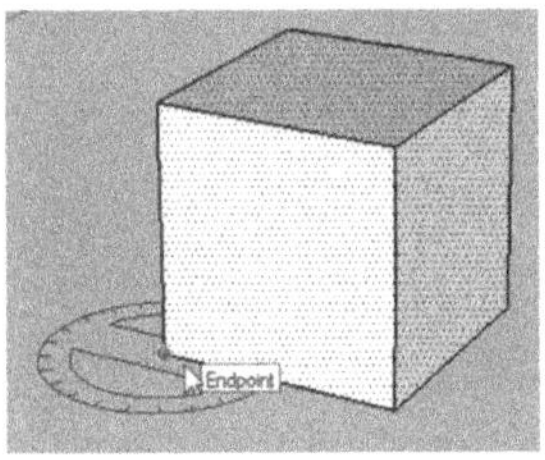

Figura 6.5 | Primeiro ponto de clique.

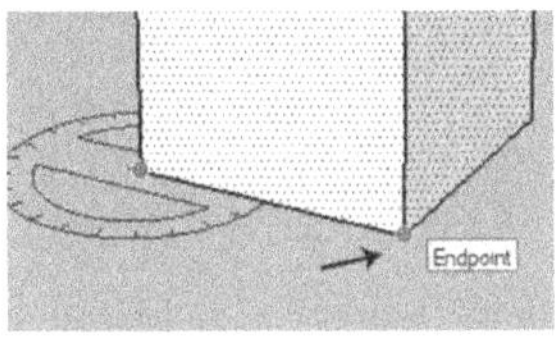

Figura 6.6 | Segundo clique, no ponto em que "empurraremos" o objeto para girar.

7. Mova o cursor, e o seu objeto irá junto. Clique para fixar ou digite um ângulo. Um ângulo de valor positivo irá sempre para a direção em que estamos "empurrando" o giro do objeto. Vejamos.

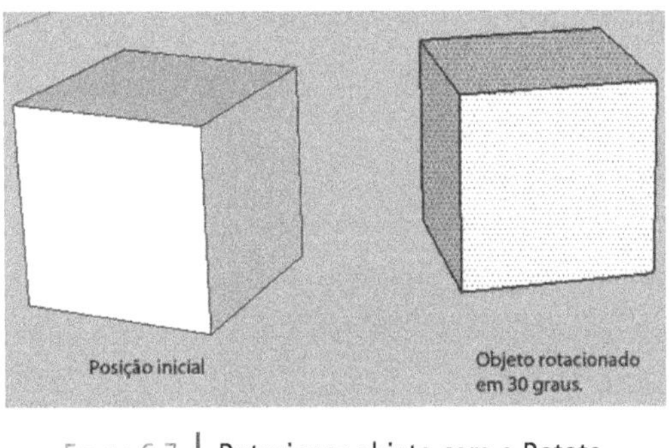

Figura 6.7 | Rotacionar objeto com o Rotate.

Repare como podemos também girar o objeto em outros sentidos, conforme Figuras 6.8 e 6.9.

- O transferidor na cor verde:

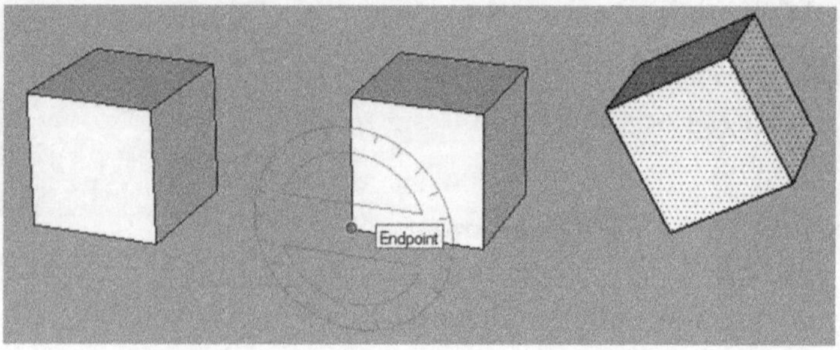

Figura 6.8 | Rotacionar o objeto em torno do eixo Green.

- Na próxima figura, com o transferidor na cor vermelha:

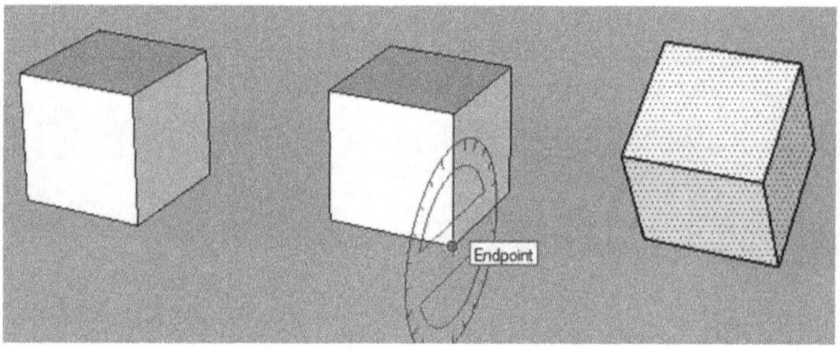

Figura 6.9 | Rotacionar o objeto em torno do eixo Red.

6.3 Scale

Como função principal da ferramenta Scale, podemos escalonar ou redimensionar um objeto no SketchUp. Existem duas maneiras principais de escalonamento:

- Escalonar em proporção.
- Escalonar com precisão métrica.

Escalonar em proporção

Esse método de escalonar um objeto consiste em conseguirmos informar ao SketchUp quantas vezes (proporcionalmente falando) o desenho 2D ou modelo 3D será aumentado ou diminuído.

A Figura 6.10 remete ao modelo 3D de um vaso:

Figura 6.10 | Modelo do banquinho na escala padrão.

Procedimento de uso do Scale

1. Selecione o vaso com um clique. O modelo é um *componente*.
2. Clique para ativar a ferramenta Scale ( ). Note que os pontos de controle de cor verde-claro são exibidos. Esses pontos, quando movimentados, alteram o tamanho do que está dentro deles (objeto selecionado previamente).
3. Para manter uma proporção no objeto, sem esticá-lo e dar a impressão de que o objeto foi "amassado" com uma força exuberante, dê preferência a redimensionar sempre pelos pontos dos cantos (Figura 6.11).

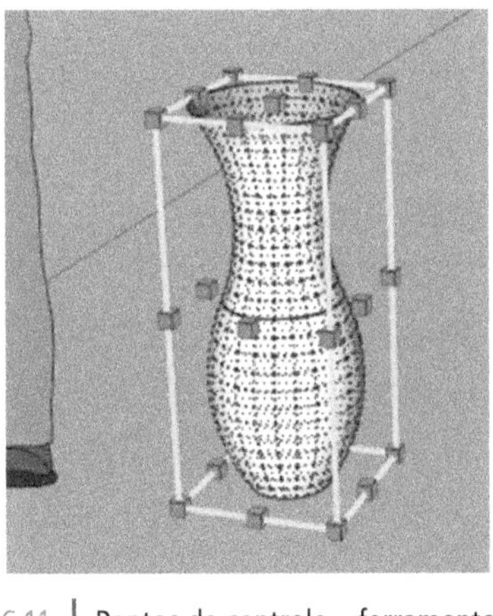

Figura 6.11 | Pontos de controle – ferramenta Scale.

4. Dê um clique com o botão esquerdo e movimente o cursor. Arrastando esses pontos de controle, podemos estabelecer um novo tamanho, seja menor, seja maior, conforme Figura 6.12

5. Todavia vem uma questão: é possível aumentar ou diminuir digitando um valor de redimensionamento? A resposta é "sim". No instante em que o ponto de controle ainda está sendo arrastado, antes de clicar para fixar, é possível digitar um valor no parâmetro **Scale** da barra de status.

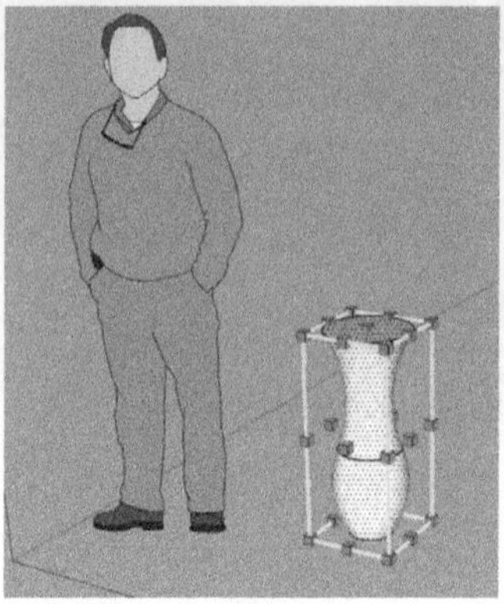

Figura 6.12 | Banquinho escalonado – ferramenta Scale.

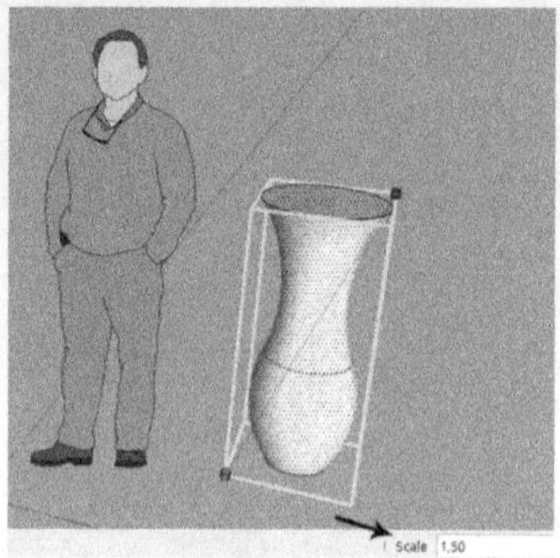

Figura 6.13 | Parâmetro Scale.

Assim, se digitarmos um **valor = 2**, o vaso ficará **duas vezes maior** que o seu estado original. Se digitarmos um **valor = 100**, o mesmo banco poderia então ficar **cem vezes maior**. Se for o caso, podemos digitar um valor menor que **1**. Por exemplo, se digitarmos **0,1**, então o banco ficará dez vezes menor.

Escalonar com precisão métrica

É possível também escalonar um desenho 2D ou um modelo 3D digitando-se um determinado comprimento, largura ou altura.

Esse método é bastante usado com pontos de controle centrais. A Figura 6.14 exibe o ponto no centro, indicado com o cursor do mouse.

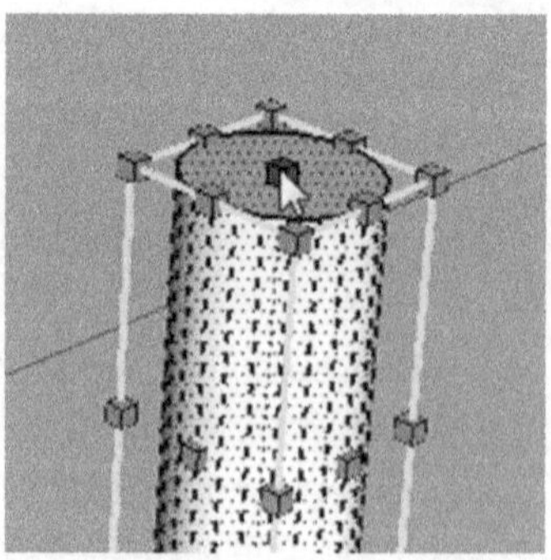

Figura 6.14 | Ferramenta Scale – pontos centrais de controle.

O procedimento é o mesmo de escalonar com precisão. A diferença está em como o valor é digitado. Em vez de digitar simplesmente o valor = 2, podemos digitar o valor = **2 m**, **2 cm** ou **2 mm** (digite o sufixo da unidade, dependendo da unidade de medida escolhida no projeto). A unidade após o número irá exigir que aquele objeto seja esticado para que tenha **exatamente a medida** indicada naquela direção em que o ponto de controle está sendo puxado.

Se digitar então o valor = 2 m (dois metros), o cilindro modelado para este exemplo, que tinha uma altura qualquer, passará a ter, exatamente, dois metros de altura. Repare.

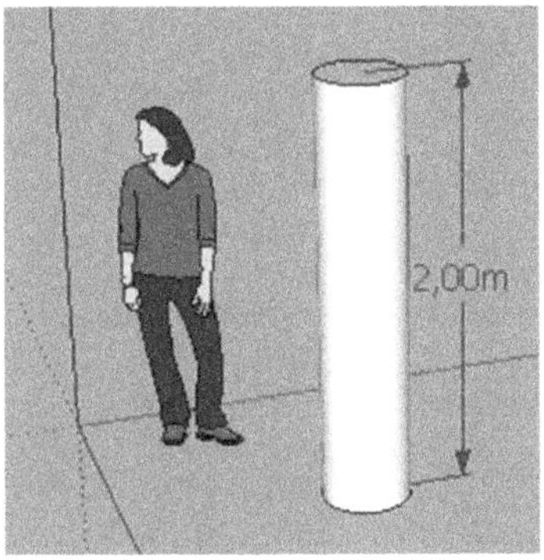

Figura 6.15 | Escalonando um objeto para uma medida métrica exata.

6.4 Offset

A proposta da ferramenta **Offset** ( ) é a de proporcionar facilmente cópias paralelas de segmentos de linhas em linhas retas ou arcos.

Logo de imediato é bom já saber que não é possível usar o **Offset** para copiar apenas um segmento de linha **reta**. Já para apenas um segmento de **arco**, aí, sim, é possível.

Para o uso do **Offset** em segmentos de linha reta, é necessário que haja dois ou mais desses segmentos juntos. Note alguns exemplos para um prévio entendimento.

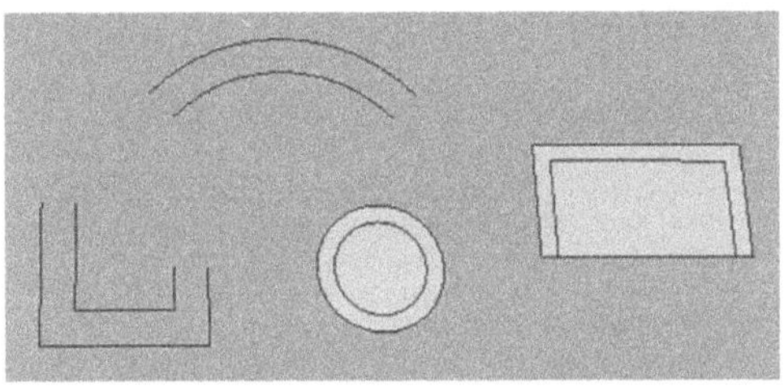

Figura 6.16 | Exemplos básicos de uso da ferramenta Offset.

Vamos aprender!

Procedimento

1. Faça um retângulo de medidas = 3 m x 2 m com a ferramenta **Rectangle** ( ).
2. Clique na ferramenta **Offset** ( ) para selecioná-la.
3. Aponte o cursor do mouse para dentro do preenchimento do retângulo. Note que um snap de cor vermelha aparece em uma das linhas laterais. Clique.
4. Enquanto ainda é possível dimensionar o espaçamento das cópias paralelas, clique para fixar o espaço ou **digite um valor** para esse espaçamento, como um valor = **0,15 m**. Note na Figura 6.17 como fica até aqui.

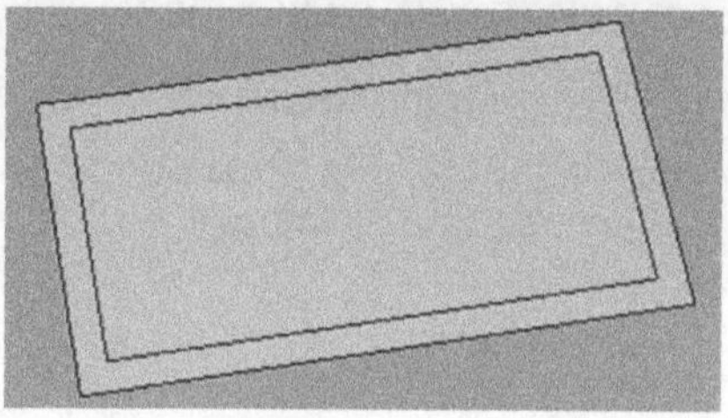

Figura 6.17 | Offset nas linhas laterais do retângulo desenhado.

Perceba que, quando há um objeto com preenchimento, todas as suas arestas são copiadas automaticamente, como ocorre com o retângulo.

Caso queira gerar as cópias paralelas de determinadas linhas e não todas, é necessário selecioná-las primeiramente pressionando a tecla <CTRL> ou <SHIFT> para múltipla seleção:

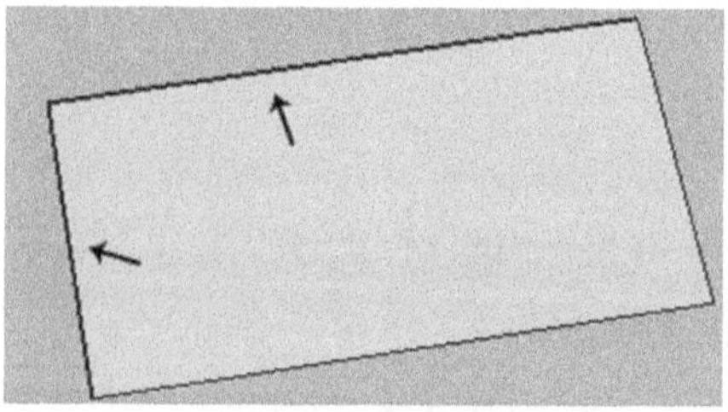

Figura 6.18 | Linhas previamente selecionadas para usar o Offset.

Agora, basta usar o **Offset**, posicionando o snap vermelho em uma das linhas. Quando concluir, você terá o seguinte resultado.

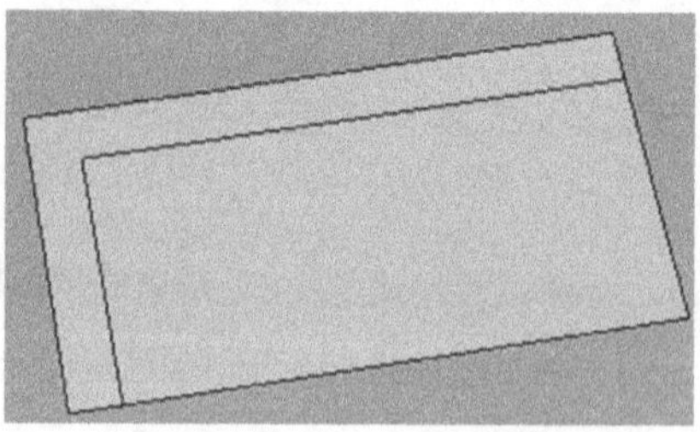

Figura 6.19 | Offset em dois segmentos selecionados.

Lembre-se de que o Offset só funciona se mais de uma linha for selecionada e estiverem unidas. Sendo assim, não seria possível selecionar diversas linhas para utilizar o Offset caso elas estejam separadas; uma aqui, outra acolá.

6.5 Técnicas para copiar objetos

Se você, ao ler este tópico, pensou - *"hum... copiar objetos, talvez um simples <CTRL>+<C> e <CTRL>+<V> resolva..."*, então, sim, você está correto, mas também há outra maneira de copiar objetos.

Primeiramente, é fundamental dizer que é possível copiar qualquer tipo de elemento no SketchUp, de uma linha até modelos complexos.

Copiar utilizando a ferramenta Move + tecla <CTRL>

Procedimento

1. Faça um cubo com as medidas = 1 m x 1 m x 1 m.
2. Selecione esse novo objeto feito.
3. Clique na ferramenta Move (✥) para acioná-la.
4. Conforme a Figura 6.20, clique num canto inferior do cubo para fixar o cursor para a movimentação. A seguir, aperte (não mantenha pressionada) a tecla <CTRL>. Note o que acontece.

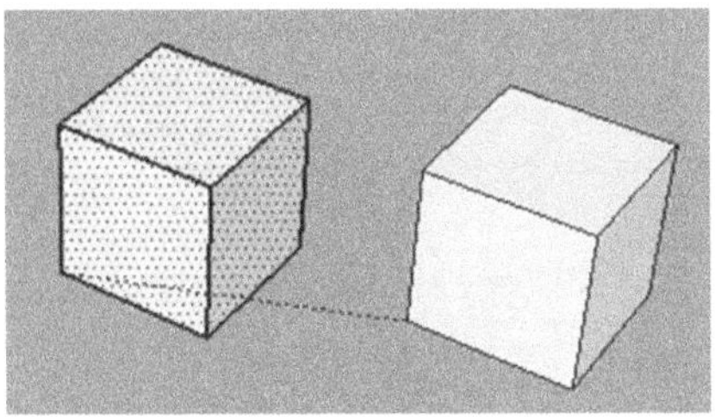

Figura 6.20 | Cópia com a ferramenta Move e tecla <CTRL>.

5. Nesse passo, clique em outro ponto para fixar a cópia.

Agora, se a sua ideia é gerar uma cópia com uma distância específica entre o objeto original e a própria cópia, faça o seguinte:

- No instante do *passo de número 5* do procedimento anterior, em vez de simplesmente clicar num outro ponto para fixar a cópia, aponte o cursor num dos sentidos dos eixos **Red**, **Green** ou **Blue** (lembre-se da linha colorida e pontilhada) e, nesse instante, digite um valor no parâmetro **Length**, da barra de status. Note:

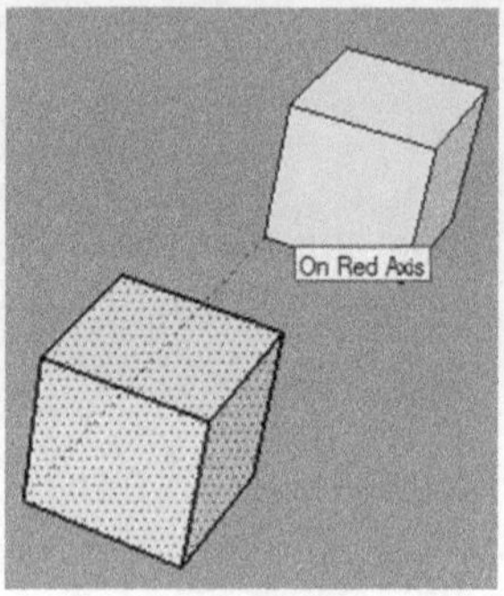

FIGURA 6.21 | Eixo indicado para a cópia.

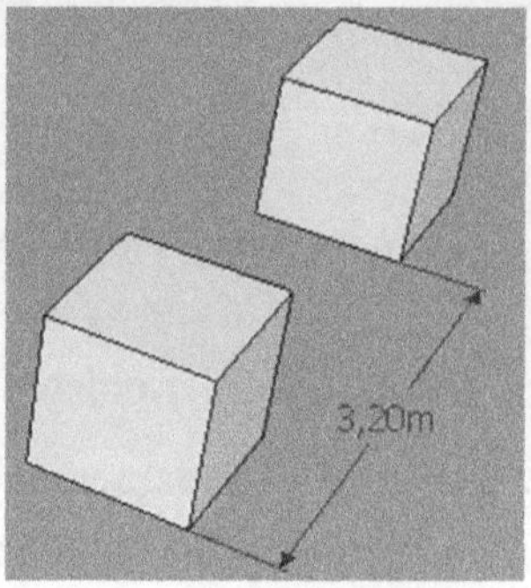

FIGURA 6.22 | Distância fornecida.

6.6 Técnicas para criar cópias múltiplas

A ideia de gerar cópias múltiplas é exatamente o que conhecemos com o nome de **Array** no AutoCAD ou em outros programas. É possível fazer cópias múltiplas em um arranjo de **matriz** (linhas, colunas ou níveis), como também um conjunto polar (ou circular).

É necessário, claramente, que se tenha o primeiro objeto para gerar as suas cópias. A técnica da ferramenta **Move** com a tecla **<CTRL>** novamente entrará em ação.

Cópias do tipo matriz

Para exemplificar, foi feito o download na 3D Warehouse de um poste de luz.

FIGURA 6.23 | Modelo para teste.

Use um modelo pronto ou crie. Não importa qual.

Procedimento

1. Selecione o objeto alvo para criar cópias múltiplas.
2. Clique para acionar a ferramenta **Move** (✥). Clique na base do modelo e tecle <CTRL> (sem pressionar).
3. Mova o cursor no sentido do eixo **Green**. Clique para fixar uma cópia ao lado.
4. De imediato, sem ter realizado nenhuma ação, digite **4*** (quatro e asterisco).
5. Note na Figura 6.25 como ficou o resultado das cópias.

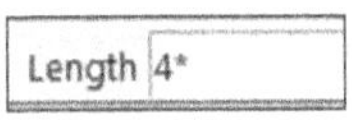

Figura 6.24 | Parâmetro Length na barra de status.

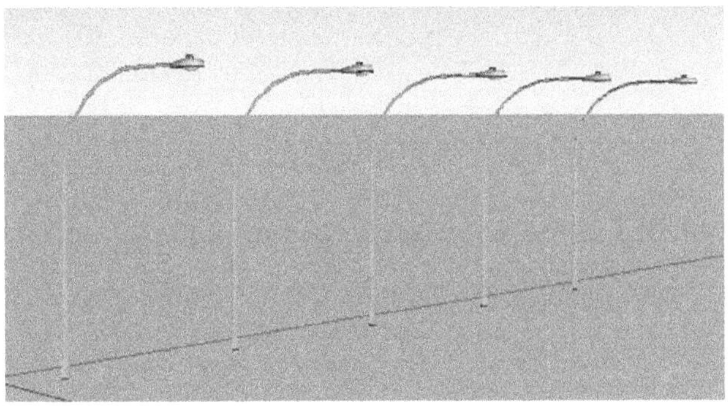

Figura 6.25 | Cópias em linha - técnica de cópias múltiplas.

Se contarmos quantos postes de luz existem na Figura 6.25, veremos que são cinco. O valor digitado no *passo 4* do processo anterior diz que, além do primeiro objeto, gostaríamos de ter mais quatro objetos iguais ao primeiro.

Cópias do tipo polar

Neste tópico, vamos aprender a gerar cópias num arranjo circular. Nesta etapa, veremos que é possível utilizar a técnica de copiar também com a ferramenta **Rotate**. Vamos lá?

Procedimento

1. Escolha um modelo 3D pronto ou crie um.
2. Selecione-o.
3. Clique para ativar a ferramenta **Rotate** (↻).
4. Clique num ponto mais afastado no objeto para situar o eixo de rotação.

5. Agora, clique num ponto na base do objeto. Tecle <CTRL> e mova o cursor para o lado. Perceba que a cópia está sendo criada com o centro comum de rotação do primeiro objeto.

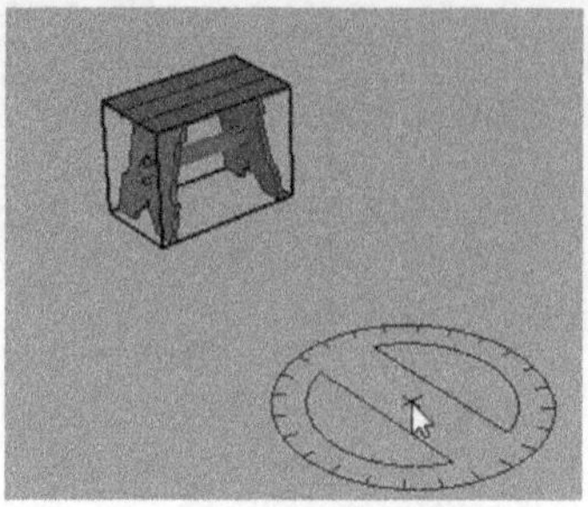

Figura 6.26 | Indicando o ponto do eixo de rotação.

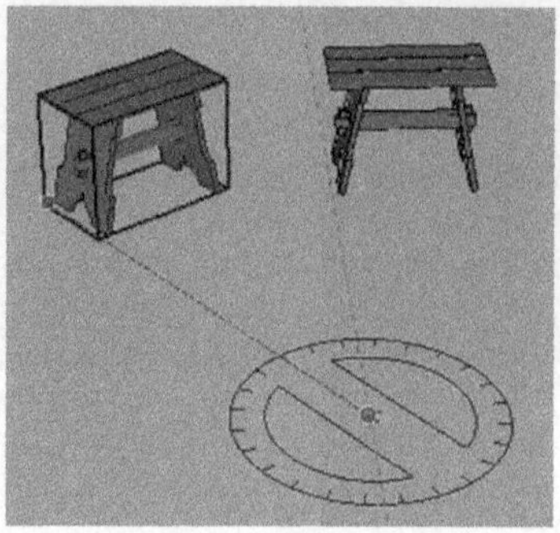

Figura 6.27 | Cópia com a ferramenta Rotate e a tecla <CTRL>.

6. Clique para fixar ou digite um ângulo de abertura.
7. Na sequência, digite o valor = 6*. Veja o resultado na Figura 6.28.

Figura 6.28 | Cópias num arranjo polar — banquinho obtido de download realizado na 3D Warehouse.

6.7 Técnicas para espelhar ou inverter um objeto

O SketchUp não possui uma ferramenta específica somente para espelhar um objeto. A técnica de espelhar ou inverter usa a ferramenta Scale, seja para um objeto 2D ou para um modelo 3D.

Vamos ver como realizar essa técnica.

Procedimento

1. Crie um modelo 3D ou faça download na 3D Warehouse. Foi criado um modelo de uma porta com folha e batentes.

2. Selecione esse objeto.
3. Clique para acionar a ferramenta **Scale** ( ). Visualize os pontos de controle de cor verde-clara.

FIGURA 6.29 | Modelo 3D para espelhar.

FIGURA 6.30 | Pontos de controle da ferramenta Scale.

4. Clique para selecionar um ponto centralizado, na lateral do objeto, conforme Figura 6.31.
5. Após o clique, na barra de status, digite o valor = –1 (menos um), no parâmetro **Scale** (você pode visualizar *Green Scale* ou *Red Scale*, dependendo do sentido do espelhamento).
6. Note o resultado.

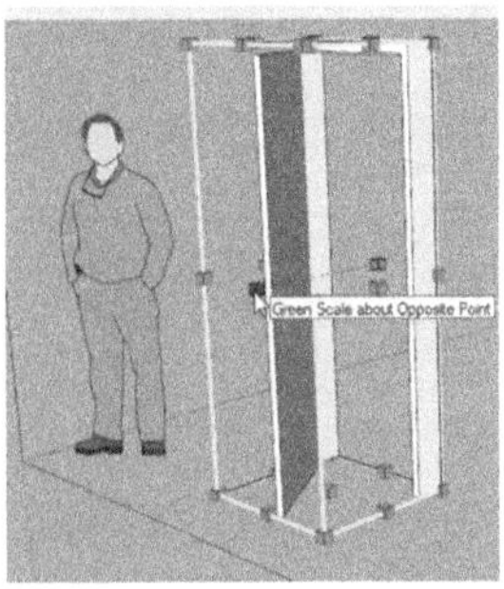

FIGURA 6.31 | Ponto centralizado para o efeito espelho do objeto.

FIGURA 6.32 | Objeto espelhado.

A ideia de se digitar o valor = –1 refere-se ao tamanho do objeto de estado 100% = 1 em situação invertida, por estar negativado.

6.8 Exercícios práticos

Vamos então realizar alguns exercícios que unem várias das ferramentas e técnicas até aqui estudadas.

MODELAR UM LANCE DE ESCADA E ALGUNS DETALHES EXTRAS

1. Clique na ferramenta Line ( ) e desenhe duas retas, nos sentidos dos eixos Blue e Red, com as medidas indicadas na Figura 6.33.
2. Ative a ferramenta Move ( ) e clique no ponto abaixo do perfil do degrau. Tecle <CTRL> e leve a cópia ao final do mesmo perfil.

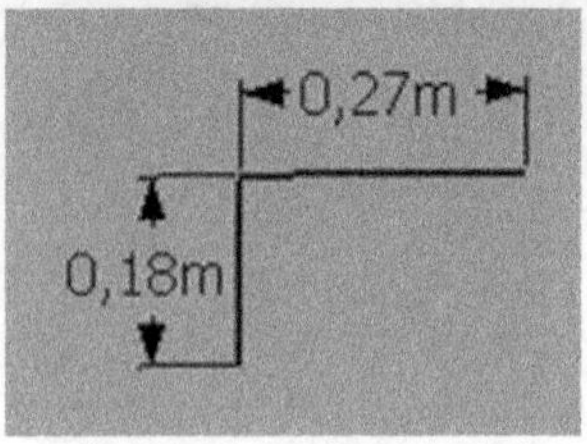

FIGURA 6.33 | Perfil de um degrau da escada.

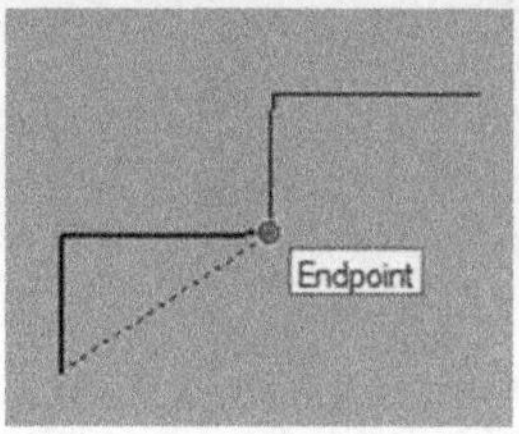

FIGURA 6.34 | Cópia do primeiro perfil do degrau.

3. Clique para fixar a cópia e, já na sequência, digite o valor = 7*.
4. Conclua o desenho com mais algumas linhas para ficar igual ao desenho mostrado na Figura 6.36.

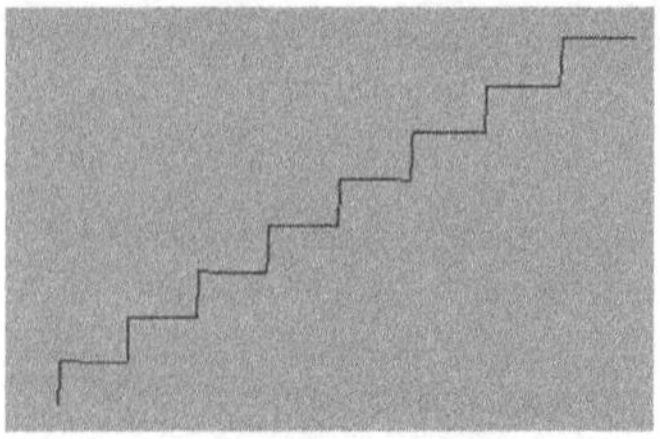

FIGURA 6.35 | Construindo um lance de escada.

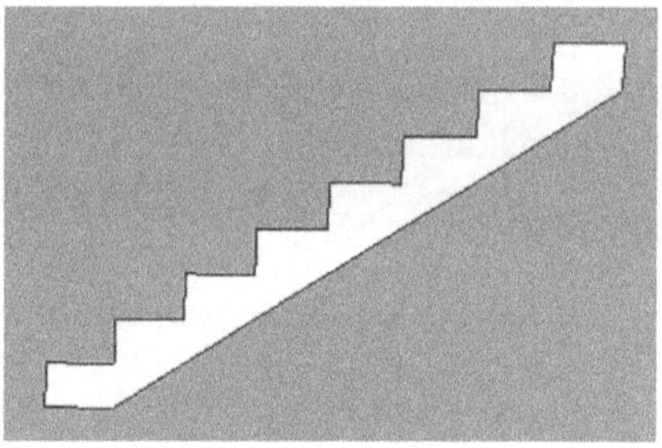

FIGURA 6.36 | Perfil do lance da escada com linhas desenhadas.

5. Use a ferramenta Press/Pull ( ) para fazer uma extrusão lateral de valor = 1,20 m.
6. Vamos adicionar alguns balaústres. Faça um cilindro com círculo e use o Press/Pull para gerar um balaústre.

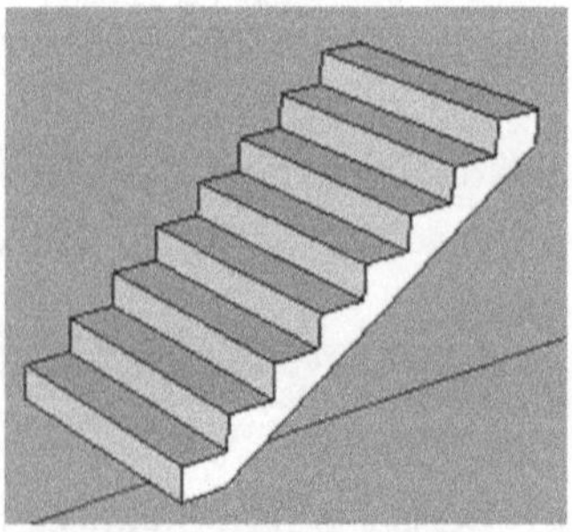

FIGURA 6.37 | Escada 3D.

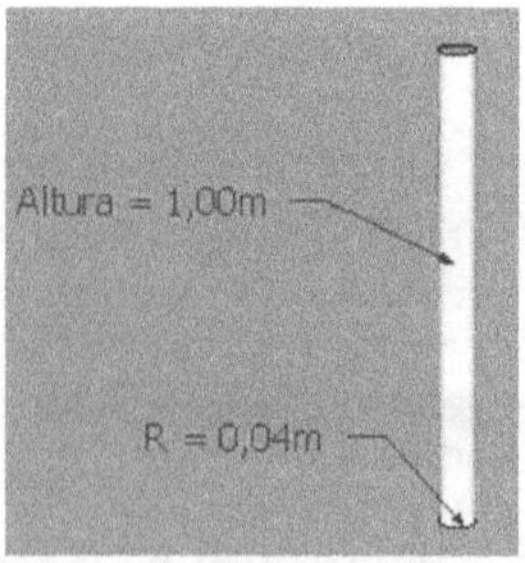

FIGURA 6.38 | Balaústre 3D básico.

7. Posicione a nova peça sobre o primeiro degrau. Faça uma cópia com a ferramenta Move e a tecla <CTRL> e posicione-a sobre o último degrau, conforme Figura 6.39.

8. De imediato, sem nenhuma outra ação, digite o valor = 7/. Isso vai distribuir cópias entre o primeiro e o último objeto.

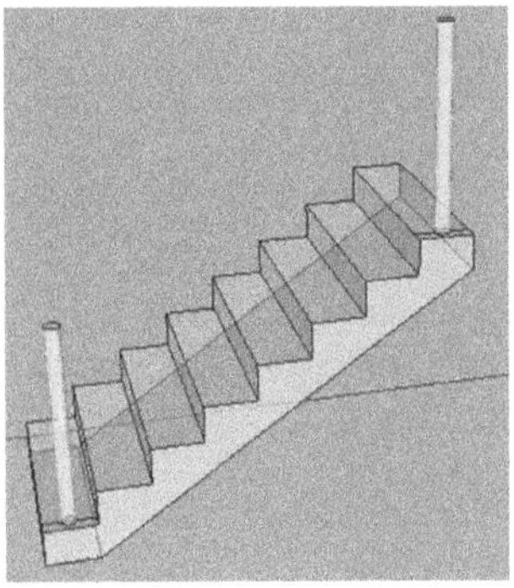

Figura 6.39 | Escada com o primeiro e o último balaústres posicionados.

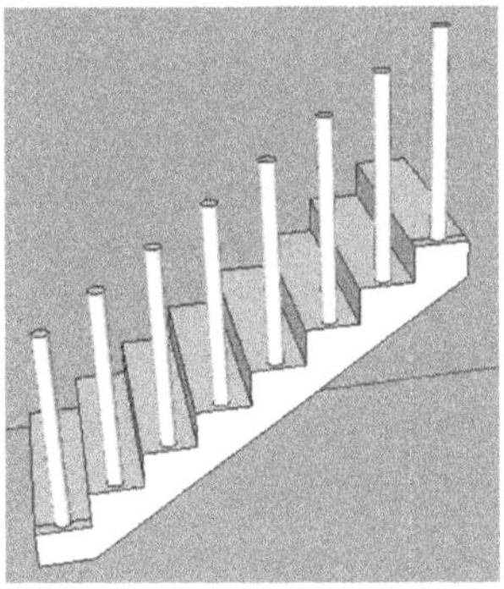

Figura 6.40 | Cópias feitas.

9. Para outro exercício, no mesmo modelo da escada, desenhe algumas linhas, conforme Figura 6.41.

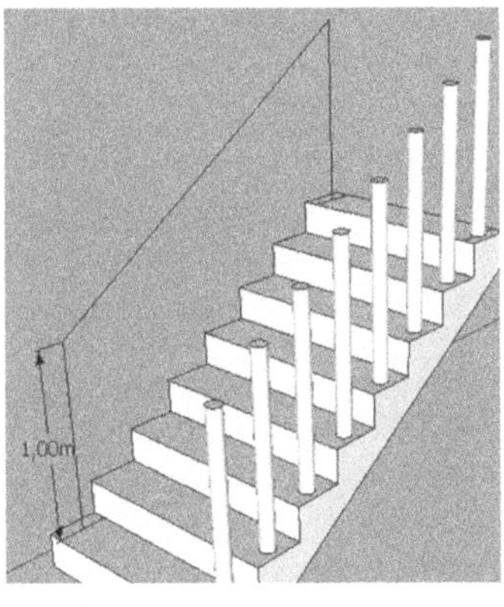

Figura 6.41 | Linhas desenhadas de um corrimão.

10. Desenhe alguns arcos nos cantos e apague o canto reto que sobrou. Faça um pequeno círculo no início da linha do corrimão.

11. Selecione todas as linhas do corrimão (inclusive as verticais). Clique na ferramenta Follow Me ( ) e clique no preenchimento de dentro do pequeno círculo. Note o resultado.

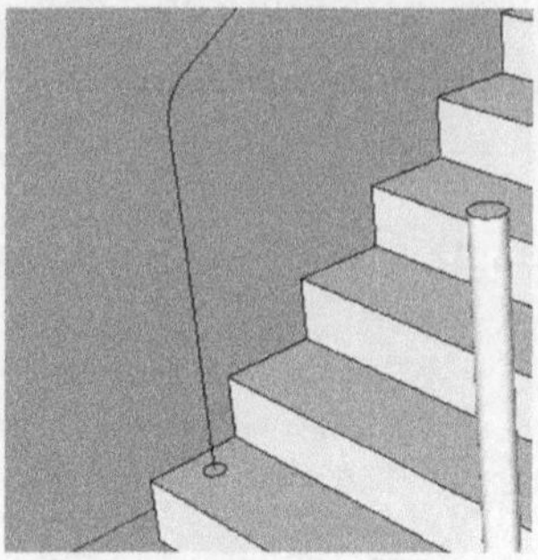

Figura 6.42 | Cantos arredondados com arco e círculo desenhados.

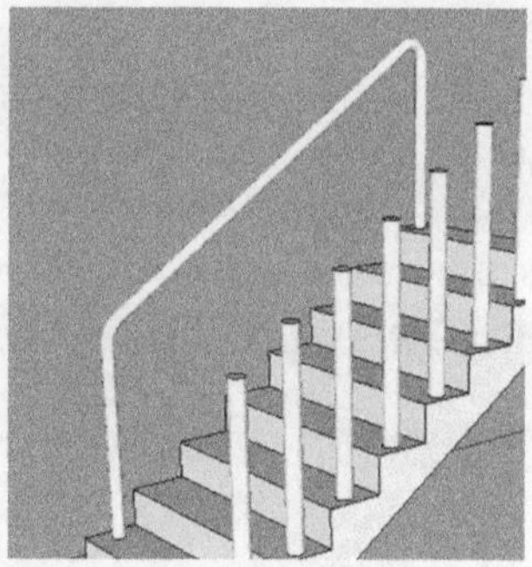

Figura 6.43 | Corrimão com Follow Me.

O exercício sugere revisões do estudo e não tem pretensão de concluir um objeto. Tanto que não é conclusivo o lado com os balaústres, como também não combina com o outro lado do corrimão.

Você deve ter percebido que a técnica de cópias, digitando o valor = noº, tem o mesmo resultado que a técnica de valor = nº*. A diferença está na disposição dos primeiros objetos (original e a primeira cópia).

Peça de engrenagem

1. Faça dois círculos dispostos com a ferramenta Circle ( ) e com os raios indicados na Figura 6.44.

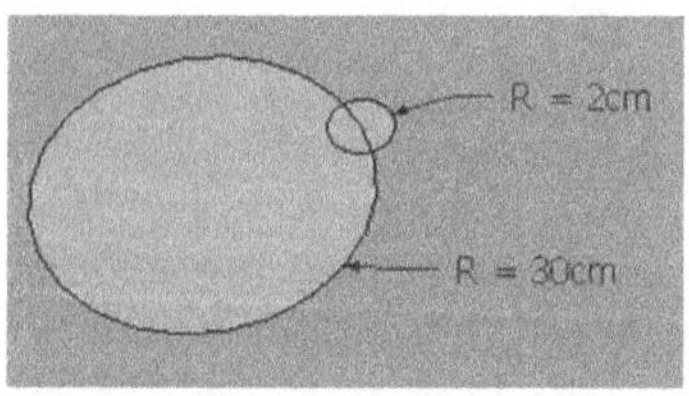

Figura 6.44 | Dois círculos iniciais – peça de engrenagem.

2. Selecione o pequeno círculo e escolha a ferramenta Rotate ( ). Tecle <CTRL> (sem pressionar), clique no centro do grande círculo para fixar o eixo de rotação das cópias e clique já também no pequeno círculo. Mova o cursor para o lado e digite um valor para o ângulo de abertura = 30 (trinta graus).

3. Sem titubear, digite o valor = **11***. Note como ficou.

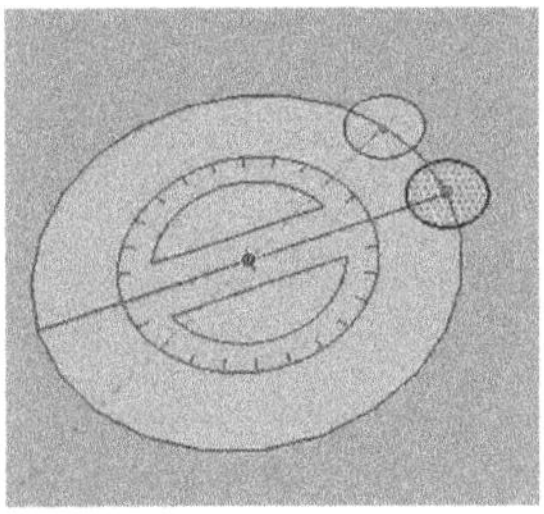

FIGURA 6.45 | Cópia polar.

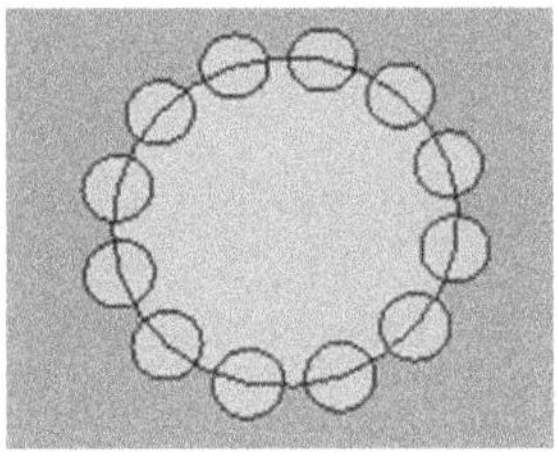

FIGURA 6.46 | Cópias geradas.

4. Apague os pequenos círculos. A seguir, use o **Push/Pull** ( ) para gerar uma extrusão de 2 cm.

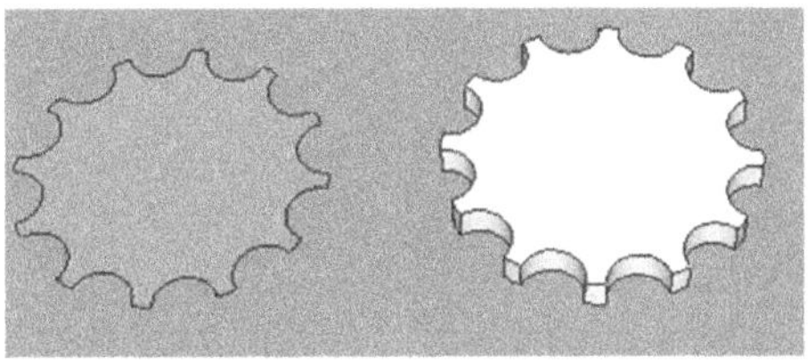

FIGURA 6.47 | Extrusão e exclusão dos detalhes ao redor.

5. Por fim, faça um pequeno círculo no centro da face superior do modelo 3D e perfure também com o **Push/Pull**.

FIGURA 6.48 | Modelo 3D de engrenagem.

Capítulo 7

Grupos e Componentes

Objetivos deste capítulo:

- O que são e como criar grupos e componentes
- Edição e armazenamento
- Compartilhamento e gerenciamento

7.1 O que são e suas finalidades

O SketchUp tem como costume mesclar os objetos que posicionamos "encostados" ou mesmo grudados. Criar um grupo ou componente é interessante porque conseguimos proteger o modelo e, assim, este não irá "grudar" no outro ali incrustado.

A diferença entre utilizar grupo ou componente para o modelo 2D ou 3D é que o grupo tem a função única de proteger os elementos agrupados. Já um componente tem uma função muito parecida com o que conhecemos como "*blocos*" no programa AutoCAD. Além de agrupar, o componente também tem propriedades de instância de cópia, armazenamento e compartilhamento em diferentes projetos de SketchUp.

7.2 Como criar um grupo

Desde já, vamos ver na prática como se converte um objeto em um grupo.

Procedimento

1. Primeiramente, faça um modelo 3D do seu agrado. No caso, foi escolhido modelar uma mesa

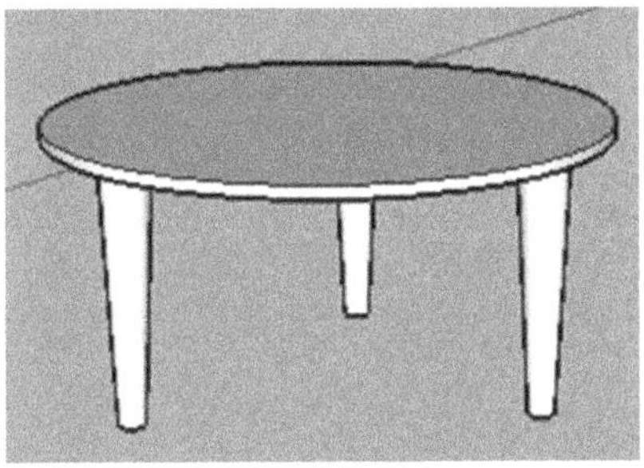

Figura 7.1 | Pequena mesa para criação de um grupo.

2. Agora, clique três vezes rapidamente no modelo criado para que fique totalmente selecionado. Clique com o botão direito do mouse e visualize o menu suspenso que se abre. Nele, clique na opção Make Group, conforme Figura 7.2.
3. Visualize o seu modelo e constate que, quando selecionado, uma caixa de cor azul fica ao redor, indicando que esse objeto está protegido, como um grupo deve ser.

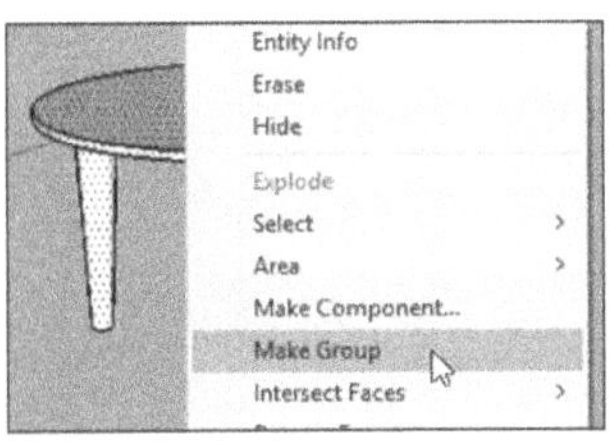

Figura 7.2 | Opção Make Group.

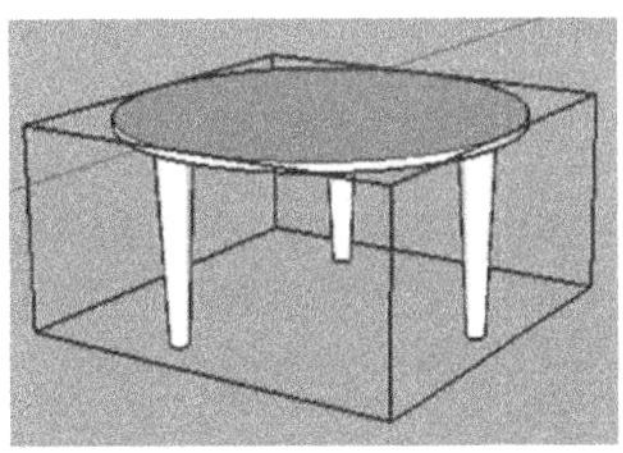

Figura 7.3 | Grupo criado.

Pronto, por ora aprendemos a criar um grupo. Caso queira ainda nomeá-lo, clique com o botão direito no novo grupo e no menu suspenso que se abre clique na opção Entity Info. Esse painel também pode ser exibido no menu Window, opção Entity Info.

Um painel é exibido com informações a respeito do grupo. Para dar um nome a ele, digite o nome desejado no campo vazio do parâmetro Name, conforme Figura 7.5.

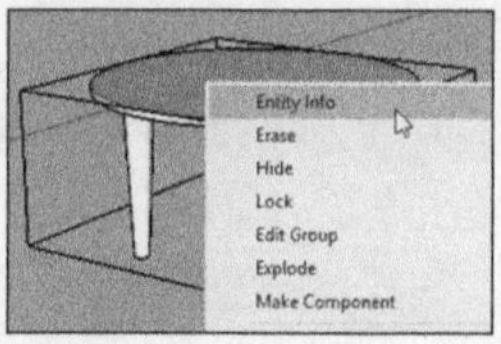

Figura 7.4 | Opção Entity Info.

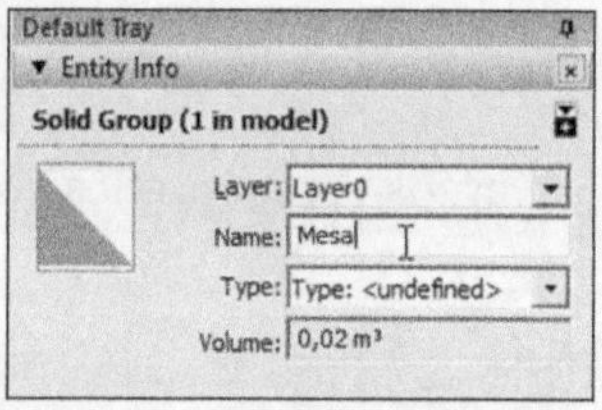

Figura 7.5 | Parâmetro Name – painel Entity Info.

Depois de o nome ter sido digitado, o painel pode ser fechado. Essa técnica de nomear um grupo pode ser usada inclusive para nomear um componente.

7.3 Como criar um componente

Como explicado no início do capítulo, criar um componente significa criar um modelo que pode ser reaproveitado em diversos outros projetos. É possível compartilhá-lo na 3D Warehouse, inclusive. Vamos ver como se cria um componente no SketchUp?

Procedimento

1. Crie um modelo 3D para usarmos no aprendizado. Neste tópico foi criado um **porta-retratos**. Note na Figura 7.6.
2. Assim como na criação de grupos, selecione o modelo 3D em sua totalidade. Dê um clique nele com o botão direito do mouse e encontre no menu suspenso a opção **Make Component** (Figura 7.7).

Figura 7.6 | Modelo 3D de um porta-retratos.

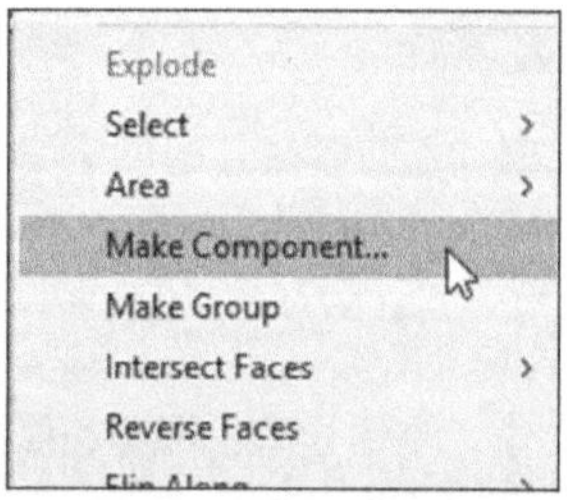

Figura 7.7 | Criação de um componente – Make Component.

3. No painel que se abre, existem alguns parâmetros que serão explicados e outros que deixaremos para uma ocasião mais adequada. As opções interessantes no momento são as seguintes:

- **Name:** parâmetro para indicar um novo nome ao componente criado.
- **Description:** não é obrigatório, mas podemos descrever algo a respeito do componente que está sendo criado.
- **Replace selection with component:** esse parâmetro ligado mantém a confirmação de que o objeto selecionado será agora o próprio componente convertido.

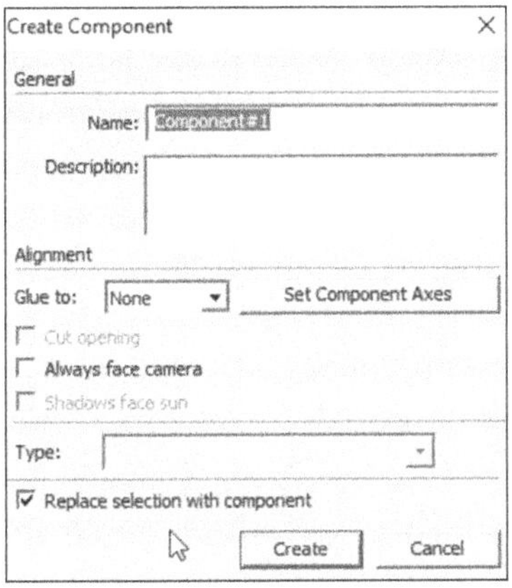

Figura 7.8 | Painel Create Component.

4. Digite um nome apropriado. No exemplo, vamos digitar *"porta-retratos"*.
5. Clique no botão **Create**. Se precisar alterar o nome do componente criado, acesse o painel **Entity Info** e altere por meio dele, como já mencionado no tópico de criação de grupos anteriormente. Note que um componente também é caracterizado por uma armação de cor azul ao redor do modelo convertido.

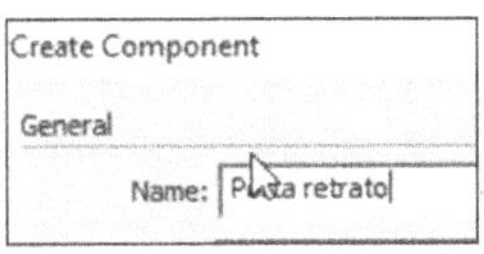

Figura 7.9 | Nomeando o novo componente.

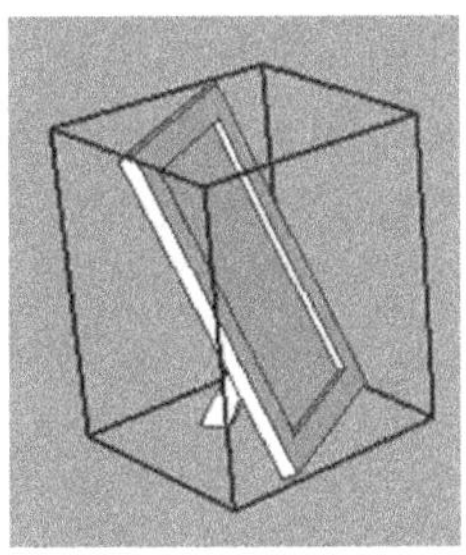

Figura 7.10 | Novo componente criado.

A criação de componentes também pode ser feita com um clique no próprio botão **Make Component**, situado na barra lateral (e também na barra superior). Note:

Figura 7.11 | Botão Make Component.

Ou seja, ao selecionar um modelo, podemos convertê-lo em um componente clicando nesse botão, da mesma forma de quando se usa o botão direito.

O uso de grupos e componentes do mesmo modelo é perfeitamente viável. No caso do próprio modelo do porta-retratos, seria possível transformar o pequeno apoio em um grupo e a base da foto em outro. No fim, todo o elemento seria um componente.

7.4 Editar um grupo ou componente

Editar um grupo ou componente significa poder entrar na armação da sua proteção, realizar qualquer tipo de modificação no modelo e, ao terminar, o grupo ou componente ainda permanecer em seu estado atual de proteção.

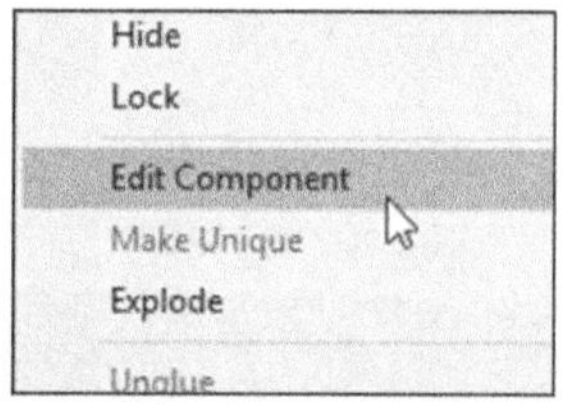

Figura 7.12 | Opção Edit Component.

Para a edição, basta dar um duplo clique no grupo ou componente com o botão esquerdo do mouse. Também é possível editá-lo, usando o clique com o botão direito no grupo ou componente e acessar a opção **Edit Component** (ou **Edit Group**), conforme Figura 7.12.

Uma armação pontilhada ao redor é exibida no lugar da azul, indicando que estamos dentro do grupo ou componente para realizar qualquer modificação que quisermos. Fácil, não é mesmo?

No caso do porta-retratos, é possível converter então cada elemento em um novo grupo. Basta selecionar o pequeno apoio por inteiro (uma seleção retangular da esquerda para a direita) e criar um grupo a partir da seleção feita. Note:

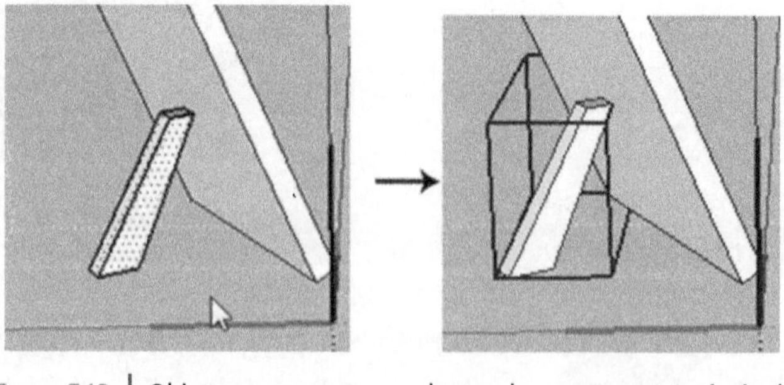

Figura 7.13 | Objeto como um grupo dentro do componente principal.

Na hierarquia, o novo grupo está dentro do componente principal, o qual é chamado de *"porta-retratos"*, ou pertence a ele.

A base que comporta a suposta foto ou retrato é também convertida em um grupo. Por fim, temos então dois grupos dentro do componente, conforme Figura 7.15.

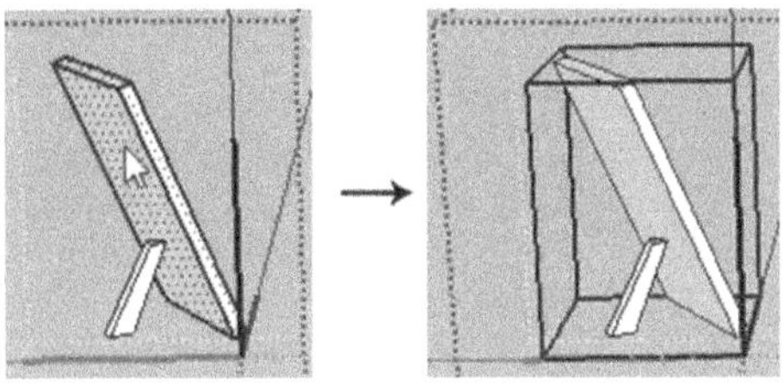

Figura 7.14 | Outro grupo dentro do componente principal porta-retratos.

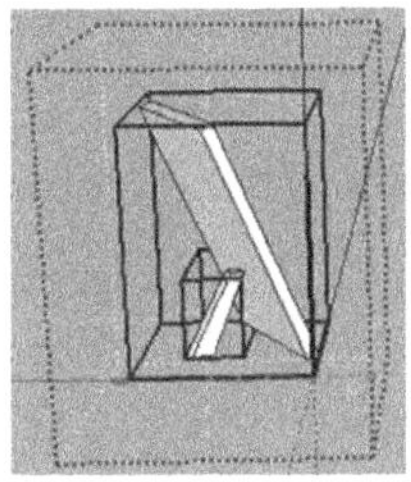

Figura 7.15 | Grupos e componentes trabalhando juntos.

7.5 Painel Outliner

O painel Outliner é exibido no menu Window.

Menu Window › Outliner

Esse painel é utilizado com a exclusiva função de exibir os grupos e componentes existentes no projeto em estudo.

Quando existirem grupos dentro de componentes, grupos dentro de grupos, ou o que seja, será exibido o sinal de mais (+) para ser clicado e, assim, exibir os objetos dependentes.

O porta-retratos seria exibido da seguinte forma no painel:

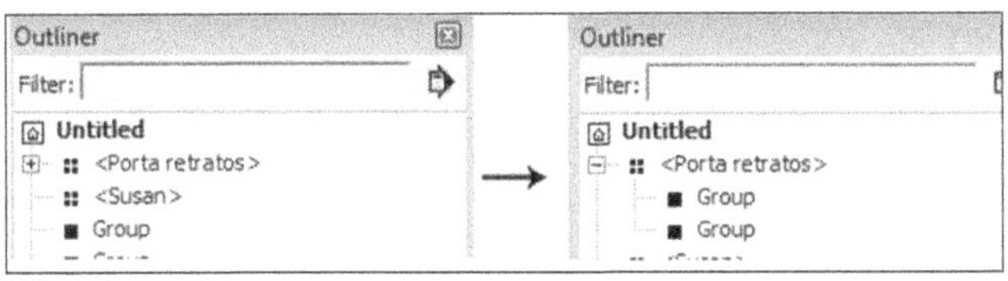

Figura 7.16 | Painel Outliner exibindo grupos e componentes da cena do SketchUp.

Do porta-retratos, o suporte e a base da foto são grupos sem nomes. É possível com esse painel renomeá-los rapidamente, clicando com o botão direito no nome "*Group*" e acessando o painel Entity Info no menu suspenso, conforme Figura 7.17.

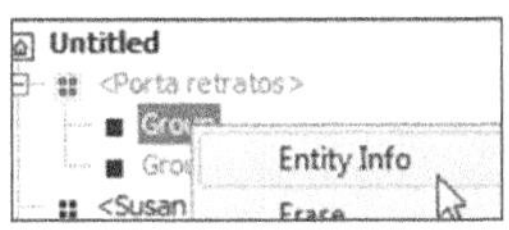

Figura 7.17 | Acessando propriedades do grupo no painel Outliner.

Estando já no painel **Entity Info**, insere-se um novo **nome**. Essa informação fica então pertencendo ao grupo do pequeno suporte dentro do componente porta-retratos.

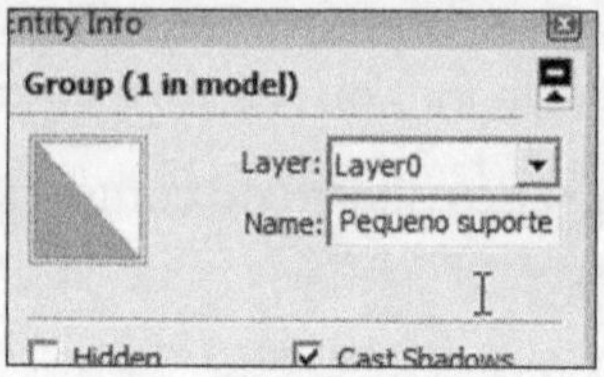

Figura 7.18 | Nomeando um grupo no painel Entity Info.

Uma boa organização fica disposta no painel **Outliner**, assim:

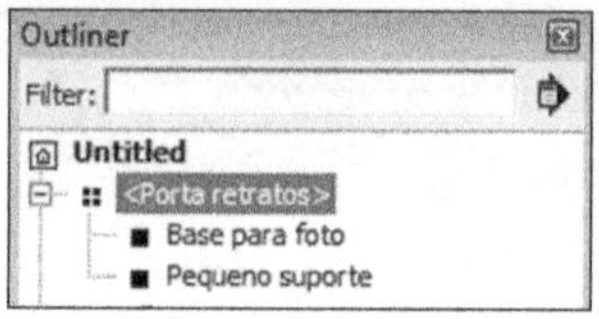

Figura 7.19 | Componente e seus grupos – painel Outliner.

- Grupos e componentes são identificados nesse painel conforme Figura 7.20.
- Já no campo superior do painel **Outliner**, denominado **Filter**, podemos digitar um nome para buscar um grupo ou componente e achá-lo mais facilmente.

Figura 7.20 | Representação dos tipos.

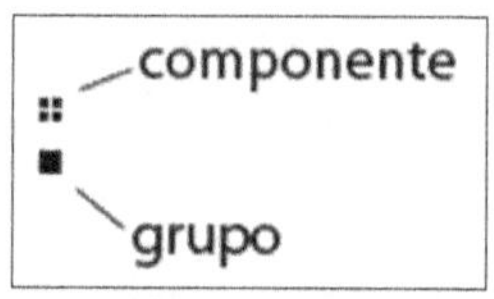

Figura 7.21 | Campo de pesquisa Filter – painel Outliner.

7.6 Salvar um componente

Salvar um componente significa que podemos armazená-lo num diretório no computador para, em uma futura ocasião, importá-lo para outro projeto.

> Não é possível realizar o procedimento a seguir em grupos. Somente podemos salvar um objeto que é do tipo Componente.

Vamos lá?

Procedimento

1. Selecione o seu componente desejado. No caso, vamos explicar com o componente "porta-retratos".
2. Clique com o botão direito nele e encontre a opção **Save As** no menu suspenso. Confira:

Figura 7.22 | Recurso Save As – salvar um componente.

3. Na janela-padrão do Windows, escolha ou crie um diretório para salvar o componente. Abra esse diretório e dê-lhe um nome de sua preferência. No caso, o SketchUp sugere o nome do próprio componente.
4. Clique no botão **Salvar**. Podemos verificar na pasta do computador que o arquivo está lá.

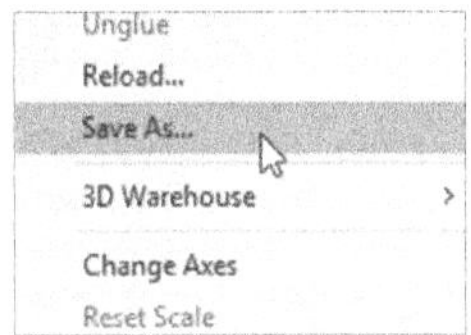

Figura 7.23 | Salvando o componente no diretório.

Assim, estamos com um primeiro componente armazenado numa pasta de biblioteca de componentes.

7.7 Painel Components e configuração da biblioteca pessoal

Para que consigamos importar novos componentes, sejam os que criamos, sejam da própria 3D Warehouse, devemos utilizar o painel do SketchUp chamado **Components**. Podemos visualizá-lo no painel à direita, bandeja **Components**.

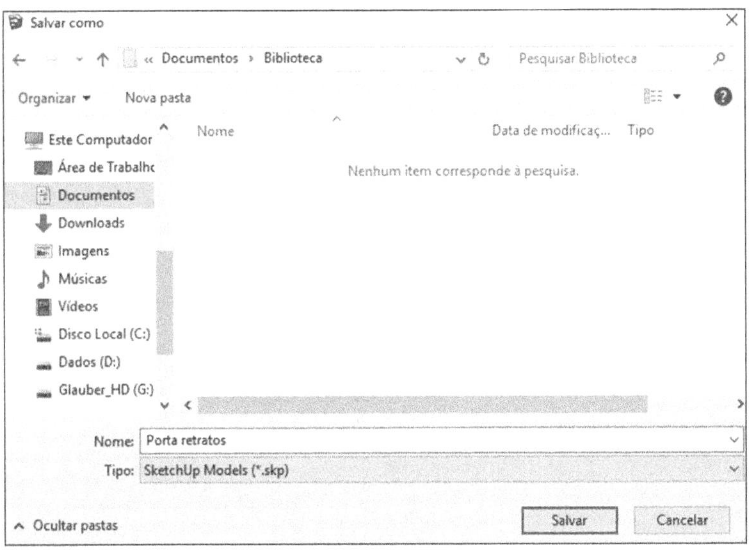

Figura 7.24 | Painel Components aberto.

Note o painel com suas funções mais detalhadas na Figura 7.25.

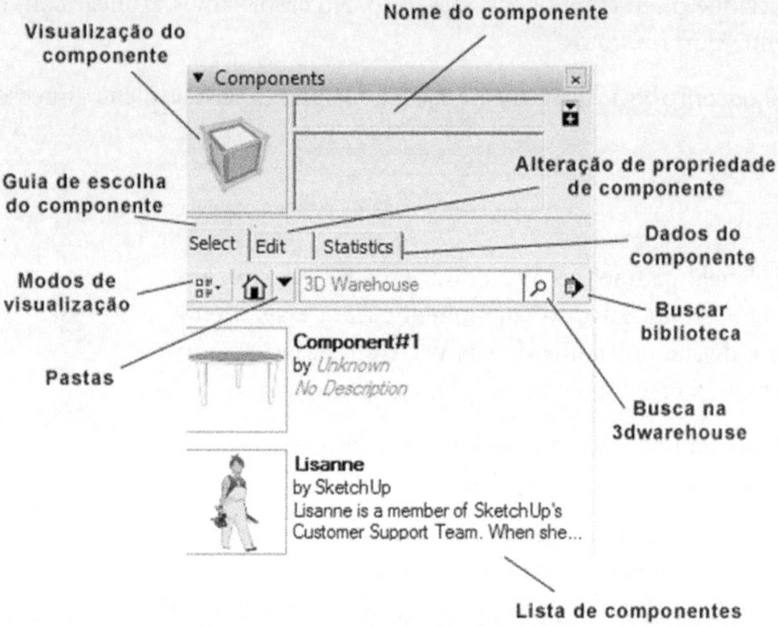

Figura 7.25 | Painel Components com seus botões e parâmetros.

No botão de categorias e diretórios, podemos escolher uma das seguintes opções:

- In Model: exibe a lista dos componentes que estão no seu projeto atual.
- Components: mostra os diretórios com os componentes-padrão (que vêm de fábrica) do SketchUp. São componentes de amostras.
- Architecture, Landscape, Constructure etc.: exibe componentes divididos nestas categorias favoritas diretamente da 3D Warehouse (Internet).

No botão caracterizado na Figura 7.26 como *personalizar uma biblioteca* – botão Details (➧), podemos indicar um diretório em que estejam os componentes salvos, para que consigamos listar no painel e importá-los num projeto corrente.

No botão Details, encontramos uma opção chamada Open or create a local collection. Quando clicamos nessa opção, buscamos um diretório no qual estão os componentes salvos.

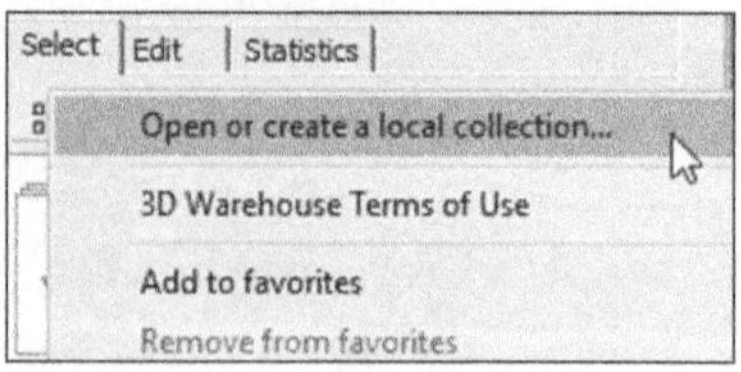

Figura 7.26 | Personalizar uma biblioteca pessoal.

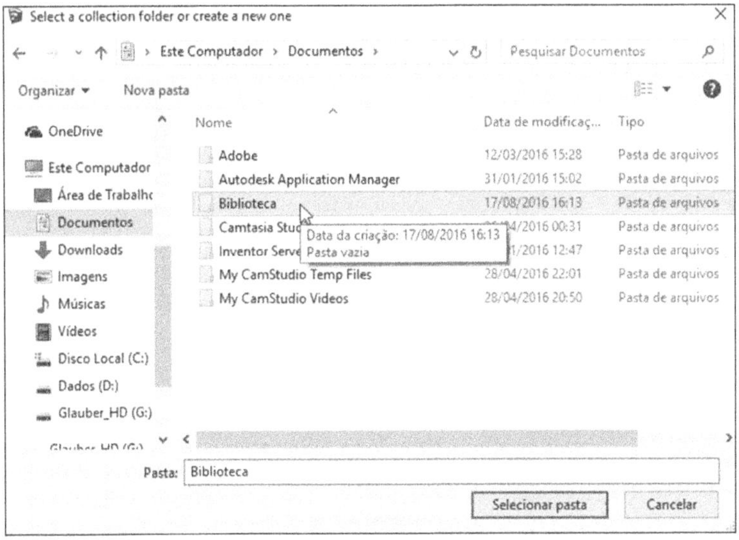

FIGURA 7.27 | Importação da biblioteca pessoal.

Para trazer o componente para participar da cena, basta clicar na sua miniatura na listagem e trazer o cursor para a área gráfica. Ele aparece e simplesmente clicamos para posicioná-lo.

Por fim, no campo de busca com a marca-d'água da *Google*, podemos digitar para buscar componentes disponíveis e gratuitos na 3D Warehouse.

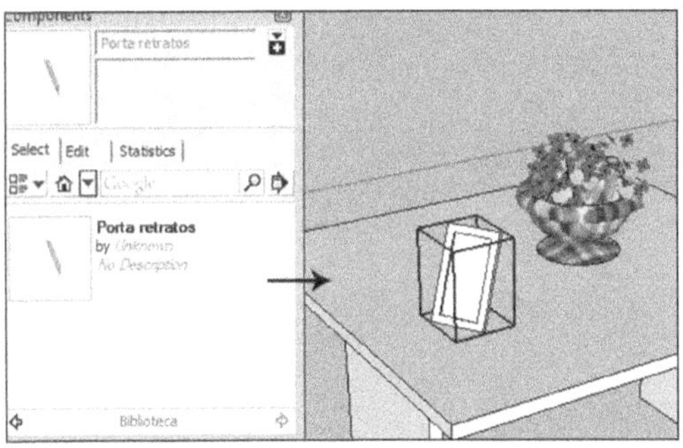

FIGURA 7.28 | Importando um componente da biblioteca personalizada.

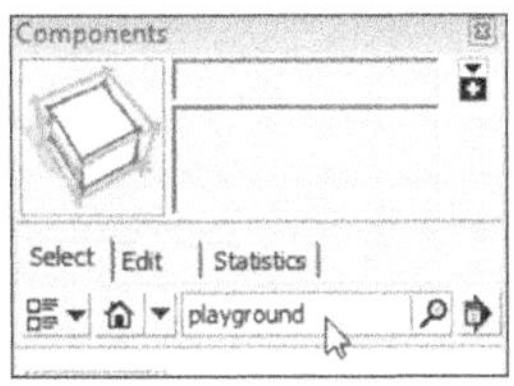

FIGURA 7.29 | Busca por modelos na 3D Warehouse.

O recurso de busca na 3D Warehouse requer conexão com a Internet.

Ao confirmar a busca, o Windows realiza uma consulta na galeria de modelos e lista todos os relacionados ao tema.

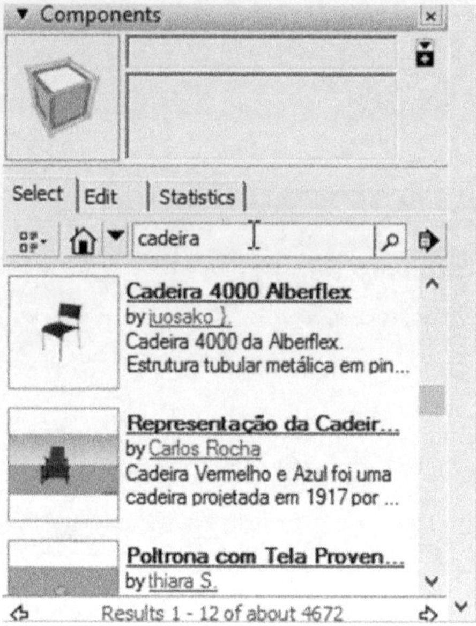

FIGURA 7.30 | 3D Warehouse – páginas de modelos 3D da Google.

Com um clique no nome em destaque ou na miniatura do modelo na lista, o SketchUp redireciona para uma tela web para mostrar o modelo em um tamanho maior e informações de quem postou, modelos relacionados ao tema etc.

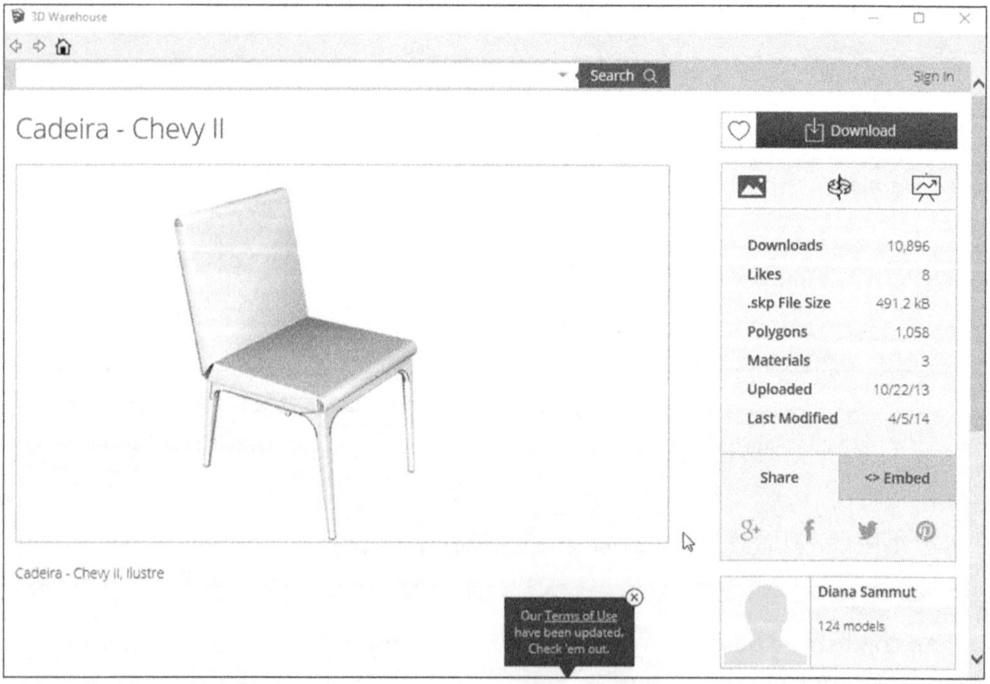

FIGURA 7.31 | 3D Warehouse – download do modelo escolhido.

Clique no botão **Download Model**, conforme Figura 7.32.

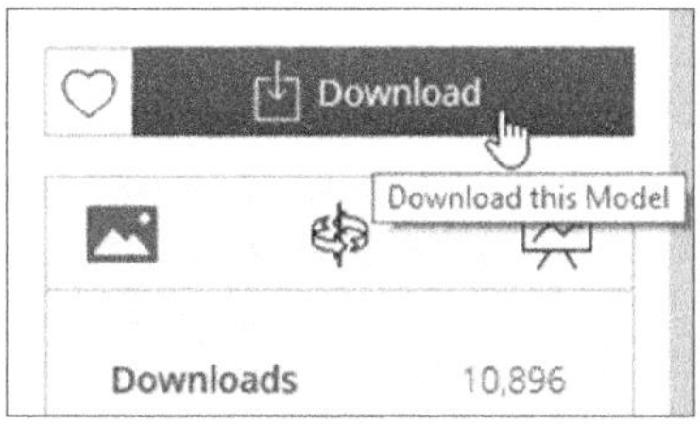

Figura 7.32 | Carregando um modelo 3D da Internet.

Clicando no botão **Sim**, o modelo é carregado para dentro da cena corrente. Se clicarmos em **Não**, ele simplesmente vai querer salvar o modelo em um arquivo separado, como um projeto qualquer à parte.

Por fim, o modelo é carregado para a cena corrente.

7.8 Desfazer um grupo ou componente

No SketchUp, desfazer um grupo ou até um componente significa também que estamos "**explodindo**" um deles. O termo já é usual em outros softwares similares.

Para explodir, devemos acessar o recurso **Explode** com um clique do botão direito no modelo do tipo grupo ou componente. Note:

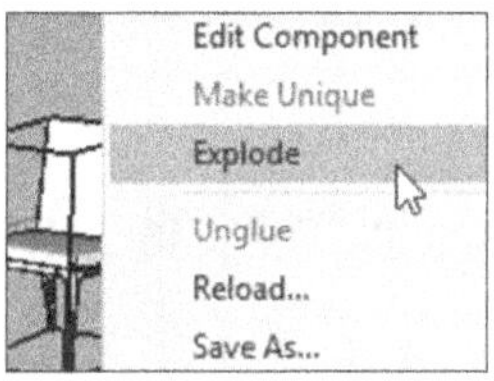

Figura 7.33 | Parâmetro Explode.

Note o antes e o depois na Figura 7.34.

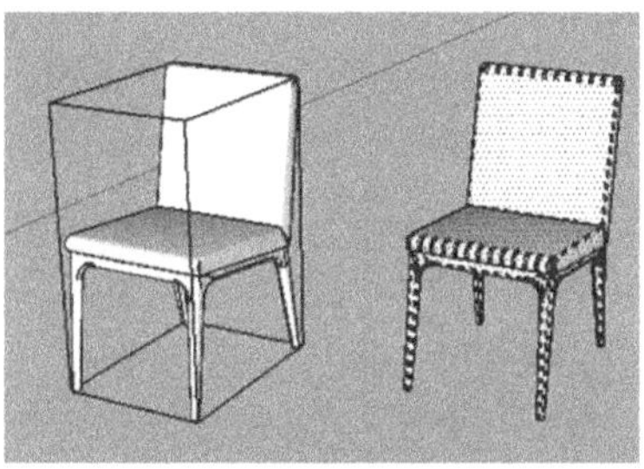

Figura 7.34 | Modelo 3D depois que foi explodido.

Bem fácil, não?

7.9 Exercício prático

Vamos criar uma janela basculante cujos elementos serão grupos e, ao final, o modelo em sua totalidade será um componente.

1. Primeiramente, modele como sugerido na Figura 7.35.

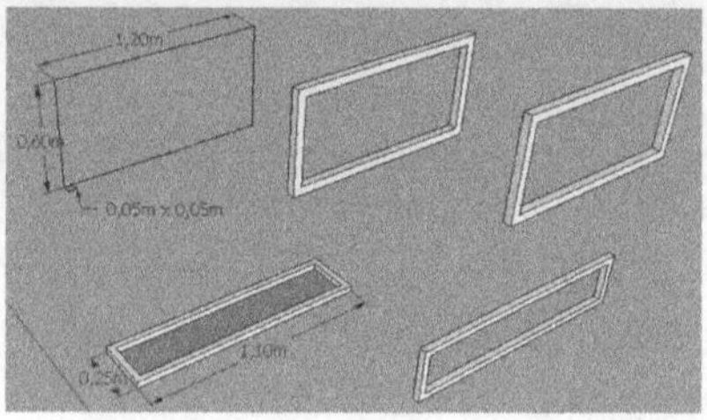

Figura 7.35 | Peças da janela a ser utilizada no exercício.

2. Duplique o módulo (o segundo objeto) para ter dois deles agora.

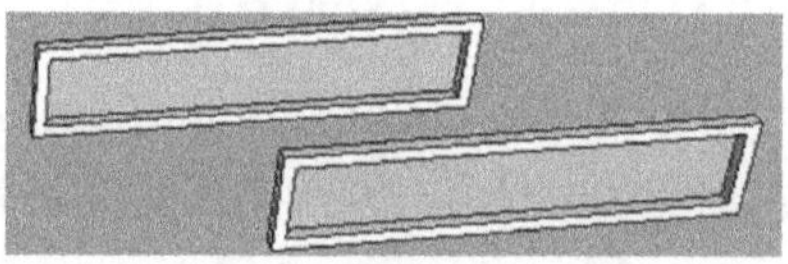

Figura 7.36 | Módulos da janela.

3. Com o botão direito do mouse sobre um e depois sobre o outro, faça a conversão em grupo – **Make Group**.

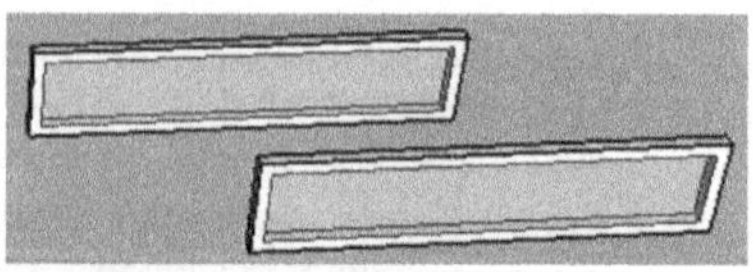

Figura 7.37 | Módulos agora são grupos diferentes.

4. Abra o painel **Outliner**. Encontre os grupos que acabamos de criar e renomeie os dois, acessando o painel **Entity Info** (pelo próprio painel Outliner), como *"módulo 1"* e *"módulo 2"*.

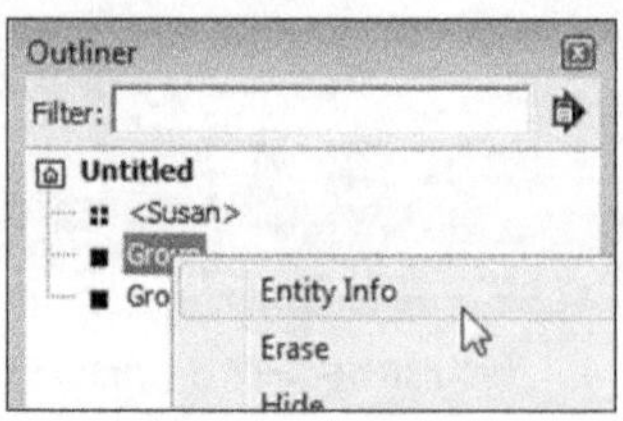

Figura 7.38 | Painel Outliner.

5. Até aqui teremos o painel Outliner e seus novos grupos arranjados assim:

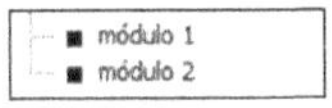

FIGURA 7.39 | Grupos no painel Outliner.

6. Posicione os módulos dentro do caixilho da janela. Selecione o caixilho (a armadura inicial) e converta em um componente.

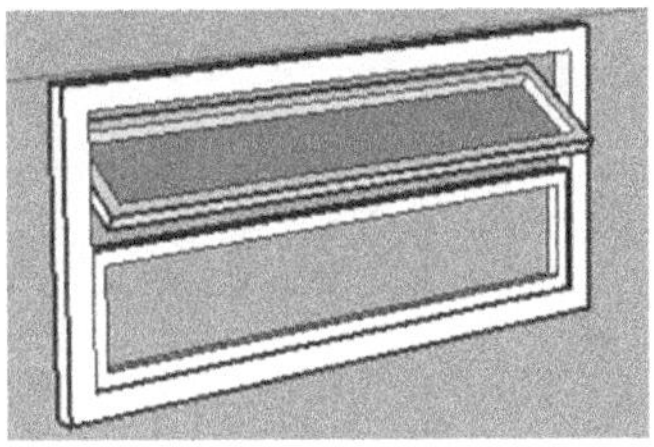

FIGURA 7.40 | Janela quase pronta.

7. O problema que encontramos no caso é que os grupos não estão dentro do componente. Para resolver isso, use o painel Outliner para arrastar (botão esquerdo pressionado) os módulos 1 e 2 para dentro do nível do componente *"Janela basculante 1.20 m"*. Note em seguida:

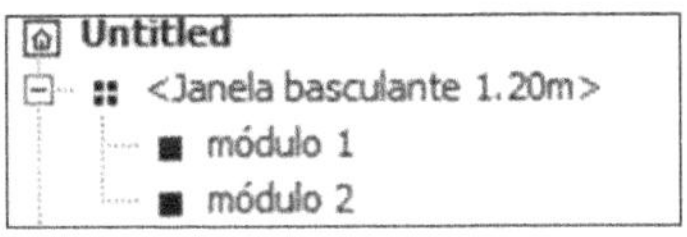

FIGURA 7.41 | Estrutura de componente e seus grupos internos.

A maneira mais fácil seria, antes de criar o componente, não selecionar somente o caixilho, mas sim todo o modelo. Ao transformá-lo em um componente, os grupos já estariam dentre dele, evitando o gerenciamento de níveis no painel Outliner.

Capítulo 8

Construções de Linhas Auxiliares

Objetivos deste capítulo:

- Criar linhas auxiliares no projeto
- Modelagem 3D sobre a referência das linhas auxiliares
- Exercícios práticos

8.1 Tape Measure Tool

Quando criamos modelos 3D dos projetos, precisamos marcar os pontos em que pretendemos colocar referências para futuras construções de desenho. Na prancheta, geralmente traçamos linhas de construção para demarcar locais onde alguns novos desenhos serão repassados, de uma projeção, de um corte, entre tantos outros tipos de desenho.

A ferramenta Tape Measure Tool ( ) possibilita desenhar essas linhas auxiliares com um estado de linha tracejada, bem fina, para não confundir com as demais linhas do desenho. Ou seja, podemos demarcar um ponto, uma distância, para depois fazer as linhas e modelos 3D no local indicado.

Para exemplificar, vamos usar uma extrusão que representa uma parede e, assim, abriremos o vão luz de porta e janela.

Procedimento

1. Faça uma parede conforme a Figura 8.1, com as dimensões de 4 m x 0,25 m x 2,70 m.
2. Clique na ferramenta Tape Measure Tool ( ) para ativá-la.
3. Posicione o cursor sobre a linha lateral da parede. Observe que um snap de cor vermelha é exibido. Clique nesse momento.
4. Mova o cursor para a direita e perceba que uma linha tracejada bem fina é trazida juntamente, na vertical. Na barra de status, digite o valor = 0,20 m, no parâmetro Length.

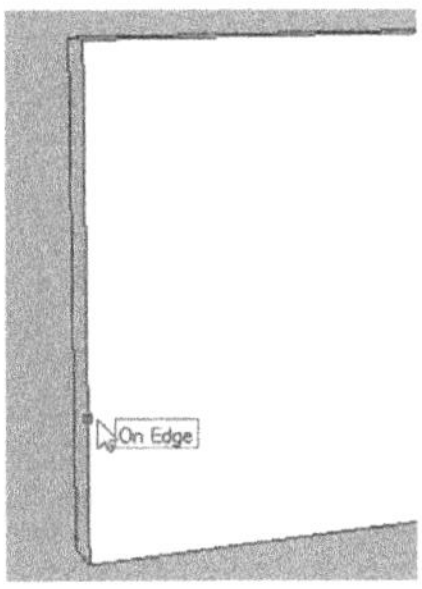

Figura 8.1 | Fixação do primeiro ponto de referência.

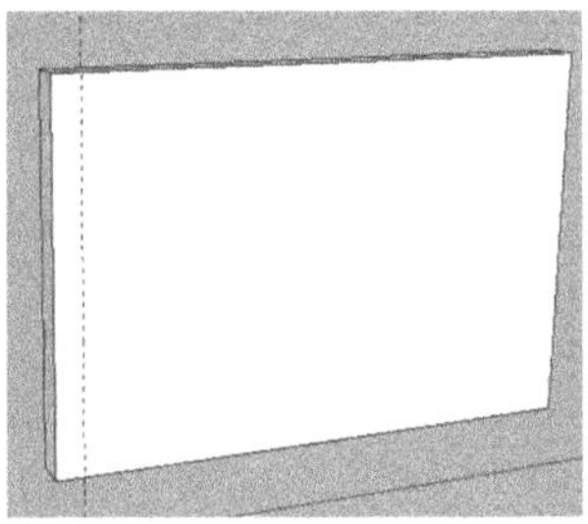

Figura 8.2 | Construção da primeira linha auxiliar.

5. Ainda com a ferramenta Tape Measure Tool posicione o mouse sobre a linha auxiliar que acabamos de criar e observe novamente o snap de cor vermelha. Clique. Mova o cursor para a direita e digite o valor = 0,90 m.

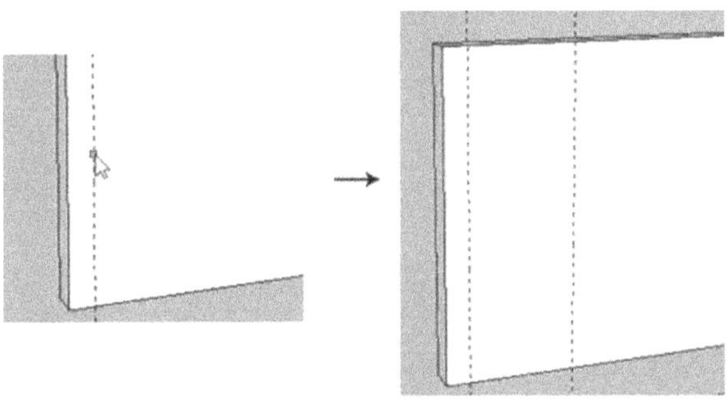

Figura 8.3 | Criando outra linha auxiliar, partindo da primeira já feita.

6. Com a mesma ferramenta, clique na linha inferior da parede para iniciar a referência e mova o cursor para cima, a fim de digitar o valor = **2,10 m**.

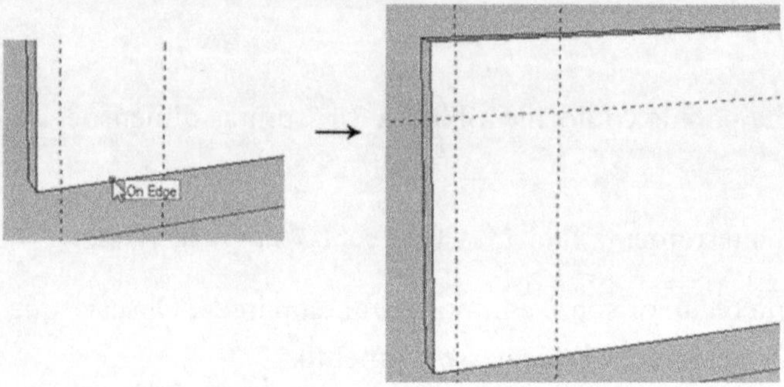

Figura 8.4 | Terceira linha auxiliar, altura do vão da porta.

7. Faça mais algumas linhas auxiliares, conforme Figura 8.5.

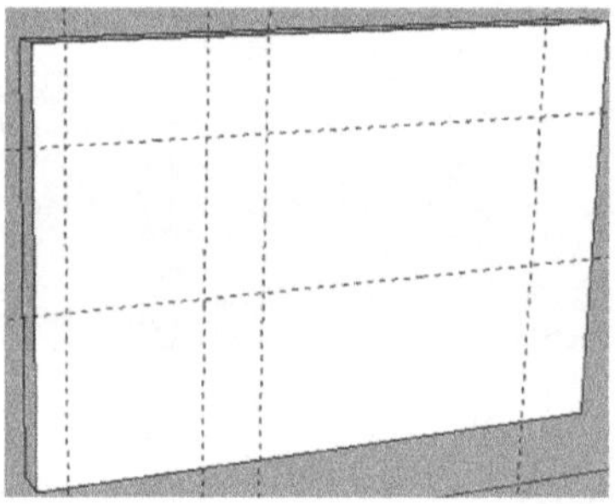

Figura 8.5 | Linhas auxiliares para vão de porta e janela na parede.

8. Agora, com a ferramenta **Rectangle** ( ), conseguimos desenhar sobre as linhas auxiliares que acabamos de fazer.

9. Com o uso do **Push/Pull** ( ), empurre para subtrair o volume, abrindo os vãos da porta e da janela.

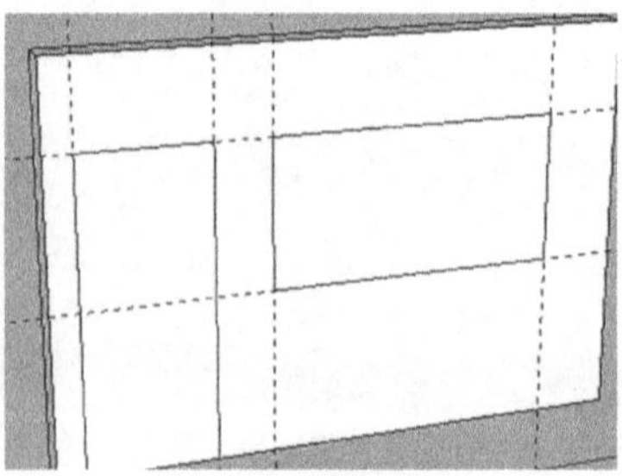

Figura 8.6 | Retângulos desenhados sobre as linhas auxiliares.

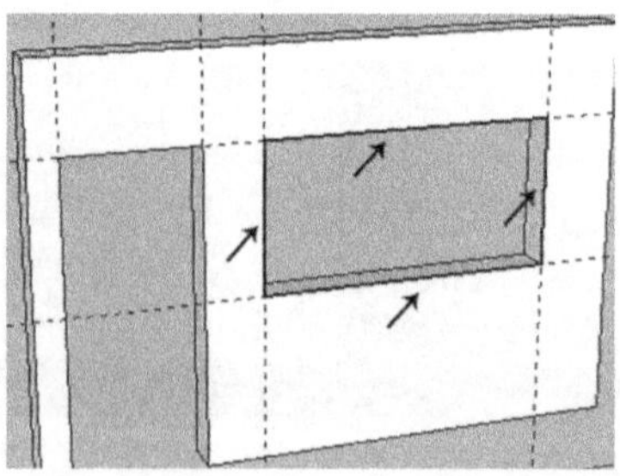

Figura 8.7 | Abertura dos vãos e seleção das arestas ao redor da abertura da janela.

10. Com a ferramenta Offset (⟳) posicione o cursor sobre uma das arestas selecionadas e clique. Mova o cursor para fora a fim de visualizar outras paralelas sendo desenhadas. Digite o valor = 0,10 m.

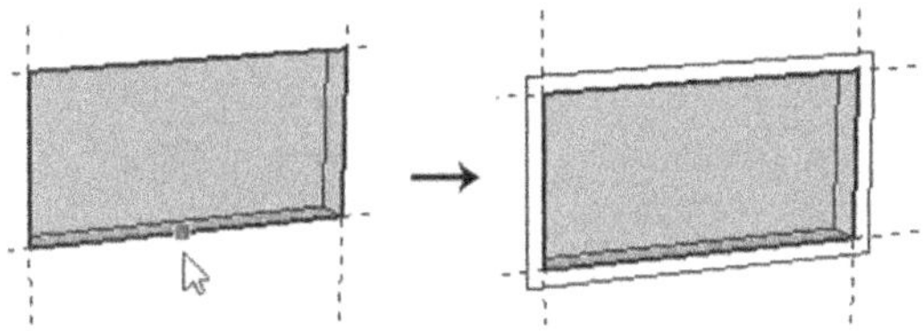

Figura 8.8 | Uso do Offset para detalhe externo.

11. Por fim, use novamente o Push/Pull (◆) para fazer a extrusão do entorno criado ao redor da janela, em uma altura de 0,06 m, conforme Figura 8.9.

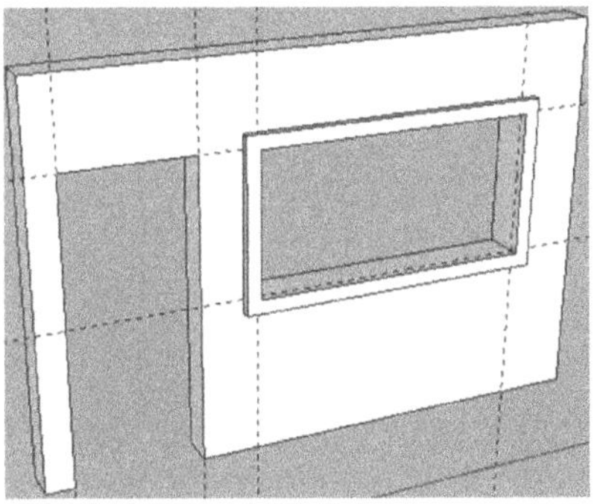

Figura 8.9 | Detalhes construídos com as linhas auxiliares.

As linhas auxiliares podem ser removidas e também ocultadas. Para removê-las (apagar mesmo), basta um único clique sobre a linha auxiliar. Você vai perceber que elas ficam na cor azul. Tecle <DELETE>.

Já para ocultar todas elas rapidamente, acesse o recurso no menu View.

Menu View › Guides

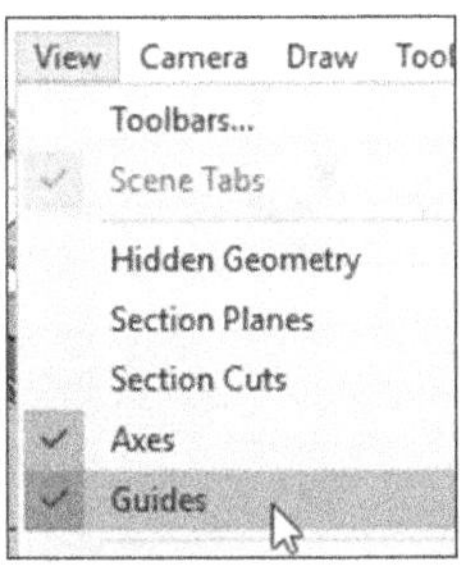

Figura 8.10 | Opção Guides para ocultar ou reexibir as linhas auxiliares.

Assim, o desenho volta a ficar limpo. Basta fazer o mesmo caminho no menu **View** para reexibir as linhas auxiliares, caso precise delas em alguma determinada hora futura. Vamos ver o final.

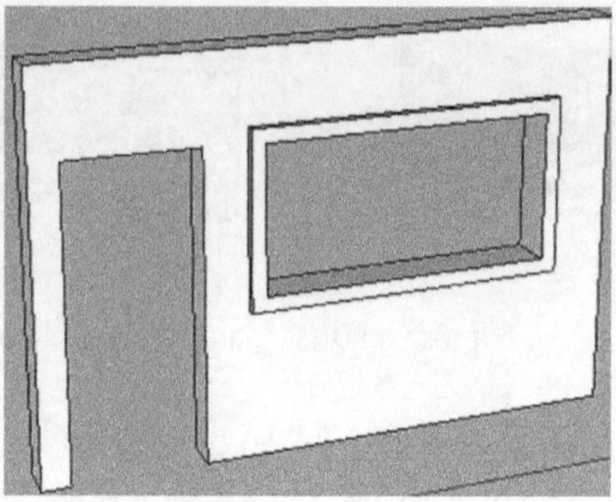

Figura 8.11 | Exemplo concluído do procedimento.

8.2 Protractor

A ferramenta **Protractor** () tem a mesma funcionalidade de criar linhas auxiliares. A diferença está em que podemos criar essas linhas auxiliares de forma que elas entrem no desenho com um ângulo informado, ou seja, linhas auxiliares em sentidos diagonais.

Vamos ver?

Procedimento

1. Desenhe um retângulo com as dimensões = 12 m x 18 m.
2. Clique para ativar a ferramenta **Protractor** ().
3. Clique no canto inferior esquerdo.
4. Mova o cursor até a direita e clique no outro canto inferior.

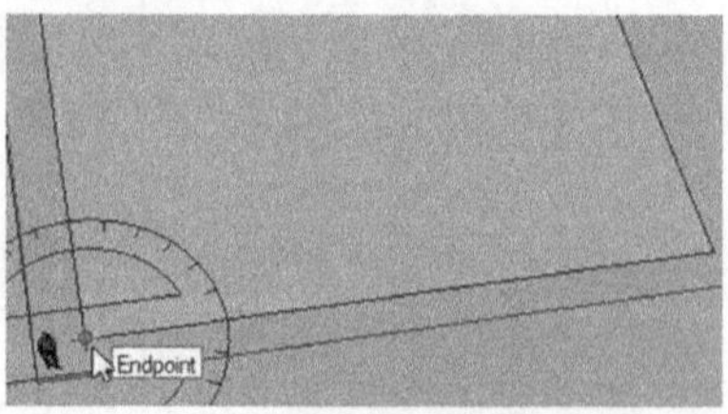

Figura 8.12 | Primeiro clique com a ferramenta Protractor.

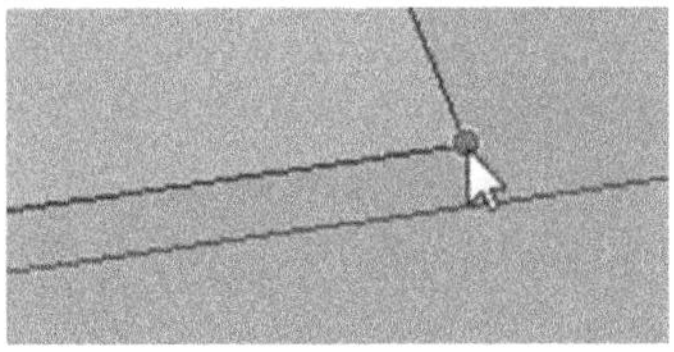

Figura 8.13 | Segundo clique ao lado, no outro canto do retângulo.

5. Mova o cursor para dentro do retângulo e digite um valor de ângulo = 45.

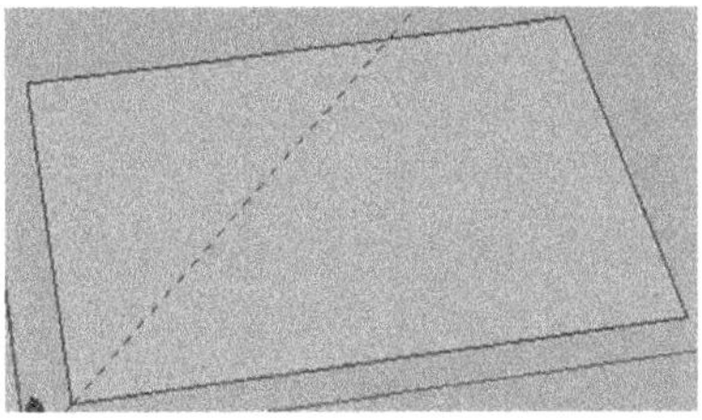

Figura 8.14 | Linha auxiliar construída com um ângulo de abertura.

Perceba que o primeiro clique é o eixo de rotação; o segundo, a referência de abertura, ou seja, com o segundo clique o ângulo é aberto.

6. Note e realize as demais sequências, todas usando o mesmo ângulo de 45°.

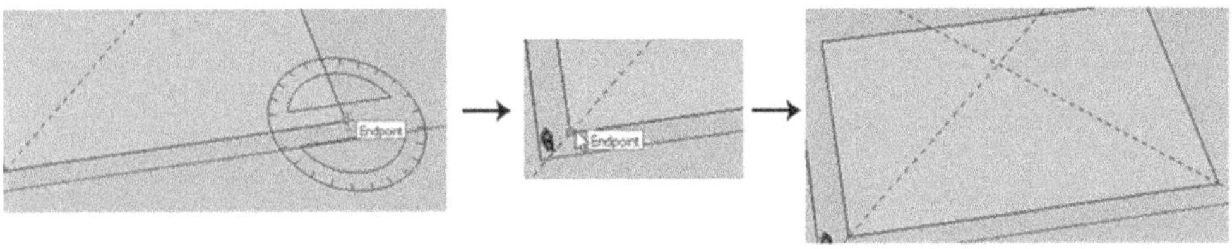

Figura 8.15 | Segunda linha de construção criada.

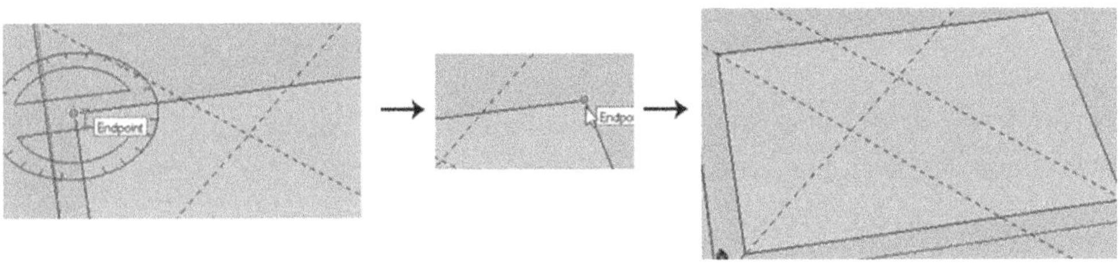

Figura 8.16 | Terceira linha auxiliar.

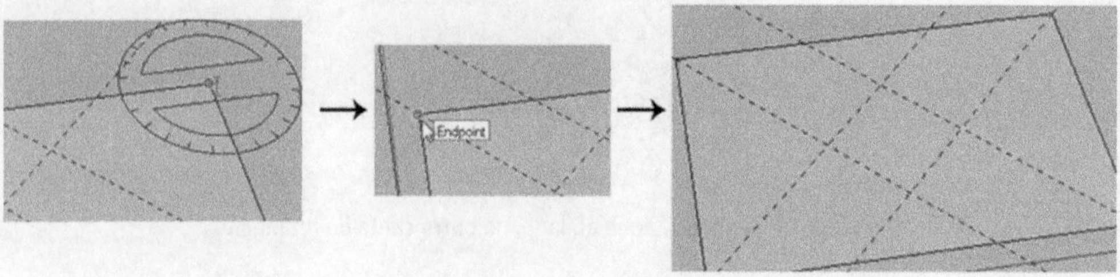

Figura 8.17 | Quarta linha auxiliar.

7. Use a ferramenta **Line** (✎) para contornar as linhas auxiliares, conforme Figura 8.18.

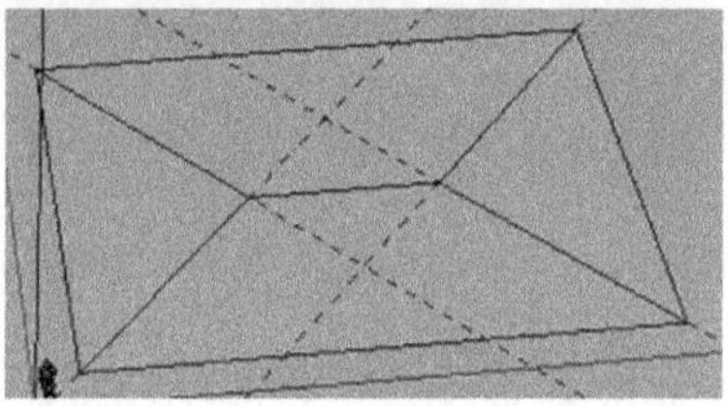

Figura 8.18 | Desenhe as linhas indicadas nesta figura.

8. Estamos desenhando para construir um telhado em 3D. Selecione a linha horizontal central (a linha da cumeeira) e use a ferramenta **Move** (✥) para movimentá-la no **eixo Blue** numa altura de valor = **3 m**.

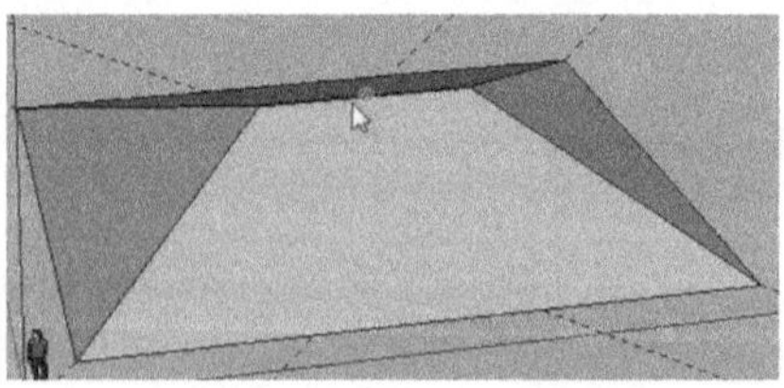

Figura 8.19 | Conclusão do telhado de quatro águas.

Use e abuse das linhas auxiliares para criações mais complexas. Vamos para um exercício de fixação.

8.3 Exercício prático

Com as informações adquiridas até este ponto, procure resolver o modelo na sequência das Figuras 8.20, 8.21 e 8.22 apresentadas a seguir.

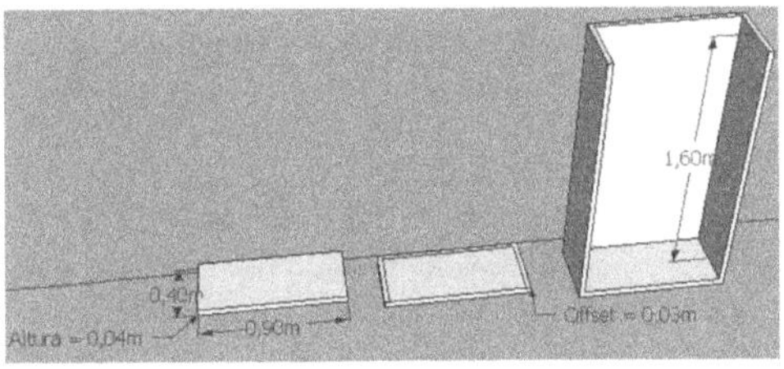

Figura 8.20 | Estante de livros.

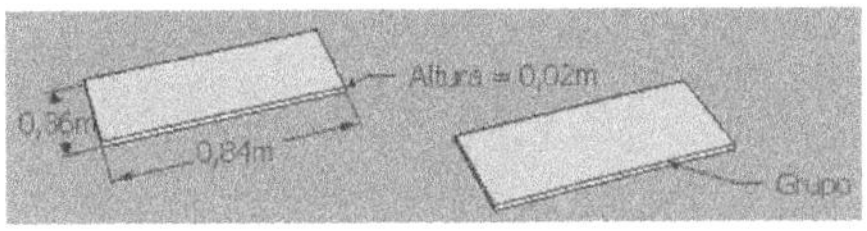

Figura 8.21 | Prateleiras.

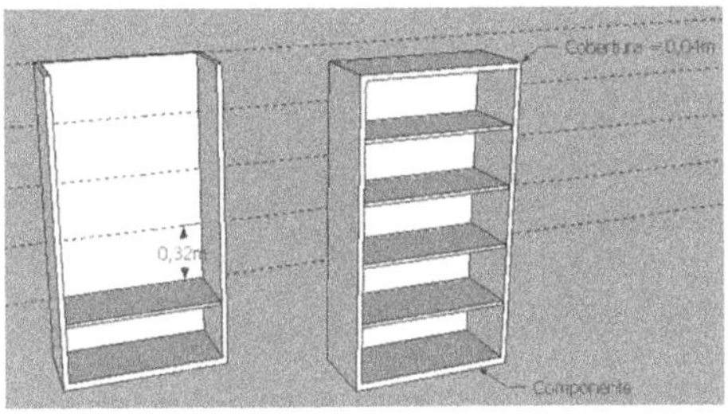

Figura 8.22 | Conclusão do modelo 3D – estante de livros.

Capítulo 9

Layers: Camadas para Organização dos Níveis de um Projeto

Objetivos deste capítulo:

- Uso e criação de layers para o projeto
- Edição de layers

O SketchUp fornece ferramentas e recursos para elaborar projetos com uma certa organização e ordem. Para grandes modelos, complexos em detalhes e cheios de objetos, o uso das layers (ou camadas) é significativo, pois conseguimos dividir os elementos que se assemelham pelo seu tipo em cada uma delas. Essa separação facilita a edição do projeto do início ao fim, já que podemos trabalhar na visibilidade e na identificação desses objetos em níveis, com a proposta de camada e agrupamento dos objetos.

9.1 Criação e uso de layers – painel Layers

O início de um projeto no SketchUp requer a configuração pronta das layers, as quais até podem ser carregadas junto com um template, caso sejam necessárias sempre as mesmas layers para um mesmo tipo de projeto (note o Capítulo 3 - *Configurações iniciais e de template, para a criação de templates*).

A primeira coisa é saber como abrir o painel de gerenciamento de layers. Vejamos:

Painel lateral direito › bandeja Layers

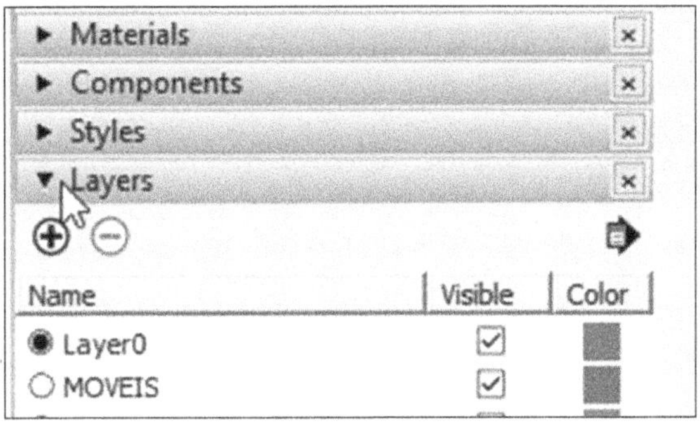

Figura 9.1 | Abrir o painel Layers.

O painel Layers é exibido, conforme Figura 9.2.

No painel, o que podemos de imediato sempre fazer é clicar no botão Add Layer para a criação de uma layer na cena.

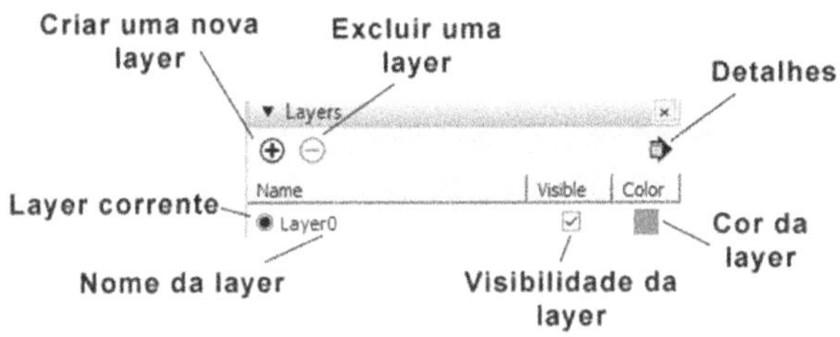

Figura 9.2 | Painel Layers e seus botões e parâmetros.

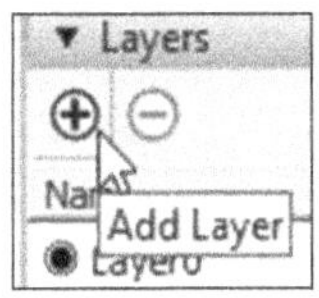

Figura 9.3 | Layer sendo criada.

A cada layer criada, a nomenclatura é automaticamente dada como *Layer1, Layer2, Layer3* etc. Essas camadas são responsáveis pela organização dos objetos que se assemelham. Em um projeto de arquitetura, por exemplo, poderíamos criar uma layer chamada "alvenaria", outra chamada "mobiliário" e outra de nome "coberturas", entre tantas possíveis.

Para renomear cada layer, precisamos apenas clicar duas vezes, não tão rápido como um duplo clique tradicional, para liberar a digitação do novo nome:

Note a aparência de uma lista de layers na Figura 9.5. Repare também que há um pequeno marcador de cor preta, antes de uma das layers criadas. Podemos clicar em outra para trocar o marcador e defini-la como **Current layer** (camada de trabalho corrente).

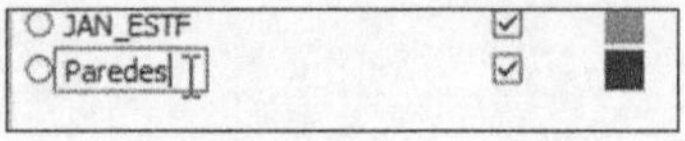

FIGURA 9.4 | Renomear uma layer.

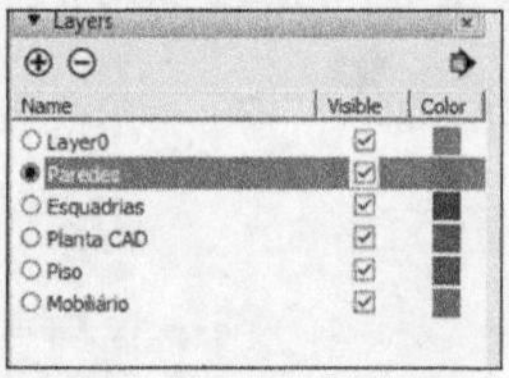

FIGURA 9.5 | Esquema com layers e definição da layer corrente – marcador preto.

9.2 Uso da barra Layers

A criação das layers num projeto 3D requer a anexação dos objetos em cena a essas respectivas layers. Para esse vínculo, vamos precisar de uma barra nova, que ainda não vimos, chamada **Layers**.

FIGURA 9.6 | Barra Layers do SketchUp.

Para exibir essa barra, vamos acessar:

Menu View › Toolbars › Layers

Pois bem, caso haja algumas layers criadas e alguns objetos em cena modelados, o processo de vínculo entre esses elementos é feito primeiramente selecionando-se o objeto que será vinculado. Por exemplo:

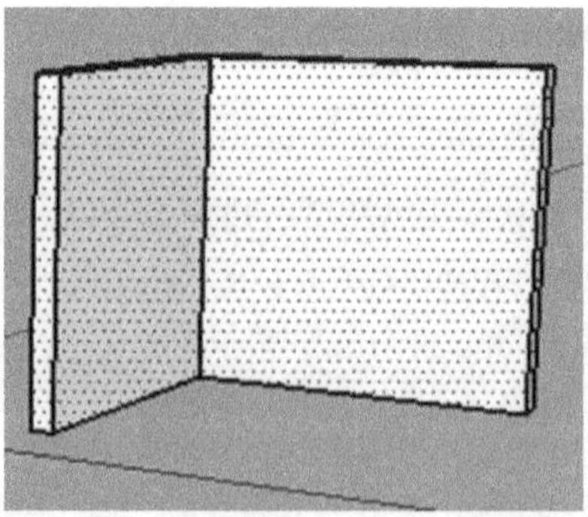

FIGURA 9.7 | Algumas paredes selecionadas.

Continuando, visualize a barra Layers recentemente aberta e escolha a layer Alvenaria:

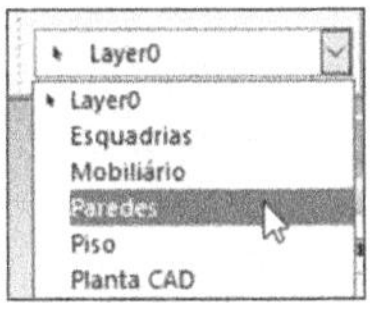

Figura 9.8 | Anexar um objeto a uma layer criada.

Fazendo essa troca, o modelo 3D selecionado das paredes passa a ser dessa camada agora, conforme Figura 9.8.

Se quiser verificar se o objeto realmente pertence a uma layer, basta selecioná-lo e observar a barra Layers. A sua layer vinculada será exibida.

9.3 Recursos Purge, Select All e Color by layer

Ainda no painel Layers, há um botão denominado Details.

Figura 9.9 | Botão Details.

Ele permite o acesso a mais alguns ajustes com relação às nossas camadas e objetos vinculados, que são:

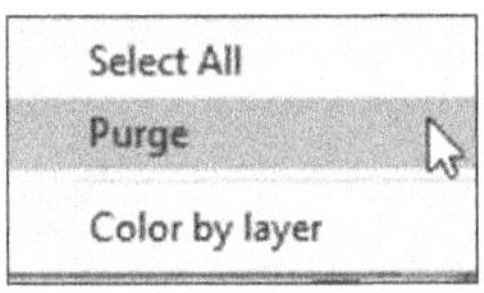

Figura 9.10 | Opções do botão Details.

- Select All: quando escolhida essa opção, todas as layers do painel são selecionadas.

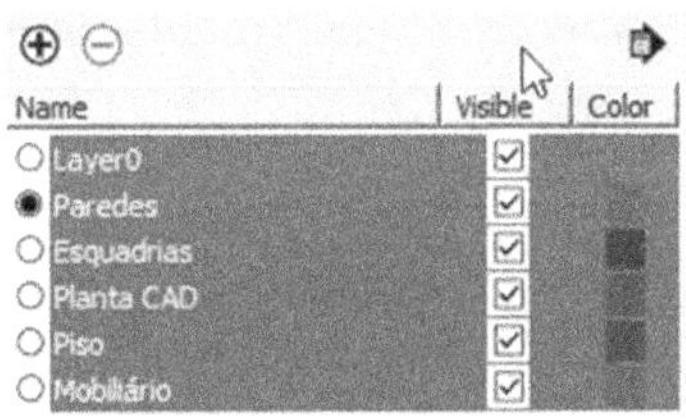

Figura 9.11 | Todas as layers selecionadas.

- **Purge:** opção utilizada para deletar todas as layers às quais não haja nenhum objeto vinculado. São, então, as layers que não foram utilizadas no projeto e estão sobrando.
- **Color by layer:** com essa opção, os objetos modelados na área gráfica ficam da cor configurada para as suas layers vinculadas.

> As cores nos objetos com esse último parâmetro são somente para identificação. Quando estudarmos texturas e materiais, as cores do recurso não serão usadas como acabamento.

9.4 Excluir uma ou mais layers

Excluir uma layer no SketchUp é muito simples, mas requer atenção a um detalhe: excluir uma layer com conteúdo vinculado fará o programa exibir uma janela de aviso, perguntando o que fazer com os objetos vinculados.

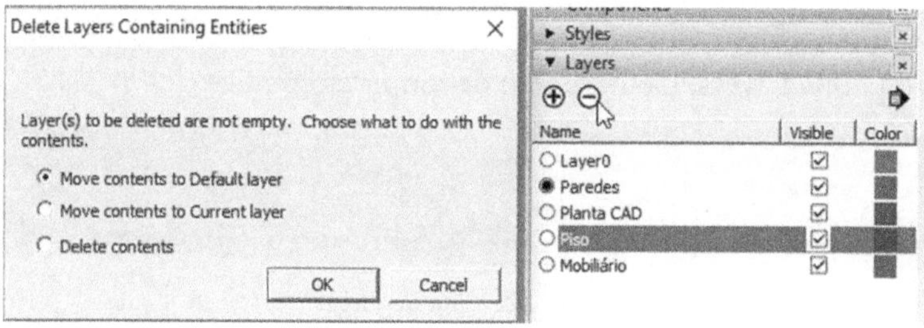

Figura 9.12 | Excluir uma layer com objetos vinculados.

Clicando no botão **Delete Layer** (⊖), o aviso da Figura 9.12 é exibido (isso se houver objetos vinculados). Cada uma das opções significa o seguinte:

- **Move contents to Default layer:** remanejar o conteúdo vinculado para a layer-padrão, ou seja, a *Layer0,* e apagar a layer selecionada.
- **Move contents to Current layer:** remanejar o conteúdo vinculado para a layer corrente (a do marcador preto) e apagar a layer selecionada.
- **Delete contents:** excluir também o conteúdo vinculado e a própria layer selecionada.

Qualquer layer excluída sem algum objeto vinculado será **deletada** no momento exato em que clicarmos no botão **Delete Layer**.

Capítulo 10

Importação de Arquivos do AutoCAD

Objetivos deste capítulo:

- Importar plantas e qualquer referência do programa AutoCAD
- Manipulação do arquivo .DWG com os recursos do SketchUp
- Layers AutoCAD x layers SketchUp

Realizar todo o seu projeto em SketchUp é, claro, perfeitamente possível. O grande detalhe é que muitos escritórios, profissionais e estudantes, por vezes, já possuem algo desenhado previamente no programa Autodesk® AutoCAD. Haverá o momento em que será necessário criar a sua representação tridimensional, e é aí que entra o SketchUp; o projeto documentado de um móvel planejado, uma residência, um modelo de marcenaria ou esquadria, qualquer coisa que já possua um desenho elaborado em .DWG.

Alguns cuidados e uma pequena preparação devem ser realizados antes.

10.1 Sobre a localização absoluta no Model Space no AutoCAD

Qualquer arquivo que seja importado do AutoCAD deve passar por um pequeno ajuste de posicionamento no Model Space dentro do programa.

É necessário ter algum conhecimento em AutoCAD para compreender as próximas explanações.

- No AutoCAD, o marco absoluto XY é sempre indicado como coordenada 0,0. Para localizá-lo, ligue o botão inferior **GRID** e verifique o encontro dos eixos XY (verde e vermelho).
- O desenho que se pretende importar no SketchUp deve estar bem próximo ao ponto absoluto do Model. Use o comando **MOVE** para movimentá-lo.
- Com relação às layers que fazem parte do desenho AutoCAD, temos duas opções: no próprio AutoCAD, jogar todo o desenho na **layer 0** (zero) e excluir todas as outras, como também mantê-las, excluindo-as somente no SketchUp (sim, as layers são importadas juntamente com o desenho do arquivo .DWG).
- Basta então salvar para dar sequência aos próximos tópicos deste capítulo.

10.2 Importar um arquivo AutoCAD e ajustar as layers

A importação de arquivos .DWG no SketchUp é tecnicamente simples, se ficarmos atentos a alguns pequenos detalhes.

Procedimento

1. Abra um novo arquivo no SketchUp com a unidade de medida em **metros** (meters).
2. Abra o painel **Layers**. Crie as seguintes layers exibidas na Figura 10.1.

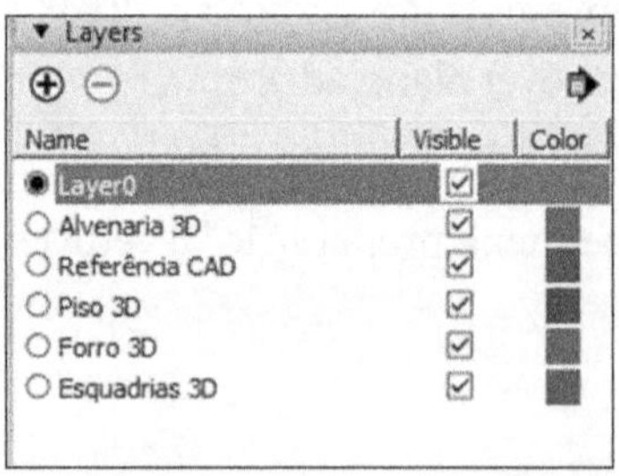

Figura 10.1 | Layers criadas para o exercício prático.

3. Clique para fixar o marcador preto na layer **Referência CAD**. Ela será a camada corrente.

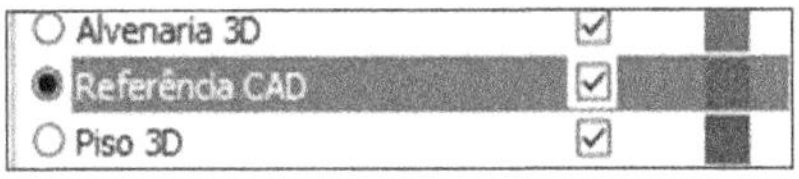

Figura 10.2 | Camada corrente.

4. Agora, finalmente, vamos importar o arquivo do AutoCAD. Acesse o menu a seguir:

Menu File › Import

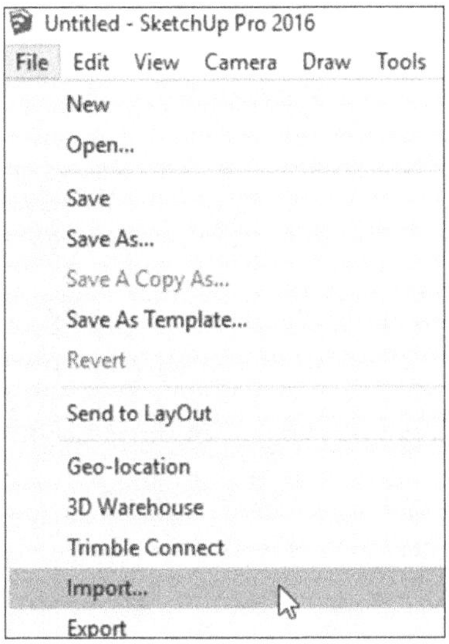

Figura 10.3 | Importar um arquivo do AutoCAD.

O próximo passo exige a importação de um arquivo .DWG. Se não tiver um em mãos, use o disponível para download, chamado "plantacad.dwg", nos arquivos de referência deste livro, no site da editora.

- Quando for abrir o desenho, note que antes deve escolher o tipo de arquivo de que precisa, no caso .DWG.

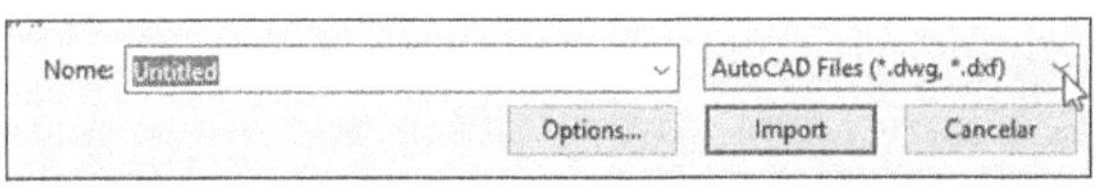

Figura 10.4 | Tipo de arquivo .DWG.

- Ainda antes de abrir o desenho, selecione-o e clique no botão **Options** da tela .

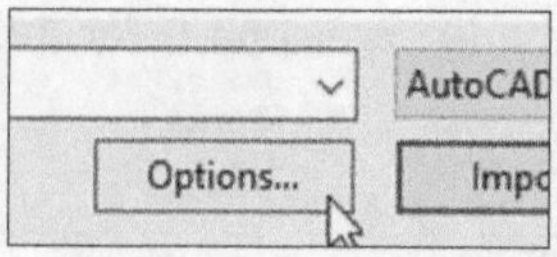

Figura 10.5 | Botão Options – importação de arquivo AutoCAD.

- Verifique apenas se a opção da unidade de medida está em metros (ou a unidade que preferir na ocasião).

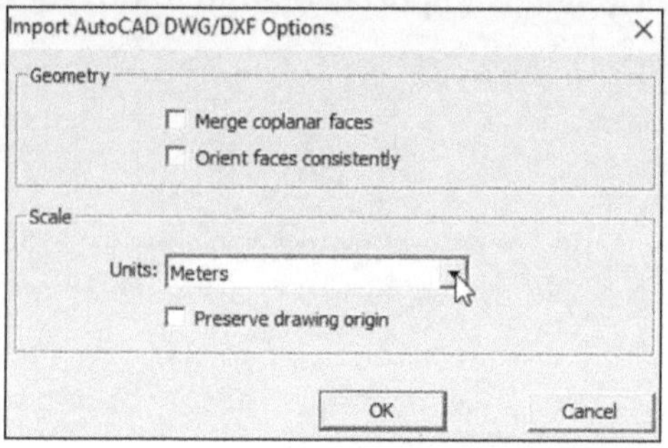

Figura 10.6 | Unidade de conversão do desenho importado.

- Acertando a unidade, confirme. Abra o desenho no botão **Abrir**. É exibida uma tela com algumas informações de elementos importados, mas apenas feche.

O costume-padrão é deletar essas layers importadas do AutoCAD.

1. Com a tecla <CTRL> pressionada, selecione as layers do CAD e clique no botão **Delete Layer** (⊖).
2. Ative a opção **Move contents to current layer** (a layer **Referência CAD** deve estar com o marcador preto) e confirme. Isso faz com que o desenho seja remanejado para a camada corrente, também excluindo as selecionadas.

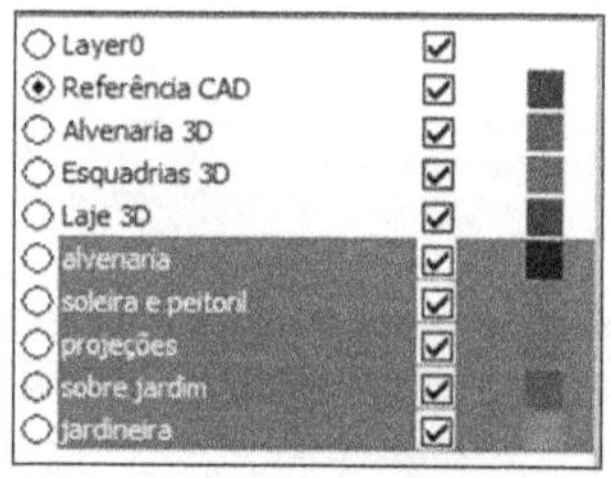

Figura 10.7 | Layers.

10.3 Travar a referência AutoCAD para modelagem 3D

Depois que importamos o desenho e ajustamos as layers, a próxima etapa é começar a desenhar, mas, antes, é preferível travar o desenho. Mesmo que ele já seja um objeto componente (clique para verificar se ele está azul, num objeto só), podemos ainda mover, apagar ou realizar qualquer outra ação de forma acidental. Travando, isso não será mais possível.

3. Clique com o botão direito do mouse no desenho. No menu suspenso, clique na opção Lock.

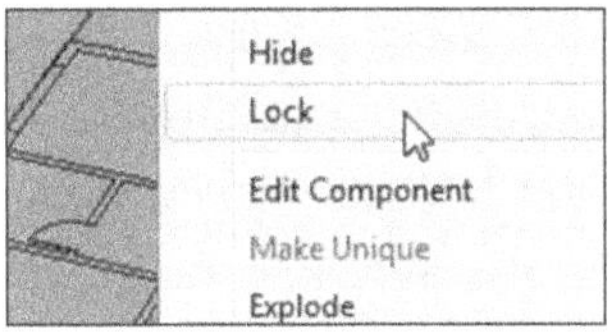

Figura 10.8 | Opção Lock.

- Se clicar sobre o desenho, você verá que a proteção, que era azul, passa a ser vermelha, indicando que o desenho está bloqueado, ou melhor dizendo, travado.

Caso precise destravar por algum motivo, o mesmo botão direito no desenho oferece a opção *Unlock* no menu suspenso.

10.4 Modelagem 3D sobre a referência

Assim como em outros programas que trabalham com layers, no SketchUp devemos, antes de desenhar, escolher a qual delas vincular o futuro desenho criado. Na barra Layers, escolhemos, para exemplificar, a layer Alvenaria 3D.

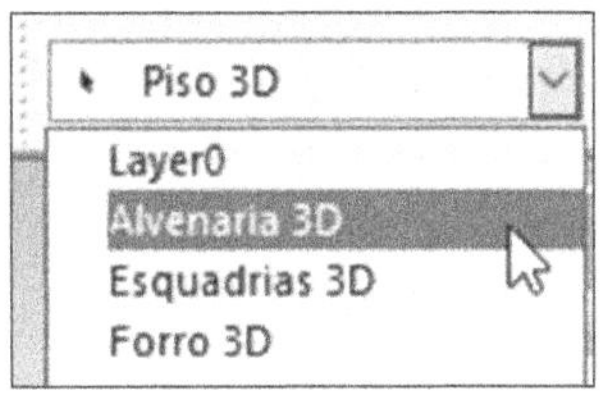

Figura 10.9 | Escolher a layer para o desenho.

O exemplo é para uma maquete eletrônica. Use o método e adapte para outras áreas de criação ou qualquer tipo de modelo 3D.

1. Com a ferramenta Line (✐), vá contornando a área construída da planta. Note o resultado até aqui na Figura 10.10.

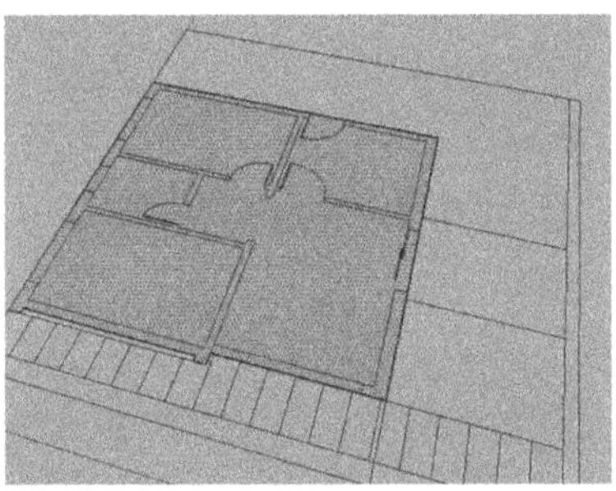

Figura 10.10 | Desenho com linhas sobre o contorno da residência.

2. Novamente com a ferramenta **Line**, faça os contornos dos ambientes, sempre fechando. Observe como fica na Figura 10.11.

3. Com a ferramenta **Push/Pull** ( ), aponte para uma das paredes da planta e clique para puxar e fazer extrusão numa altura de 2.85. Note que, onde ficariam as portas e janelas, as paredes também são construídas, mas é importante que isso ocorra. Abrir os vãos e as passagens depois será fácil.

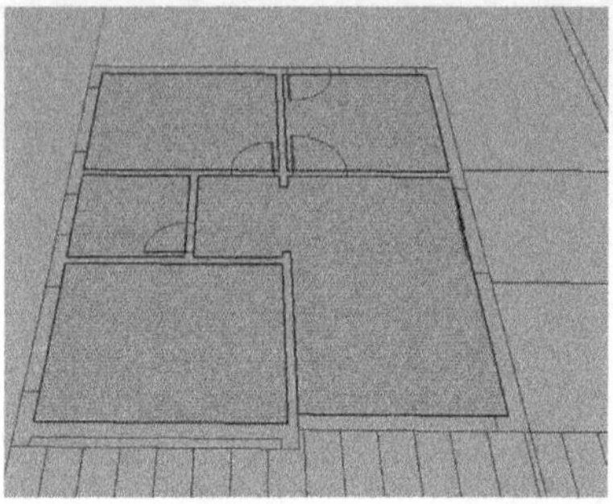

Figura 10.11 | Ambientes contornados.

Figura 10.12 | Extrusão das paredes.

4. Devemos, neste instante, utilizar um recurso que será visto com mais atenção no próximo capítulo, um botão que se chama **X-Ray**. Ele permite visualizar o modelo com certa transparência, inclusive a planta e os elementos que estão atrás de outros, com relação à vista. Esse botão está na barra **Styles**.

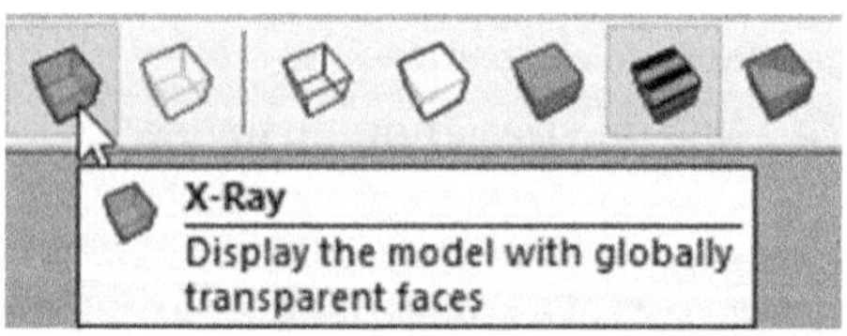

Figura 10.13 | Botão X-Ray – barra Styles.

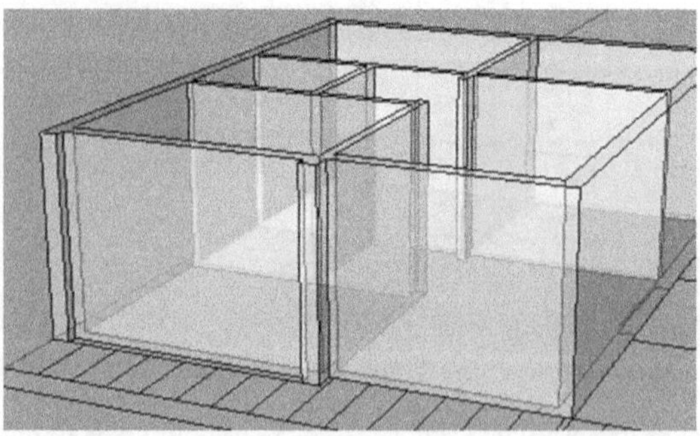

Figura 10.14 | Modelo em visualização do tipo X-Ray.

5. Neste momento, devemos proceder conforme explica o Capítulo 8 - *Construções de Linhas Auxiliares*, que ensina passo a passo como usar as ferramentas Tape Measure Tool ( ) e Push/Pull ( ), para proceder à abertura de portas e janelas. Note como fica o resultado final.

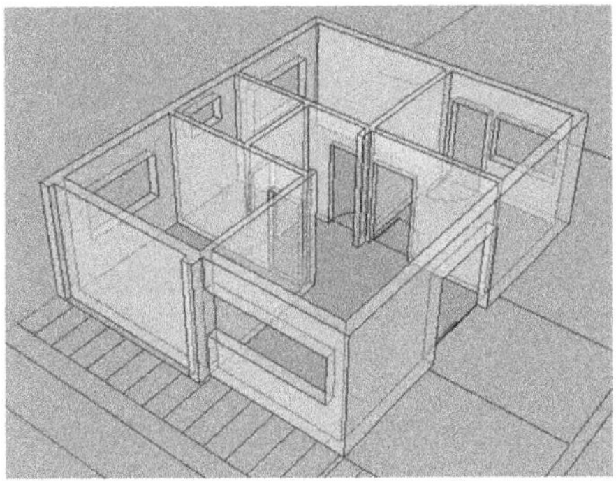

Figura 10.15 | Modelo 3D com subtrações por meio do Push/Pull.

10.5 Exercício prático

Leia novamente o Capítulo 7 - *Grupos e Componentes* e crie portas e janelas para a maquete. Não deixe também de modelar o pergolado, os muros, a jardineira e as lajes.

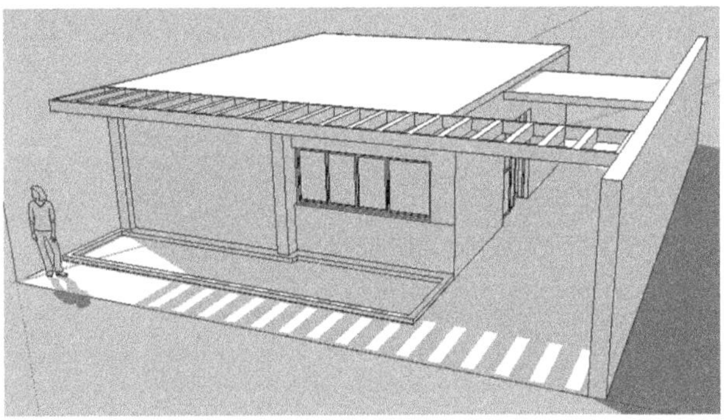

Figura 10.16 | Maquete proposta no exercício.

Capítulo 11

Visualização do Projeto 3D

Objetivos deste capítulo:

- Conhecer os estilos de visualização
- Apresentar ferramentas e recursos de câmera, vistas e perspectiva
- Exibir e ocultar os modelos na área gráfica

11.1 Views

Views, também conhecidas como "vistas" em português, são as diferentes visões que podemos ter de um modelo tridimensional.

No SketchUp, essas vistas podem ser facilmente trocadas por meio de botões existentes para cada uma delas, numa barra que é exibida no menu View.

Menu View › Toolbars › Views

Note a barra Views:

Figura 11.1 | Barra com botões para troca de vistas.

Cada um desses botões proporciona uma vista diferente. São elas: **Iso**, **Top**, **Front**, **Right**, **Back** e **Left**. Basta clicar num dos botões e visualizar as diferentes vistas do projeto 3D.

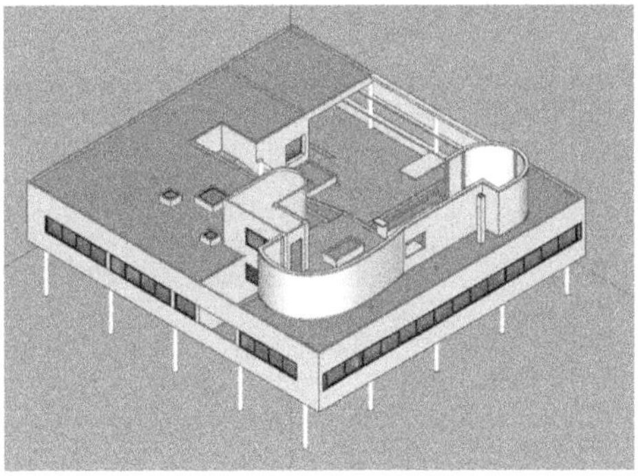

Figura 11.2 | Vista Iso.

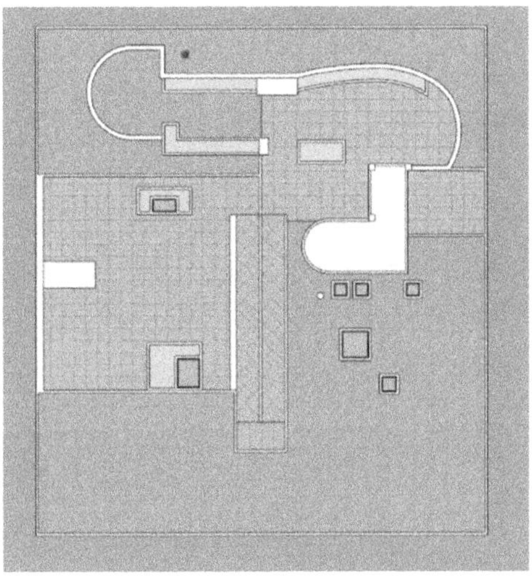

Figura 11.3 | Vista Top.

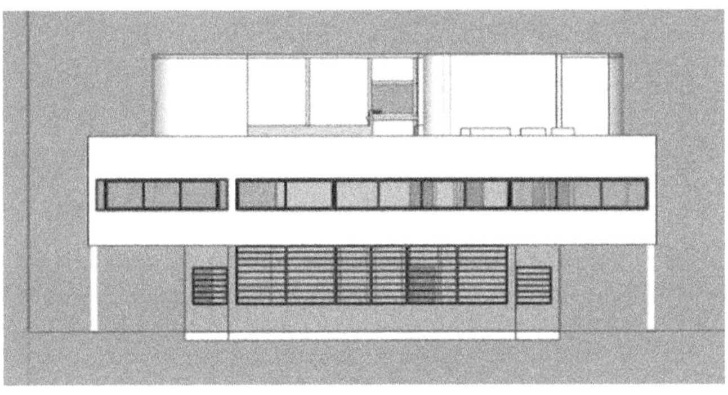

Figura 11.4 | Vista Front.

Figura 11.5 | Vista Right.

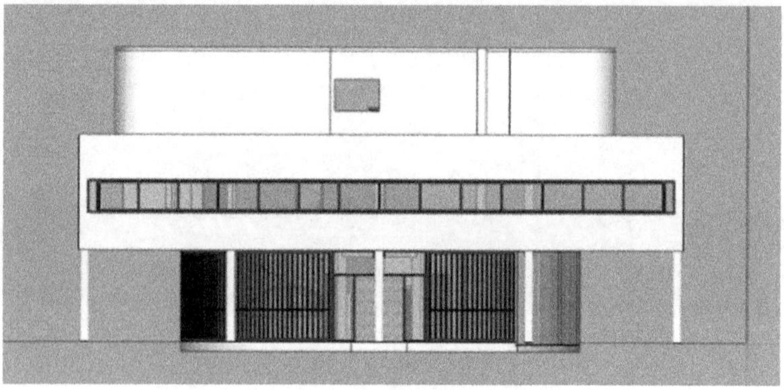

Figura 11.6 | Vista Back.

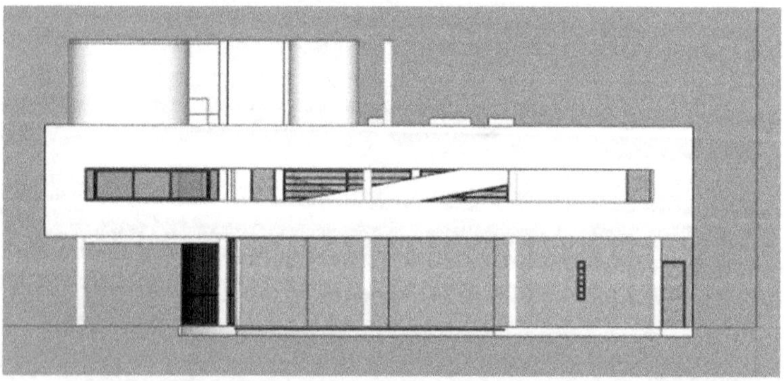

Figura 11.7 | Vista Left.

Note que a vista atual é sempre exibida no canto superior esquerdo da área gráfica.

São vistas que podem ser alcançadas usando a ferramenta **Orbit** (scroll do mouse pressionado), mas daria um certo trabalho obtê-las perfeitamente.

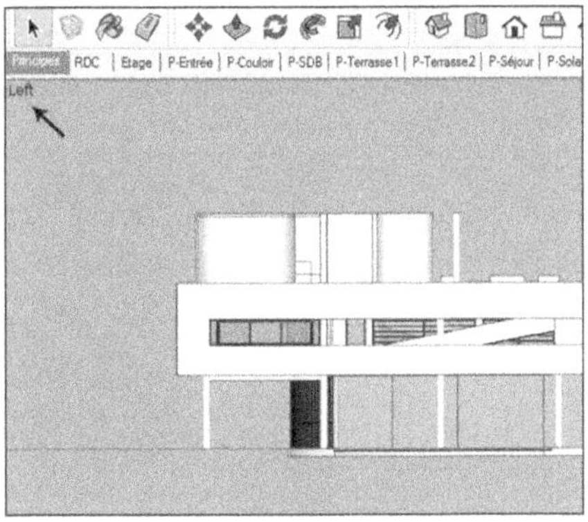

Figura 11.8 | Nome da vista corrente.

11.2 Styles

Além das vistas, é muito útil, durante a criação, o uso dos chamados **Styles**, ou "estilos" em português. Eles servem para visualizar ou ocultar determinados elementos do projeto criado, e podem ajudar ou atrapalhar em alguns momentos.

A barra precisa ser aberta. Caso não esteja, acesse o menu **View**:

Menu View › Toolbars › Styles

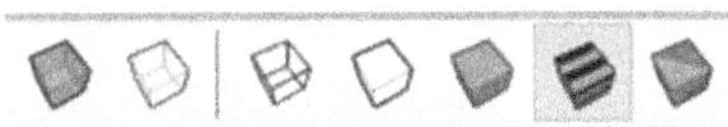

Figura 11.9 | Barra Styles.

Os dois primeiros botões, da esquerda para a direita, são **X-Ray** e **Back Edges**. Somente um deles pode ficar acionado. Primeiramente, note a diferença entre eles. Na prática, o modo X-Ray permite visualizar todas as linhas do modelo 3D, além das faces estarem com uma leve transparência; é como se pudéssemos, de fato, ver através, como um raio-x.

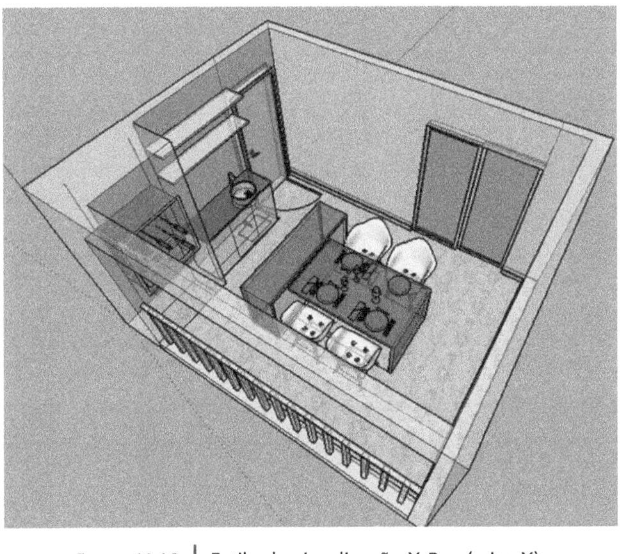

Figura 11.10 | Estilo de visualização X-Ray (raios X).

Na Figura 11.11, visualizamos todas as linhas ocultas do modelo 3D, por intermédio de projeções de linhas tracejadas. Confira:

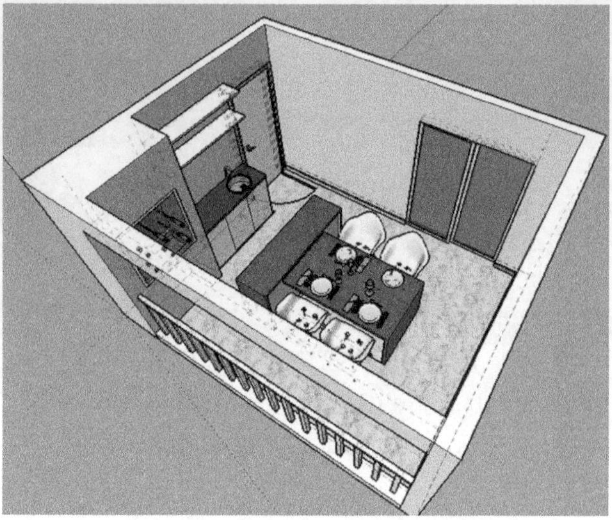

Figura 11.11 | Estilo de visualização Back Edges.

Na mesma barra, ainda se encontram outros cinco botões, que são: **Wireframe**, **Hidden Line**, **Shaded**, **Shaded With Textures** e **Monochrome**. Observe cada um deles nas imagens a seguir.

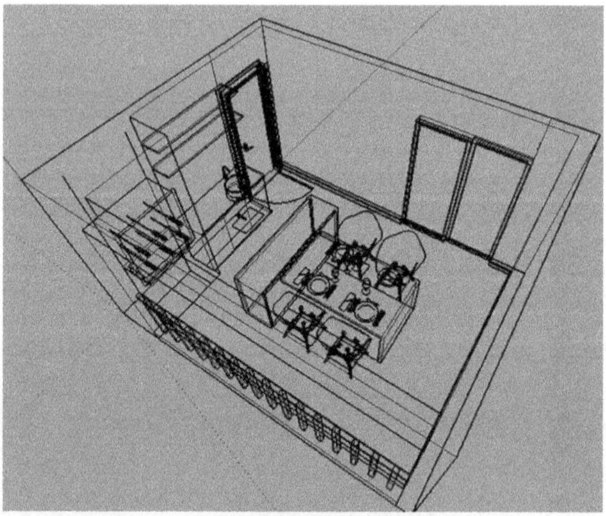

Figura 11.12 | Estilo de visualização Wireframe.

Na Figura 11.12, notamos que o estilo **Wireframe** oculta todas as faces, exibindo todas as arestas do projeto 3D criado.

Na Figura 11.13, o estilo **Hidden Line** mostra um estudo volumétrico bem limpo, sem as cores e texturas, como também sem qualquer linha obscura.

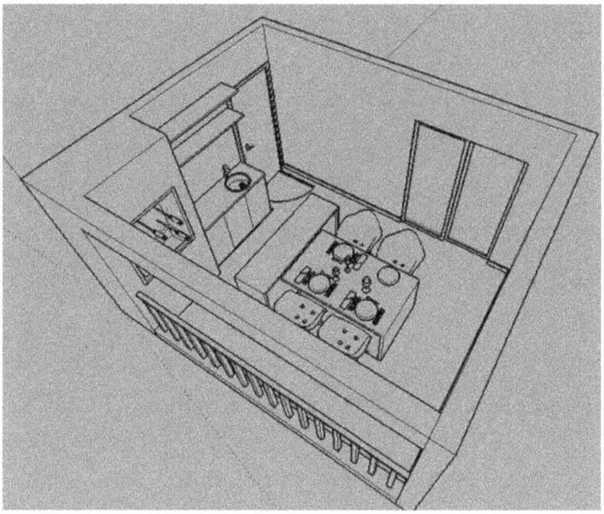

Figura 11.13 | Estilo Hidden Line.

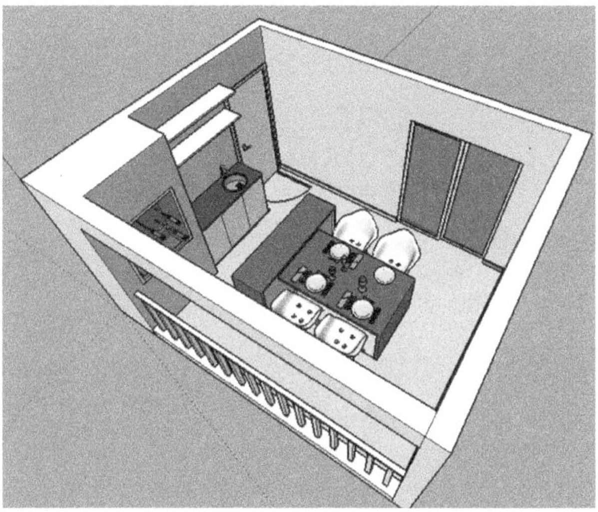

Figura 11.14 | Estilo Shaded.

Já na Figura 11.14, o estilo **Shaded** permite visualizar o projeto com suas cores originais, sem a interferência de texturas ou materiais aplicados (estudaremos ainda como aplicar esse tipo de acabamento no Capítulo 12 – *Texturas e Materiais*).

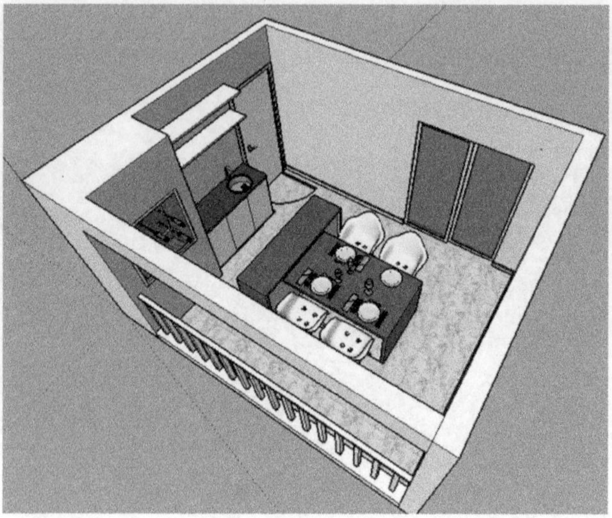

Figura 11.15 | Visualização Shaded With Textures.

O estilo **Shaded With Textures** (Figura 11.15) permite visualizar o acabamento de **texturas** aplicado ao projeto. Deve-se manter esse estilo ativado no aprendizado do capítulo seguinte.

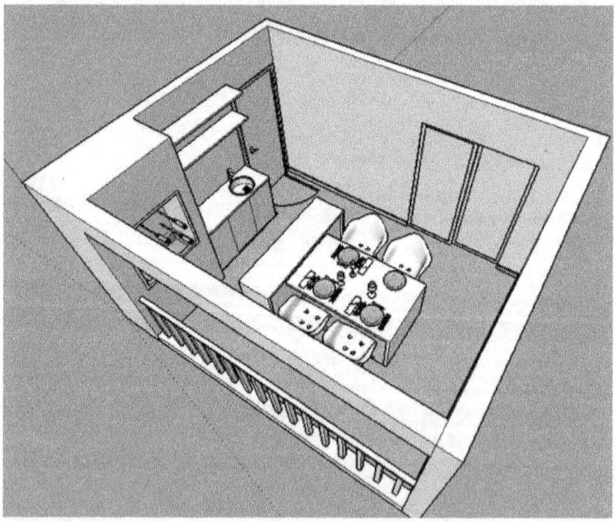

Figura 11.16 | Estilo Monochrome.

Por fim, o estilo **Monochrome** permite visualizar o projeto em PB (preto e branco), conforme Figura 11.16.

Muito legais, além de úteis!

11.3 Camera, Look Around e Walk

As ferramentas **Camera, Look Around** e **Walk** são recursos do SketchUp para melhor ajuste de uma vista num ponto desejado do projeto, como se quiséssemos posicionar uma câmera para visualizar tal perspectiva ou mesmo colocar num ângulo de visão, como se estivéssemos dentro do projeto 3D.

Dispostos nesta versão do SketchUp na barra **Camera**, encontramos as três ferramentas deste tópico. Exiba a barra da mesma forma como abrimos anteriormente. Também encontramos essas ferramentas na barra lateral.

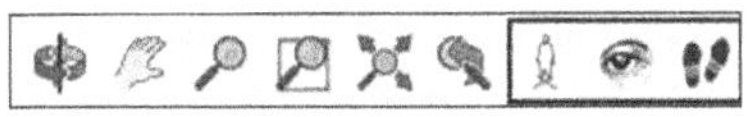

Figura 11.17 | Ferramentas Camera, Look Around e Walk.

As três ferramentas trabalham em conjunto. A principal delas, ou melhor, a que começa a interação das três, é a opção **Camera**, ou seja, **Position Camera**.

Figura 11.18 | Ferramenta Position Camera.

Assim que clicamos nessa ferramenta, devemos, desde já, observar a barra de status. Veremos que há um parâmetro, pedindo a altura humana do posicionamento da nova câmera.

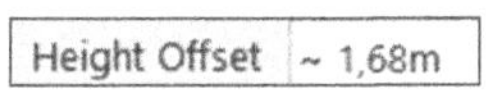

Figura 11.19 | Altura da câmera.

Devemos digitar um valor; podemos colocar a nossa altura, por exemplo, e depois clicar num ponto da cena em que a câmera ficará posicionada. Não se preocupe de início com o local exato que a câmera vai apontar, pois vamos conseguir fazer ajustes de direção com as ferramentas **Look Around** e **Walk**. Também será possível a qualquer momento, durante a manipulação dessas ferramentas, ajustar novamente a altura da câmera.

Vamos ver um exemplo na Figura 11.20.

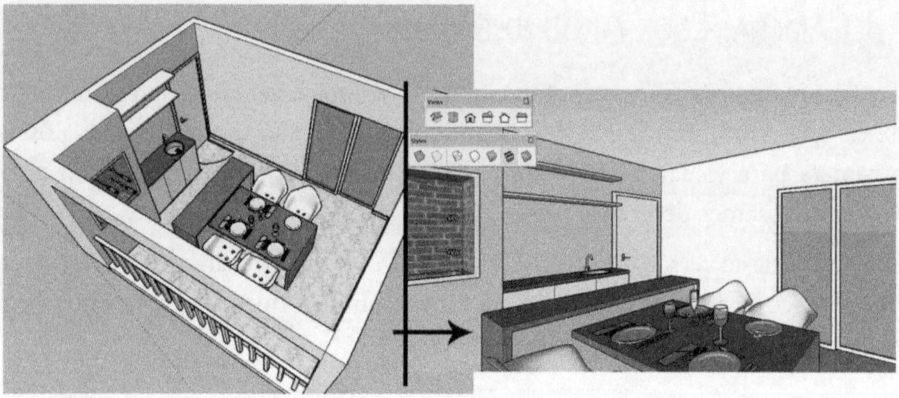

Figura 11.20 | Câmera na esquerda e sua visualização na direita.

Perceba que o cursor do mouse transformou-se em dois pequenos olhos. O SketchUp automaticamente entra na ferramenta **Look Around**. Com ela, basta pressionar o botão esquerdo do mouse e movimentar para visualizar outro lugar. É como se estivéssemos no local do projeto, olhando para um lado ou para outro. Faça o teste!

Agora, é necessário clicar no botão da ferramenta **Walk** para utilizar a sua função. Clique para averiguar.

Figura 11.21 | Ferramenta Walk.

Com ela, pressionando o botão esquerdo e movimentando o mouse para a frente, temos a visualização da área gráfica em movimento, como se estivéssemos caminhando. Existem duas teclas que podemos utilizar em conjunto com esse recurso. Acompanhe:

- **Ferramenta Walk + <CTRL>:** pressionando com essa tecla, o movimento é como se estivéssemos correndo no local.
- **Ferramenta Walk + <ALT>:** pressionando com essa tecla, desabilita-se a colisão do movimento da câmera com objetos em cena.

Procure exercitar o uso das ferramentas **Look Around** e **Walk**. Com elas, é possível fazer um passeio virtual ao redor ou dentro do modelo 3D criado.

Ainda como recurso complementar, ao posicionar uma câmera, podemos também configurar a abertura da lente. Ao teclar **<Z>** na barra inferior, abre-se um campo chamado **Field of View** para digitação desta abertura; mude para valores como **40**, **50**, **60** ou valores aproximados. Finalize com a tecla **<ENTER>**.

Figura 11.22 | Ajustes da lente.

11.4 Visualização do projeto em perspectiva ou projeção paralela

Conforme o que aprendemos em cursos de desenho, na faculdade, em um livro ou em qualquer fonte de ensino sobre o assunto *desenhar*, sabemos que existem diferentes tipos de perspectiva. Para projetos de móveis, marcenaria, produto, arquitetura, engenharia ou qualquer outra área profissional que use desenho, utilizamos dois tipos principais, que são perspectiva real e projeção isométrica (ou paralela).

No SketchUp, existe um menu superior chamado Camera. Note na Figura 11.23.

No menu Camera existem várias ferramentas que já aprendemos, como Orbit, Pan, Zoom e Walk, entre outras.

Precisamos dar atenção a duas opções, que são Parallel Projection e Perspective.

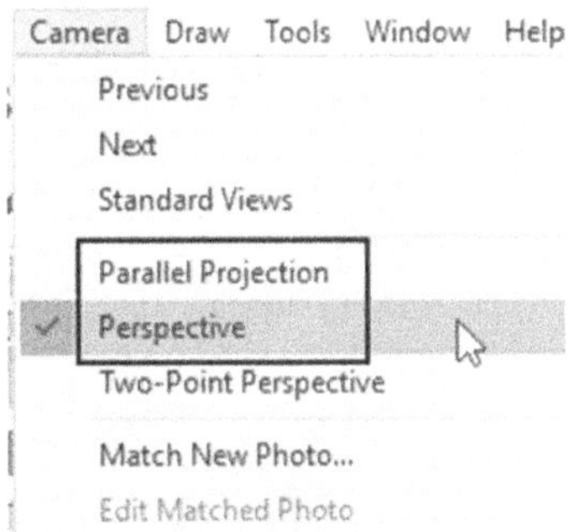

Figura 11.23 | Menu Camera.

Parallel Projection

Ativando essa opção, veremos o projeto 3D que criamos na projeção isométrica (Figura 11.24).

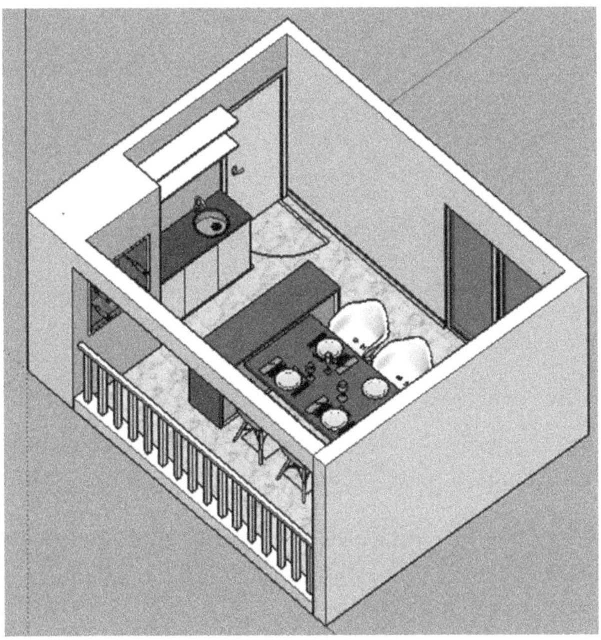

Figura 11.24 | Projeção isométrica.

Podemos perceber que não há sensação de profundidade, que todas as linhas de comprimento, largura e altura projetam paralelismo, como é a proposta do desenho isométrico.

Perspective

Visualizamos o projeto 3D no modelo tradicional de perspectiva real, ou seja, com campo de profundidade. Acompanhe:

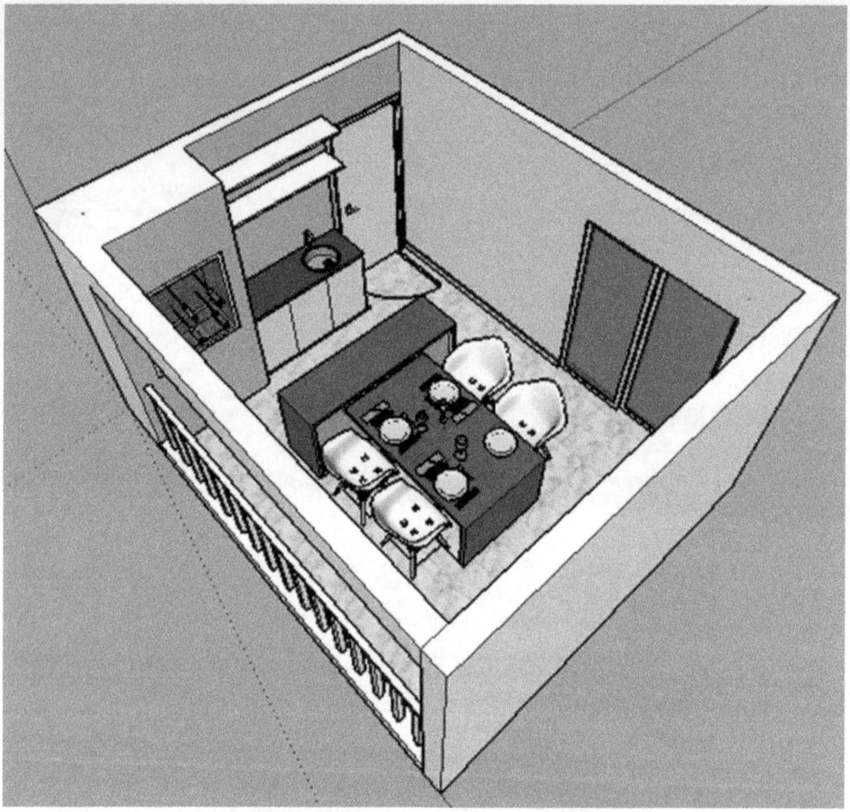

Figura 11.25 | Visualização em perspectiva.

11.5 Exibir e ocultar elementos e objetos do projeto

Ainda na questão dos modos de visualização, estilos, entre outros similares, é importante citar neste capítulo a visibilidade de elementos e objetos situados no projeto 3D criado.

É possível exibir ou ocultar linhas, faces, grupos, componentes etc. O acesso rápido a isso se faz por meio do botão direito do mouse sobre o elemento.

A opção **Hide** oculta o elemento selecionado mediante clique com o botão direito. O elemento ocultado continua no local, mas invisível.

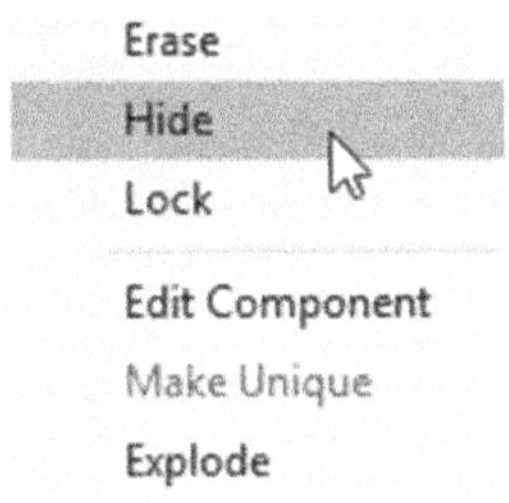

FIGURA 11.26 | Opção Hidden.

Obviamente, em algum dado momento durante a criação pode ser necessário reexibir o elemento que foi ocultado. Já que o objeto está invisível, não é possível clicá-lo com o botão direito, pois não o enxergamos. Para sua reexibição, devemos usar o menu Edit. Note o caminho:

Menu Edit › Unhide › Last ou All

Os dois métodos mais utilizados são Last e All. A opção Last reexibe o último objeto ocultado, seja pelo botão direito › Hide, seja pelo painel Entity Info › Hidden. Já a opção All reexibe todos os elementos ou objetos que foram ocultados, não importa quantos sejam ou em quais momentos foram escondidos durante o processo de criação.

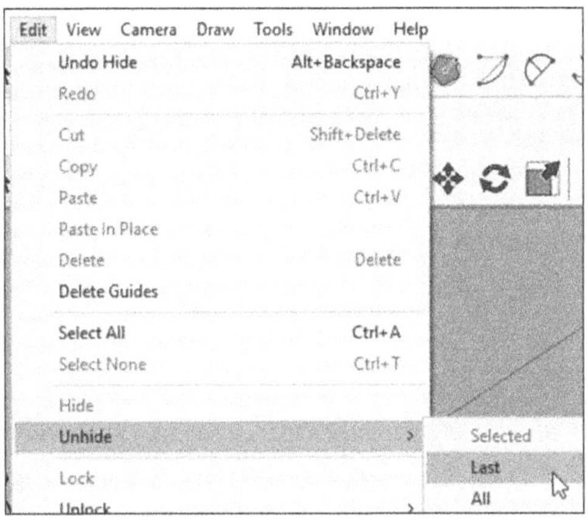

FIGURA 11.27 | Reexibir elementos e objetos ocultos durante a criação.

Capítulo 12

Texturas e Materiais

Objetivos deste capítulo:

- Explicar texturas e materiais
- Conhecer o painel Materials
- Aplicar materiais de acabamento no projeto
- 3D e aprender a editá-los
- Mostrar diferentes técnicas de aplicação de materiais aos objetos

É claro que todo o esforço da criação requer um toque de acabamento. No SketchUp, isso não é diferente. O programa oferece um recurso bem definido na questão de materiais, o qual permite representar inúmeros tipos de acabamento por meio do painel **Materials**.

É importante frisar que há uma diferença quando tratamos de **material** e **textura**. Esta última geralmente é um *bitmap* (imagem) de extensão .JPG, .GIF, .BMP etc., que permite ilustrar em uma figura algum tipo de acabamento, seja de mármore, seja de madeira, pisos, azulejos, aço ou ferrugem, entre tantos existentes. Essas texturas podem ter um toque a mais no SketchUp, como um grau de transparência, um acerto de brilho e contraste. Esses demais aspectos das texturas configuram o acerto completo, que denominamos *material*.

12.1 Painel Materials

O acabamento no SketchUp é realizado por meio de um painel principal, chamado Materials. Acesse-o pelo painel lateral direito. Veja o caminho:

Painel lateral direito › bandeja Materials

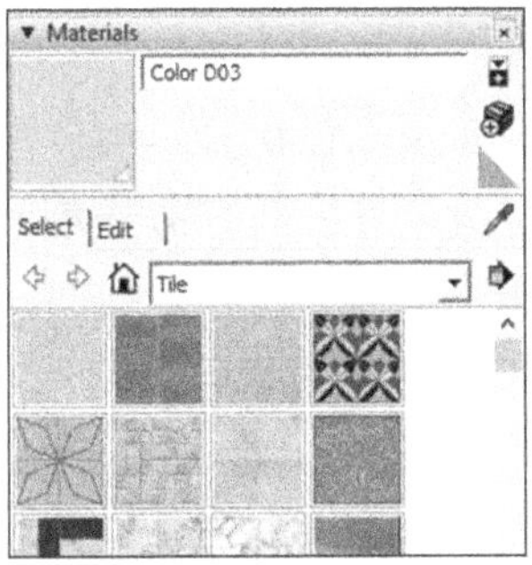

Figura 12.1 | Exibir o painel Materials.

O painel é aberto da forma exibida na Figura 12.2.

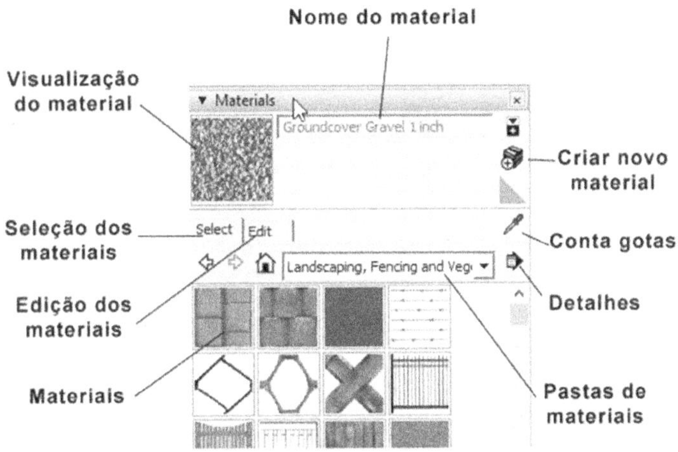

Figura 12.2 | Painel Materials e seus ajustes.

O painel é bem dinâmico; podemos alternar facilmente as guias Select e Edit:

- Guia Select: nela encontramos as chamadas categorias para a escolha dos materiais. Os materiais exibidos já vêm com o programa. É possível criar outros materiais com o botão Create Material ().
- Guia Edit: no instante em que se escolhe um material, e mesmo se tiver acabado de aplicá-lo em um modelo do projeto, basta acessar essa guia para editar o material, seja na escala da textura, seja na de cor e brilho etc.

Observe que na guia **Select** encontramos três pequenos botões:

FIGURA 12.3 | Botões de navegação.

Os botões com as setas permitem voltar e avançar as categorias que foram recentemente visitadas. O botão da casinha, que é o **In Model** (🏠), permite sempre voltar a visualizar todos os materiais já utilizados no projeto (no modelo total).

Ao lado desses botões, o painel fornece um seletor para navegar entre as categorias de materiais prontos do SketchUp. Essas mesmas categorias são visíveis na maior parte inferior do mesmo painel (Figura 12.4).

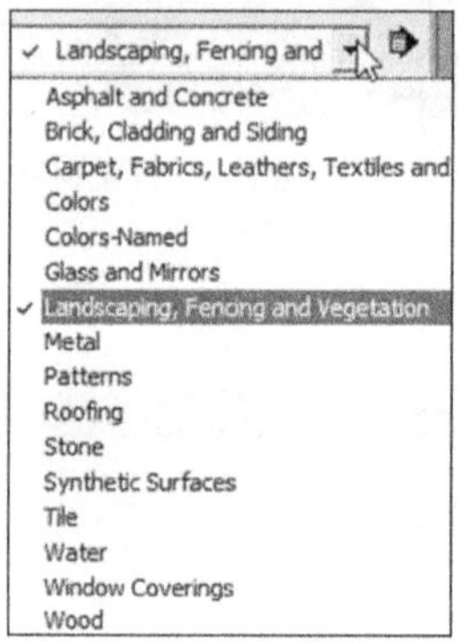

FIGURA 12.4 | Categorias de materiais do SketchUp.

12.2 Escolher, aplicar e editar o material para o acabamento

Para exemplificar, escolhemos a categoria *Wood*. Alguns materiais serão exibidos para a escolha de qualquer um deles na parte de baixo do painel. Note:

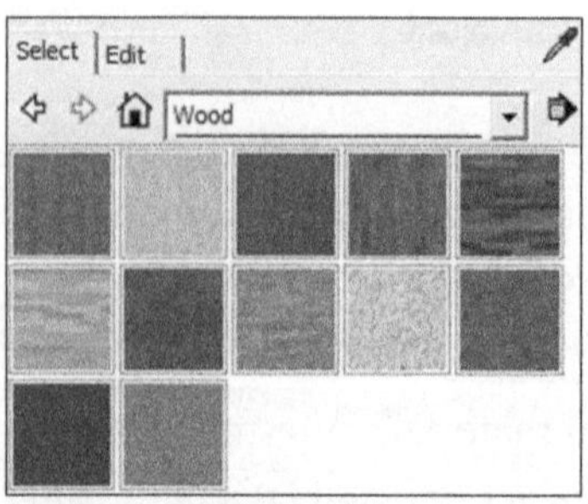

FIGURA 12.5 | Escolha dos materiais.

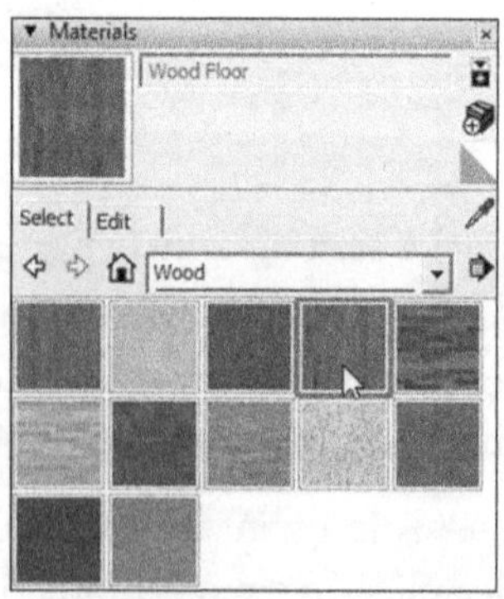

FIGURA 12.6 | Escolha do material desejado.

Basta um clique em cada um dos materiais exibidos para confirmar a escolha. Veremos que na caixa **Preview**, no canto superior esquerdo do painel, aparece a sua miniatura.

Assim que clicar para escolher, o cursor se torna um pequeno balde ( ), quando colocado sobre a área gráfica. Esse balde é a ferramenta **Paint Bucket**. Basta, na sequência, clicar na face de um objeto para conseguir dar o acabamento escolhido a ela, conforme Figura 12.7.

A cada novo clique no painel **Materials** em um material diferente, a ferramenta do balde entra em ação para pintar outro objeto com o novo material escolhido (Figura 12.8).

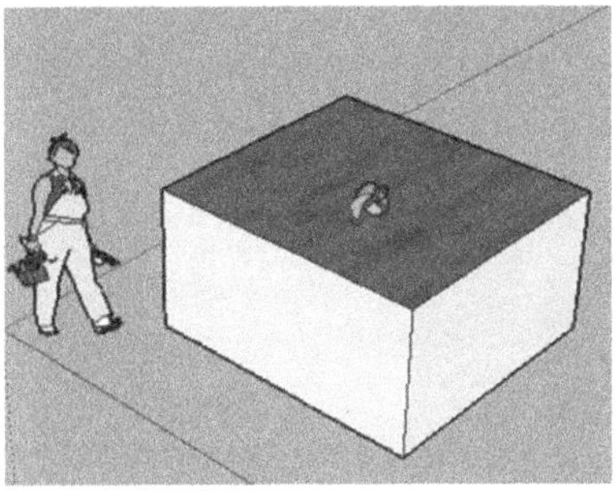

FIGURA 12.7 | Aplicando o material ao objeto.

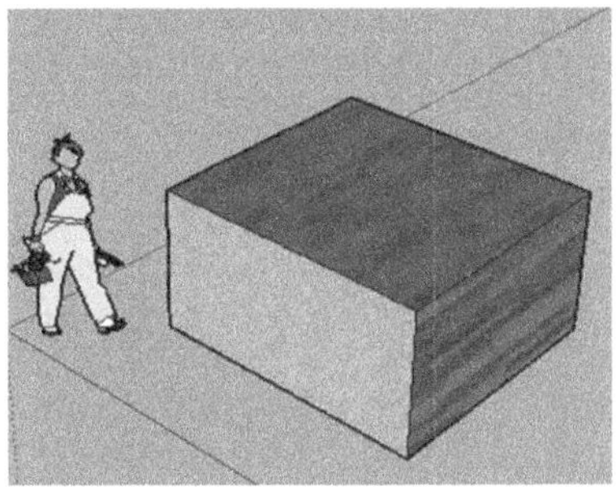

FIGURA 12.8 | Diferentes acabamentos escolhidos e aplicados.

O último material escolhido, mesmo que já tenha sido aplicado em uma ou mais faces, pode ser editado naquele momento pela guia **Edit**.

Vamos praticar!

Procedimento

1. Crie um modelo 3D simples ou abra um modelo anterior.
2. Com o painel **Materials**, entre na categoria *Wood* e clique na opção de material chamada *Wood_Cherry_Original.* Na sequência, clique para aplicar o material na lateral da mesa.

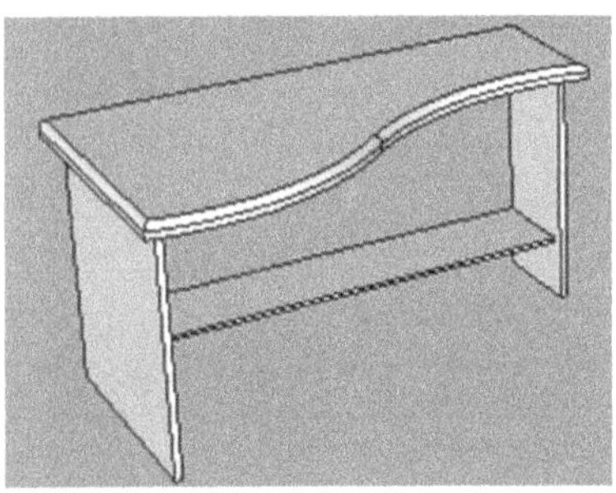

FIGURA 12.9 | Modelo 3D a receber acabamento.

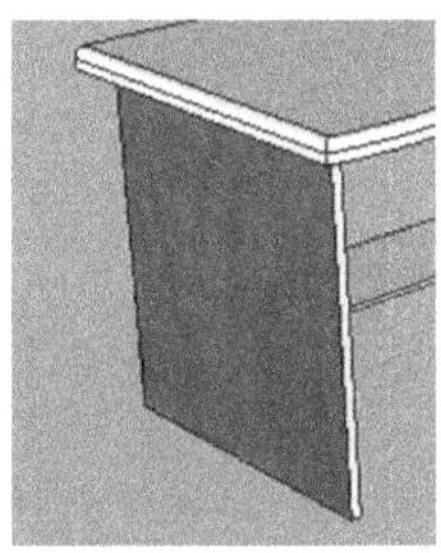

FIGURA 12.10 | Acabamento de madeira aplicado.

3. Voltando ao painel de materiais, clique para escolher a guia **Edit** e realizar algumas modificações no material aplicado. Primeiramente, vamos alterar diretamente a escala da textura.

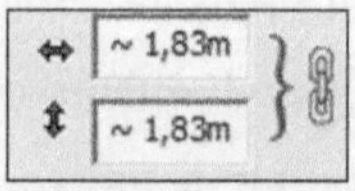

Figura 12.11 | Dimensões da textura do material corrente.

- Nos campos da Figura 12.12, digite os seguintes valores: 0,70 m e 0,70 m. Na verdade, é bem provável que, quando digitar no primeiro campo (acima), o segundo (abaixo) já se altere sozinho. Acompanhe o resultado até aqui.

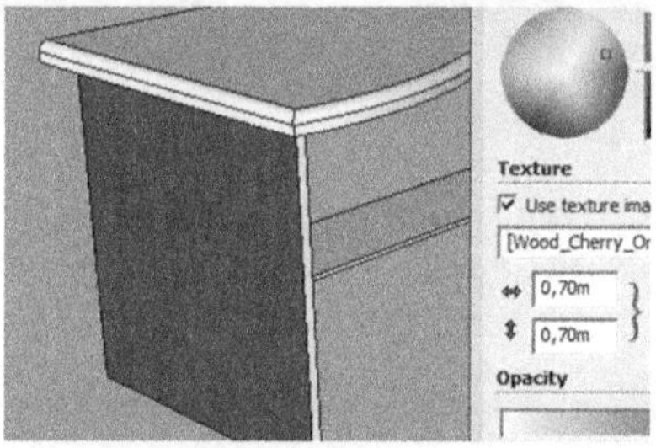

Figura 12.12 | Escala reduzida para a textura.

4. Ainda na edição do mesmo material, mude o seletor de cores de **Color Wheel** para **RGB**.

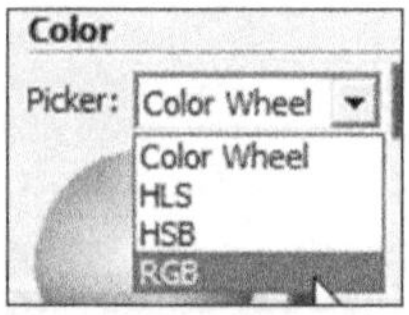

Figura 12.13 | Seletores de cores para a textura.

- Altere os valores de **RGB** para, respectivamente, 179, 132 e 106. Vai ficar um tom mais clarinho. Repare que tudo é atualizado automaticamente.

É sempre importante constatar que no quadradinho do **Preview**, no painel de materiais, ainda se encontra o último material em questão. Até porque, se a ideia for continuar usando o mesmo material para pintar outras partes do modelo, então esse material no **Preview** é o que está ativado, digamos assim. Se perder a ferramenta do balde, basta clicar nela para ativá-la novamente. Note a Figura 12.14.

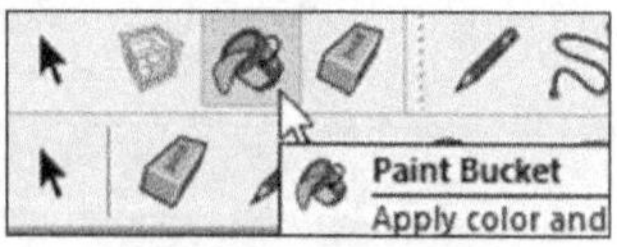

Figura 12.14 | Ferramenta do balde (Paint Bucket).

12.3 Técnicas de aplicação de materiais em diversas faces do modelo 3D

Se você já conseguiu aplicar um material em uma face, vai querer aplicar esse último material em todas as outras faces do modelo 3D que achar conveniente. Caso queira aplicar o material em diversas faces, é possível selecioná-las antes, com a tecla <CTRL> pressionada. Todas elas ficam pontilhadas em virtude da seleção. Assim, clique na ferramenta do *balde* ( ), se precisar, e basta clicar em qualquer uma delas que as restantes também vão receber o estilo, conforme Figura 12.15.

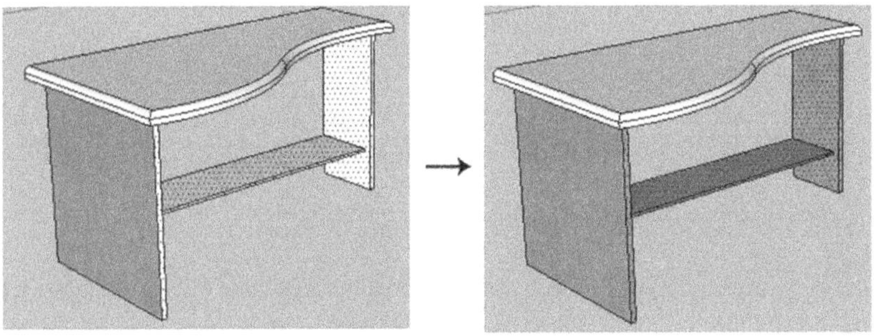

Figura 12.15 | Diversas faces selecionadas.

Outra técnica interessante e útil é preencher com um acabamento diferente as faces restantes, ou seja, as que ainda não receberam um acabamento. Para isso, escolha o material desejado no painel de materiais e, antes de clicar na face em branco, mantenha pressionada a tecla <CTRL>. Repare, na Figura 12.16, que todas as faces ainda em branco foram automaticamente pintadas com o material novo.

Figura 12.16 | Uso da tecla <CTRL> para pintar as faces restantes.

Não confunda as duas técnicas, já que a tecla <CTRL> é utilizada nelas. Na primeira, as faces foram selecionadas antes, então conseguimos indicar quais exatamente seriam preenchidas. Já na segunda técnica, a tecla pressionada durante o clique fez com que as restantes fossem preenchidas no modelo.

A união das teclas <CTRL>+<SHIFT> serve para substituir um material que está em diversas faces por outro no momento da aplicação do novo material. Isso significa que, se escolhermos um material do painel e clicarmos em uma face já com acabamento com as teclas <CTRL>+<SHIFT> pressionadas, todas as outras faces que compartilham do mesmo material também serão substituídas pelo novo material.

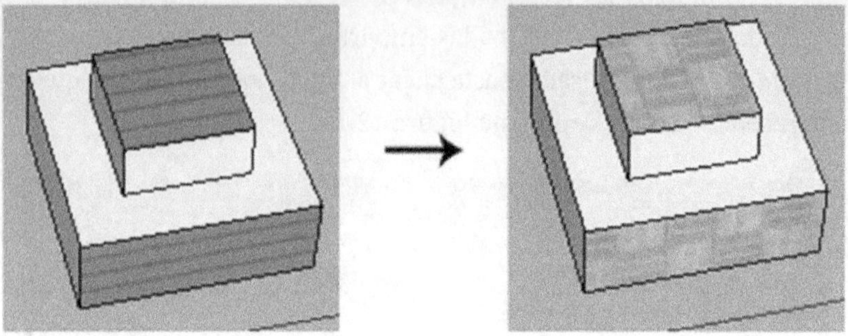

FIGURA 12.17 | Troca de materiais comuns com a combinação de teclas ao clique do mouse.

Por fim, se pressionar somente a tecla <SHIFT> no instante da aplicação de um material novo, todas as faces de todos os objetos do projeto terão a aplicação comum do material. Note:

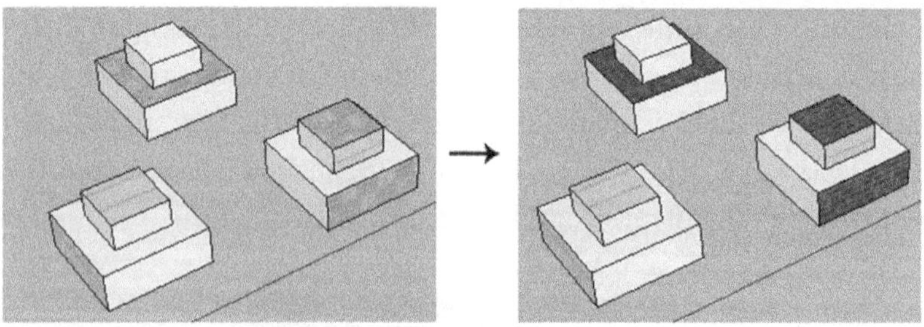

FIGURA 12.18 | Troca de faces comuns pelo material.

Procure praticar essas combinações de teclas no momento da aplicação do material desejado nos modelos criados.

12.4 Editar um material já aplicado – recurso Position

A opção de editar um material no instante em que ele foi aplicado, usando a guia **Edit**, é boa. Talvez haja a necessidade de editar um material que foi aplicado há um certo tempo e, para isso, vamos precisar do recurso chamado **Position**.

Vamos averiguar!

Primeiro precisamos, logicamente, de uma face com um material já aplicado. Observe em seguida o exemplo de uma parede com acabamento em pedras.

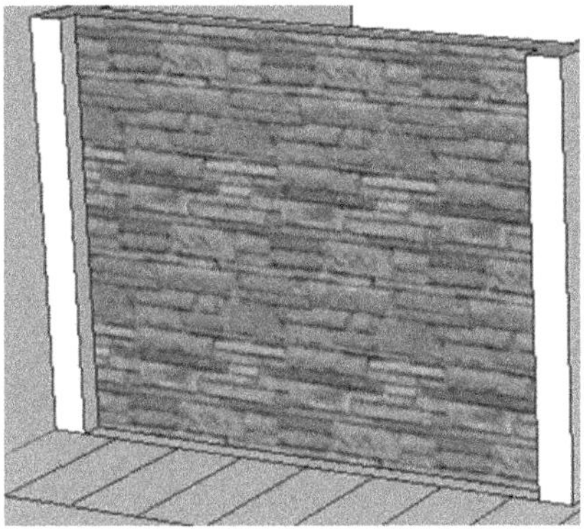

FIGURA 12.19 | Textura aplicada.

Vamos acessar o novo recurso. Clique com o **botão direito do mouse** na face com o material a ser editado (a parede) e acesse, no menu suspenso, a opção **Texture**, depois **Position**, conforme Figura 12.20.

Podemos perceber quatro ajustes para a edição da textura (Figura 12.21), os quais são descritos a seguir.

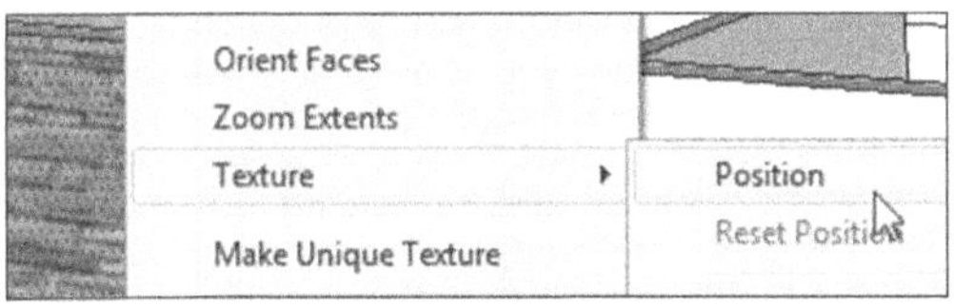

FIGURA 12.20 | Opção Position – edição da textura.

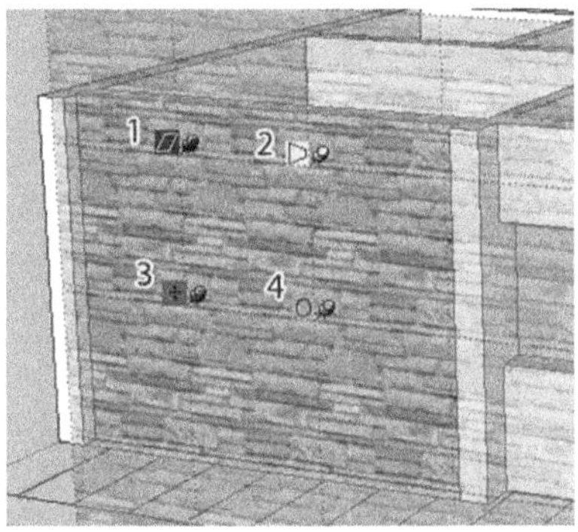

FIGURA 12.21 | Ajustes de textura.

1. Esse ajuste é para distorcer e "deslizar", inclinando a textura.
2. Esse ajuste serve para distorção em perspectiva (pontos de fuga).
3. Já este serve para mudar a textura de posicionamento, a fim de ajustar a paginação.
4. O último é para rotação e redimensionamento da textura.

Com o botão esquerdo do mouse pressionado sobre qualquer um dos ajustes, mova o cursor e perceba o que acontece.

Para qualquer novo ajuste, devemos teclar <ENTER> para a confirmação. Utilizamos o ajuste de identificação *4* para mostrar a diferença na Figura 12.22.

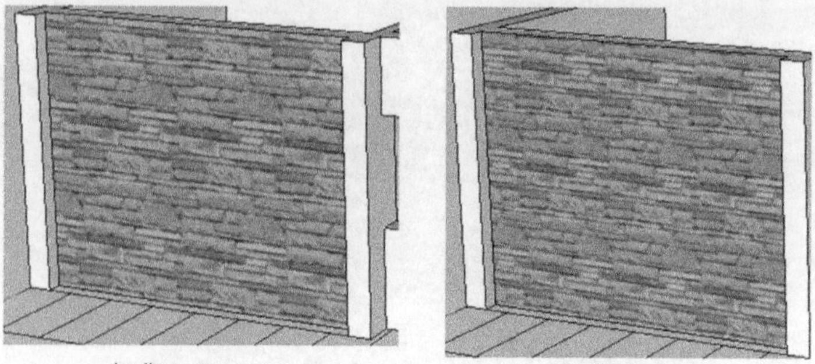

Figura 12.22 | Ajustes do recurso Position.

Utilize então o recurso **Position** para escalonar, rotacionar e distorcer rapidamente a textura, sem a necessidade de utilizar o painel **Materials**.

12.5 Uso do conta-gotas – recurso Sample Paint

Com certeza o recurso chamado **Sample Paint** chama a atenção, pois, com ele, é possível copiar o acabamento já aplicado em um objeto para colar em outro. Assim não é preciso criar outro do mesmo jeito. O recurso se encontra também no painel **Materials**, vide Figura 12.23.

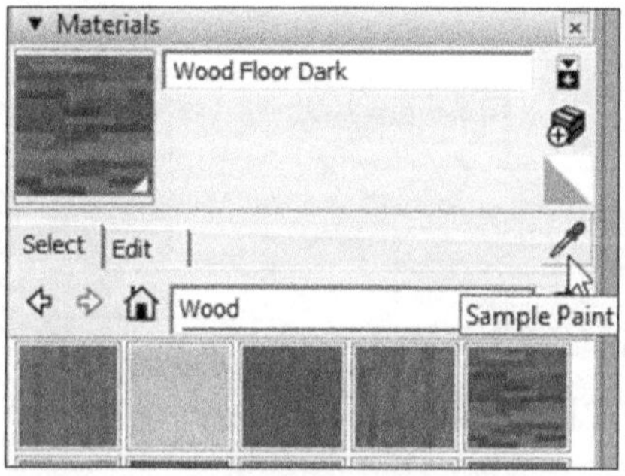

Figura 12.23 | Sample Paint.

O seu uso é bem simples. Vamos ver?

Procedimento

1. Tenha um modelo com um material aplicado.
2. Clique no botão do conta-gotas **Sample Paint** ( ).

3. Clique na superfície com o acabamento já aplicado para copiar, em seguida clique na outra superfície em que deseja "colar" o mesmo material.

Muito simples, não é mesmo?

12.6 Criar um material com uma textura personalizada

O SketchUp fornece uma boa quantidade de materiais e texturas prontos, mas seria interessante poder adicionar novas texturas ao software.

Sim, essa possibilidade existe e é fácil! Vamos criar um material com uma textura personalizada?

Procedimento

1. Abra o painel Materials e clique no botão Create Material.

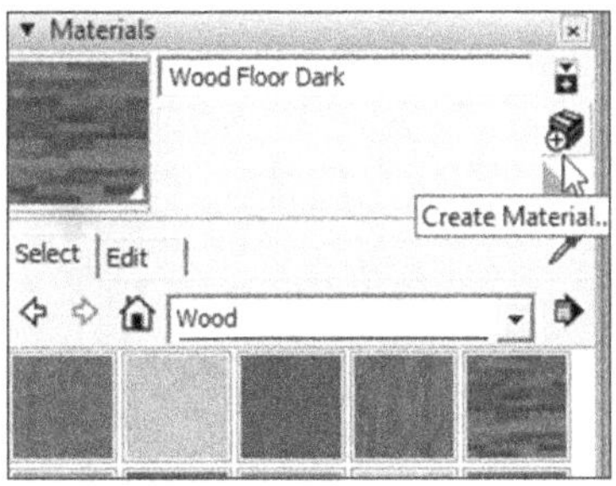

Figura 12.24 | Botão de criação do material.

2. O primeiro campo vazio no painel serve para digitar o nome do novo material. No exemplo, foi digitado *"piso externo"*.

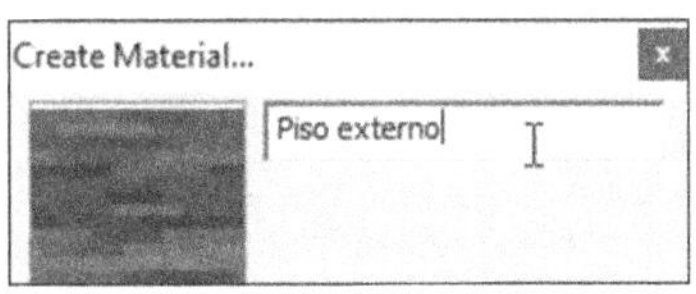

Figura 12.25 | Nomeando o novo material.

3. A seguir, vamos pular o disco de cores, pois quereremos buscar uma textura e não uma simples cor. Clique no parâmetro Texture › Browser for Material Image File. O SketchUp indica a janela do Windows para buscar uma textura no seu computador. Escolha a desejada, alguma que você tenha baixado da Internet ou extraído de alguma foto que tirou.

Figura 12.26 | Buscar a textura no computador.

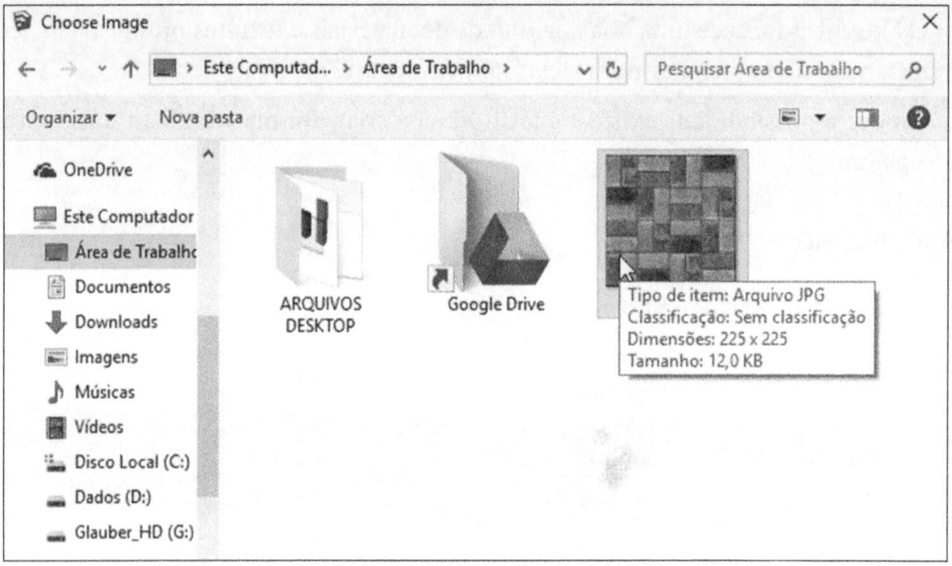

Figura 12.27 | Textura salva no computador.

4. Depois que abrir a textura, clique em **OK**. Note que o painel exibe seu novo material com os materiais na categoria **In Model**.

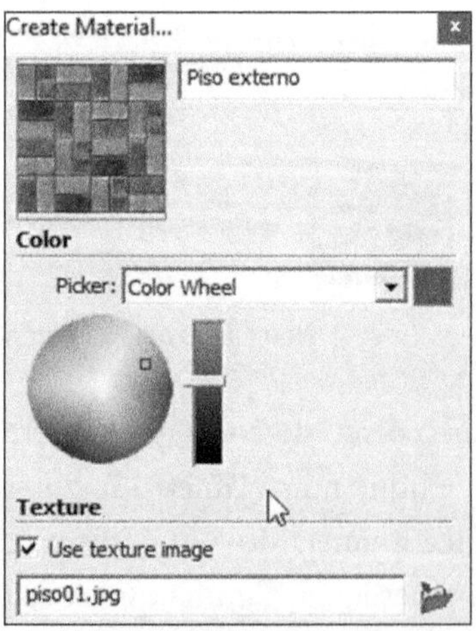

Figura 12.28 | Material de piso criado.

Note os parâmetros em sua totalidade, na edição ou criação de um material:

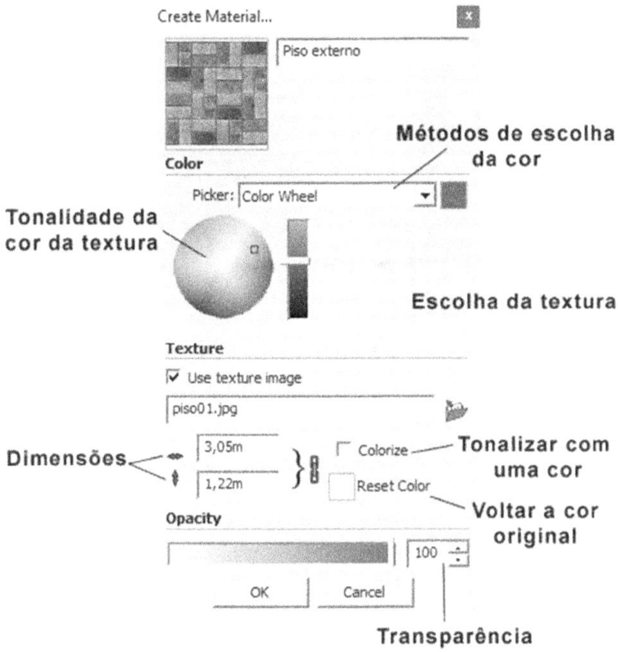

FIGURA 12.29 | Criação ou edição de um novo material.

Procure utilizar todos os recursos estudados no exercício da próxima seção.

12.7 Exercícios práticos

a. Abra o arquivo chamado *"CASA.skp"*. Veja que ele se encontra sem acabamento. Realize todo o acabamento com o uso dos materiais e recursos aprendidos neste capítulo, incluindo acabamento interno e externo.

> Os arquivos indicados estão disponíveis para download com os demais já citados no website da editora.

Mãos à obra!

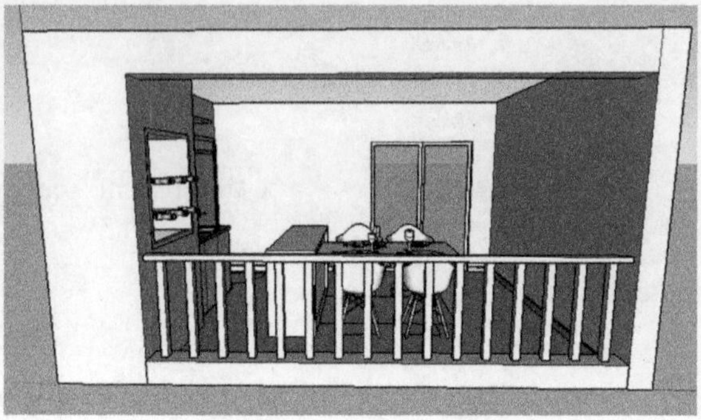

FIGURA 12.30 | Exercício de acabamento.

b. Como outro exercício sugerido para a sua prática, abra o arquivo "ÁREA GOURMET.skp". Aplique os materiais para obter mais um interessante resultado.

Capítulo 13

Estilos de Apresentação em Sketch

Objetivos deste capítulo:

- Conhecer os estilos de visualização em sketch
- Editar e aplicar os estilos para apresentação dos projetos

Este capítulo trata da apresentação final de nossos projetos. Não se trata do último assunto do livro, mas é interessante abordá-lo já, uma vez que os demais destinam-se a apresentar técnicas diferenciadas de um usuário comum de SketchUp para um conhecedor mais completo do software.

13.1 Painel Styles

Os estilos de apresentação em sketch estão disponíveis no painel lateral direito chamado **Styles**. Note:

Painel lateral direito › bandeja Styles

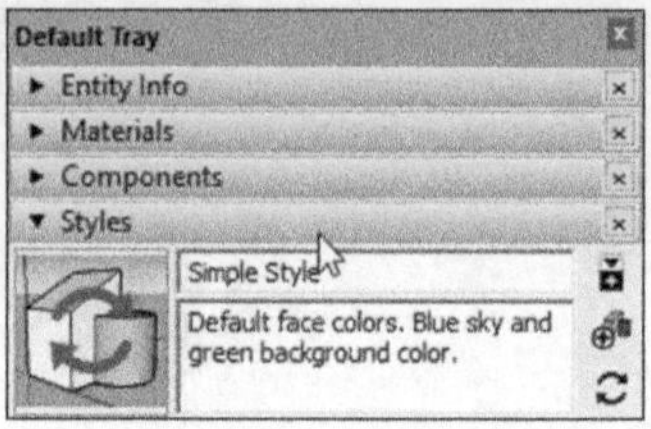

Figura 13.1 | Abrir o painel Styles.

A Figura 13.2 exibe o painel, seus botões e parâmetros de ajuste.

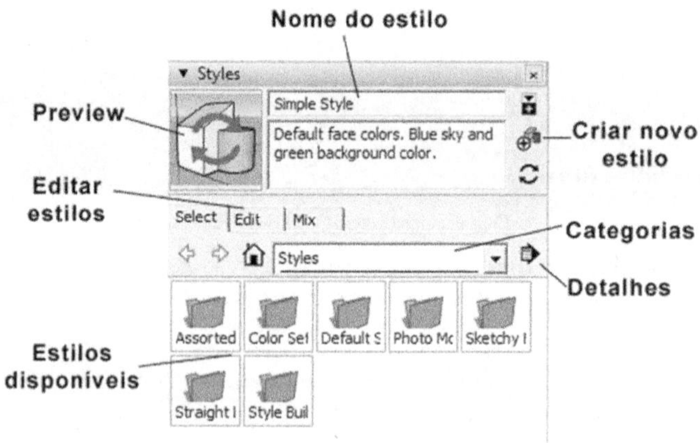

Figura 13.2 | Painel Styles.

Muitos painéis de configuração no SketchUp possuem a mesma estrutura organizacional dos seus parâmetros. Note que o painel **Styles** também tem um espaço chamado **Preview** para visualização do estilo selecionado, guias de escolha e edição (**Select**, **Edit** e **Mix**), categorias de estilos de sketch e possibilidades de criação e importação de estilos.

Para um entendimento correto, vamos praticar em seguida.

13.2 Escolher e aplicar um estilo de sketch

Procedimento

1. Abra um projeto 3D com acabamento no SketchUp.

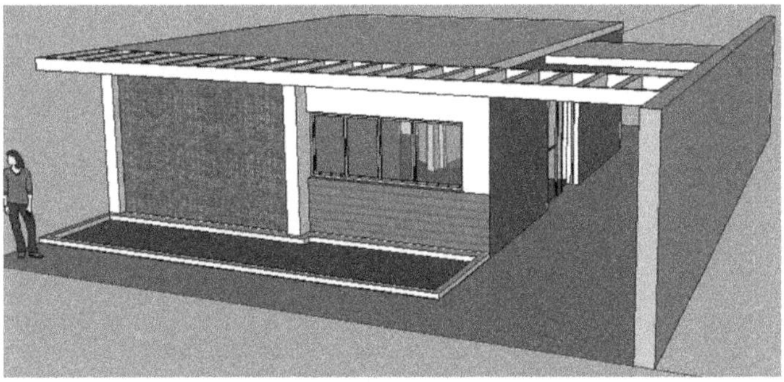

Figura 13.3 | Modelo 3D escolhido.

2. Abra o painel **Styles**.
3. Com o painel aberto, vá ao seletor de categorias e escolha a opção **Assorted Styles**.
4. Clique no estilo indicado na Figura 13.4. Assim que se clica no estilo escolhido, ele é aplicado instantaneamente ao projeto na área gráfica.

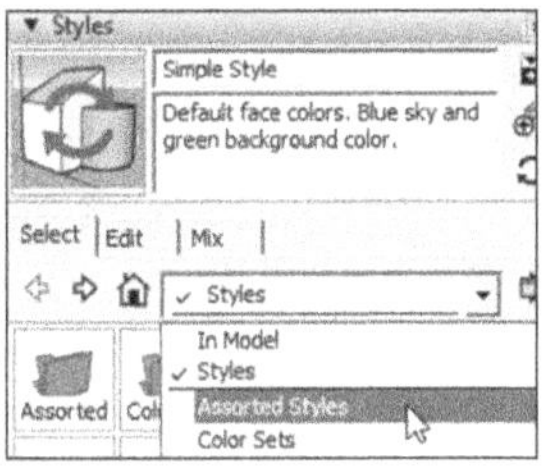

Figura 13.4 | Categoria de estilos – Assorted Styles.

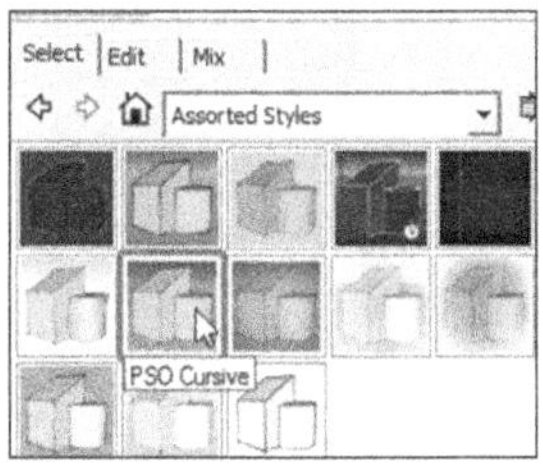

Figura 13.5 | Estilo escolhido.

Note a Figura 13.6.

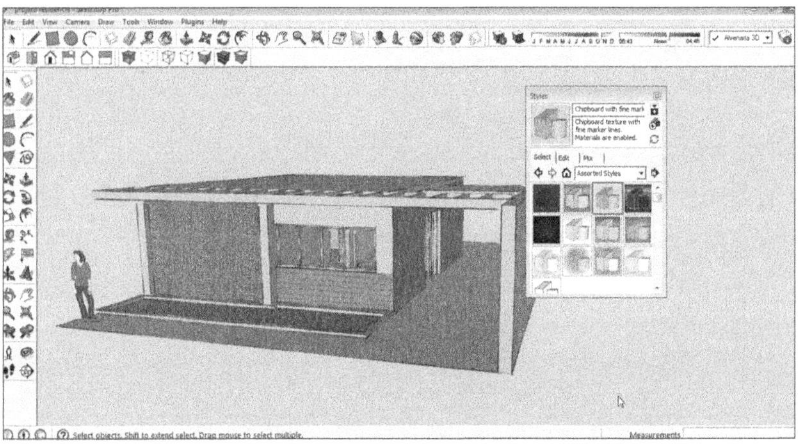

Figura 13.6 | Estilo de sketch aplicado ao projeto 3D.

Os diversos estilos são aplicáveis dessa forma. Quando clicar para escolher outro estilo de sketch, o antigo é removido para dar lugar ao novo. Note alguns estilos para o mesmo modelo 3D:

Figura 13.7 | Estilo Scribble on Masonite.

Figura 13.8 | Estilo PSO Cursive.

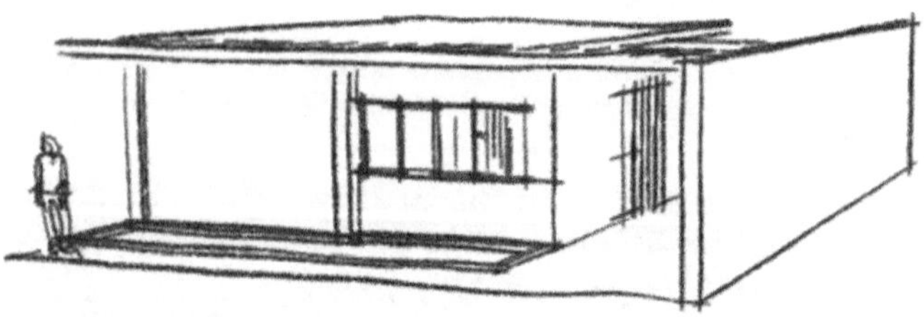

Figura 13.9 | Estilo Conte.

Figura 13.10 | Estilo Tech Pen.

13.3 Editar traços e cores do estilo de sketch aplicado

Cada um dos estilos oferecidos pode ser editado. Assim que escolhemos e aplicamos um estilo de sketch, geralmente acessamos a guia **Edit** para fazer as modificações ao nosso modo. Acompanhe:

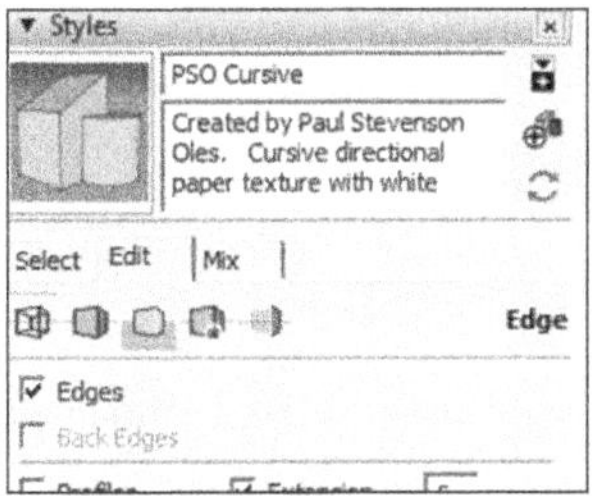

Figura 13.11 | Guia Edit.

Nessa guia, podemos visualizar as cinco categorias de edição do estilo escolhido:

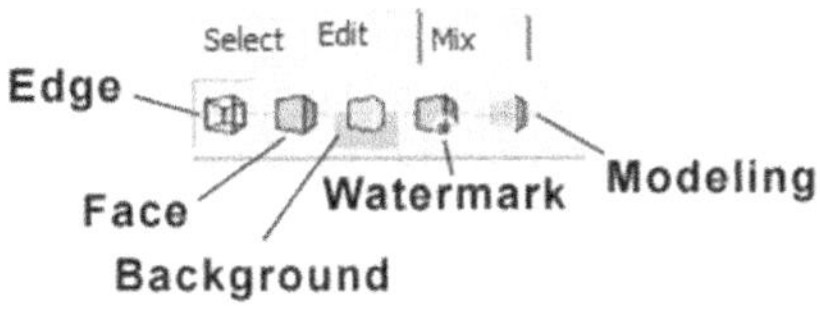

Figura 13.12 | Categorias de edição de um estilo de sketch.

Na categoria **Edge** ( ) encontramos ajustes dos traços do estilo de sketch, a saber:

- **Edge:** exibe e oculta os traços no estilo.

Figura 13.13 | Parâmetro Edge ligado e desligado.

- **Extension:** estende os traços, como feito em estilos de desenho à mão livre. Entre com valores numéricos maiores ou menores.

Figura 13.14 | Parâmetro Extension e suas variações.

- **Halo:** encurta os traços, fazendo com que algumas brechas sejam abertas no desenho.

Figura 13.15 | Parâmetro Halo e suas variações.

- **Profile:** joga um leve sombreado por trás dos traços, nada muito significativo.
- **Depth cue:** aplica um leve desfoque sobre os traços.
- **Level of Details:** exibe ou remove detalhes do estilo. Pressione e arraste o controle para um lado e para outro, a fim de averiguar as diferenças. Um pouco parecido com a opção *Halo*.
- **Stroke:** exibe o estilo do traço utilizado no estilo escolhido.
- **Color:** altera a cor dos traços do estilo.

Na categoria **Face** ( ) podemos encontrar os próprios métodos de visualização, como **X-Ray** e **Monochrome**, entre outros, para fazerem parte do estilo. Também há parâmetros de transparência, mediante habilitar ou não da propriedade **Opacity**, utilizados nos materiais de acabamento com o modelo 3D.

Na categoria **Background** ( ), encontramos recursos para decorar o plano de fundo. Existem três parâmetros principais, que são:

- **Background:** adiciona uma cor ao plano de fundo do modelo 3D, sendo parte do estilo, é claro.

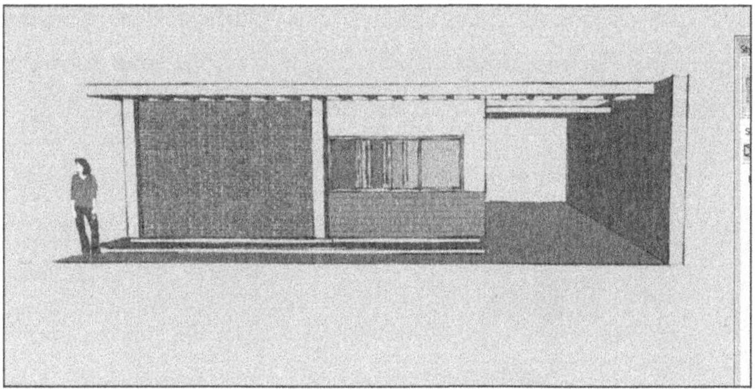

FIGURA 13.16 | Background de cor sólida.

- **Sky** e **Ground**: os dois, quando ligados, fornecem caixas de cor para alterar, respectivamente, as cores do céu e do chão (até a linha do horizonte), conforme Figura 13.17.

FIGURA 13.17 | Parâmetros Sky e Ground ligados.

Agora, na categoria **Watermark** () encontramos ajustes para sobrepor imagens para montagem, simulando um tipo de pintura ou um tipo de papel, por exemplo.

Quando entramos nessa categoria, é exibida a estrutura da Figura 13.18 no painel. Note as descrições ao redor:

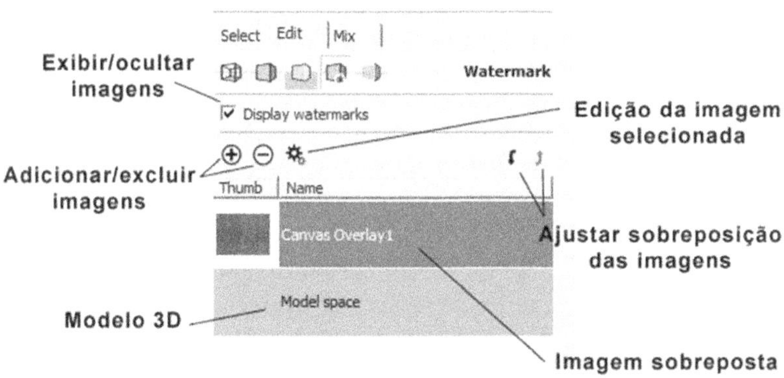

FIGURA 13.18 | Categoria Watermark, seus parâmetros e ajustes.

É importante que as imagens nessa categoria sejam monocromáticas. Ainda há o botão de configurações denominado **Edit** (⚙), com o qual podemos definir o nível de transparência dessas camadas de bitmap, escalonamento etc.

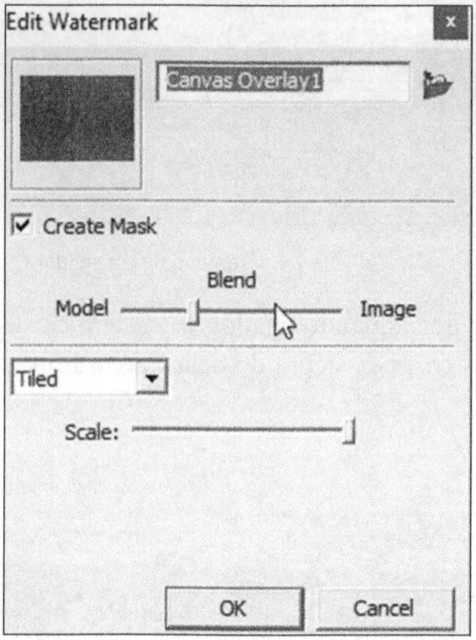

FIGURA 13.19 | Edição do bitmap selecionado.

Por fim, a categoria **Modeling** (▢) serve apenas para exibir ou ocultar elementos da área gráfica, como os próprios eixos de coordenadas espaciais, linhas auxiliares, planos de cortes (ainda a ser compreendido mais adiante), objetos selecionados ou travados etc.

Esses estilos de apresentação têm como proposta mostrar artisticamente o seu projeto 3D. O Capítulo 15 – *Cenas e Exportação do Projeto para Bitmap e Vídeo* ensina, dentre os diversos recursos, como exportar a imagem e o estilo aplicado para uma imagem final, de modo a deixá-la impecável para apresentação ao seu cliente, professor, colega de trabalho etc.

Capítulo 14

Estudo de Insolação para Maquete Eletrônica

Objetivos deste capítulo:

- Posicionar o projeto geograficamente
- Projetar sombras para estudo de insolação
- Indicação do norte solar

Este capítulo, sem nenhuma dúvida, vai fazê-lo pensar como o SketchUp é bacana! Isso porque o software oferece recursos e barras de ferramentas específicos para o chamado estudo de insolação, voltado a projetos de arquitetura civil, design de interiores ou qualquer outra área que utilize essa técnica.

O processo de configuração do estudo é feito em três partes:

- Projeção das sombras.
- Localização geográfica (latitude e longitude).
- Indicação do norte solar.

14.1 Shadows

Começando pela projeção das sombras, precisamos exibir uma nova barra de ferramentas pelo menu View:

Menu View › Toolbars › Shadows

Note a barra completa e uma breve descrição:

Figura 14.1 | Barra Shadows.

Vamos aprender passo a passo?

Procedimento

1. Abra um modelo de maquete 3D.
2. Com a barra Shadows exibida, clique no segundo botão, chamado Show/Hide Shadows, conforme Figura 14.2.

Figura 14.2 | Botão Shadows.

Note como fica o modelo na área gráfica do SketchUp com as sombras projetadas (Figura 14.3):

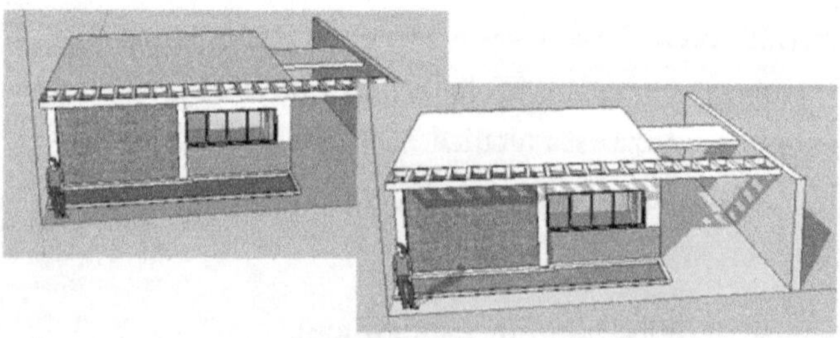

Figura 14.3 | Maquete 3D sem as sombras (esquerda) e com as sombras (direita) projetadas.

3. Como apenas "ligar" as sombras é pouca informação para um estudo mais detalhado, vamos acessar no painel lateral direito a bandeja Shadows, conforme Figura 14.4.

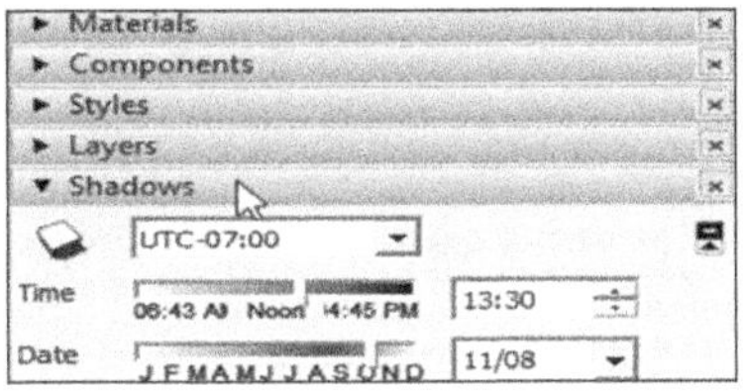

Figura 14.4 | Botão Shadow Settings.

O painel seguinte será exibido na tela:

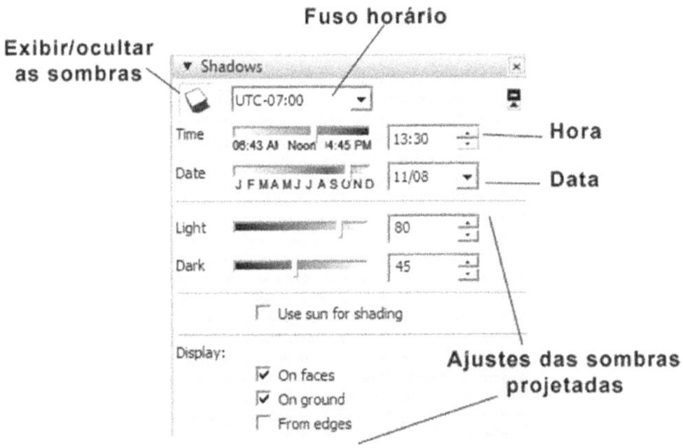

Figura 14.5 | Painel de edição de sombras.

4. Para o aprendizado, vamos simular o estudo na região central da cidade de São Paulo. No parâmetro de **Fuso horário**, escolha a opção *UTC-03:00* (três horas a menos com relação ao *meridiano de Greenwich*). Já com relação às **horas** e à **data**, configure para *15:30* e dia *29/10*. Acompanhe na Figura 14.6.

Figura 14.6 | Configuração da projeção de sombras.

A segunda parte desse painel possui os seguintes parâmetros:

- **Light**: intensidade das áreas sem sombras (mais claras ou mais escuras).
- **Dark**: escurecimento das áreas que recebem a projeção das sombras.
- **On faces**: projetar as sombras nas faces dos modelos 3D.
- **On ground**: projetar as sombras no "chão" (plano verde da área gráfica).
- **From edges**: gerar sombras de arestas e não somente de faces, como é o padrão.

No momento, não vamos alterar os valores e ajustes padrão, pois ainda não é conveniente.

As informações que demos ao programa não são suficientes para um estudo completo de insolação. Falta ajustar coordenadas de latitude e longitude, além da indicação de norte solar. Vamos prosseguir?

14.2 Geo-location

O recurso **Geo-location** possibilita ajustar as coordenadas. Na verdade, vamos utilizar os recursos do Google Maps, que, vinculado ao SketchUp, traz informações precisas do local onde se entende que o projeto da maquete será futuramente construído.

Continuando o tópico anterior, proceda da seguinte forma:

1. Acesse o recurso de posicionamento geográfico por meio do menu **Window**:

   Menu Window › Model Info

2. Na janela aberta, ao lado esquerdo, escolha a categoria **Geo-location**:

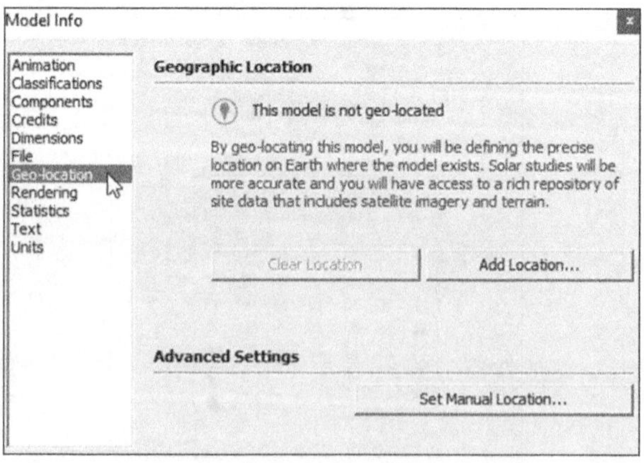

Figura 14.7 | Recurso do Geo-location.

A janela mostra um texto indicando que, com o recurso Geo-location, podemos definir um lugar preciso no planeta onde o modelo será ou já está construído. Além disso, oferece a possibilidade de mais alguns dados, como imagens de satélite, modelos 3D adjacentes etc., fazerem parte do estudo.

Perceba que há dois botões possíveis de se clicar no início, sendo:

- Add Location: oferece acesso ao painel de navegação no Google Maps para buscar um local qualquer no globo.
- Set Manual Location: esse botão permite entrar com os valores de longitude e latitude de forma manual, caso já se tenham em mãos os números das coordenadas citadas.

3. Vamos recorrer ao botão Add Location, que é mais interessante. Clique nele e visualize a seguinte tela:

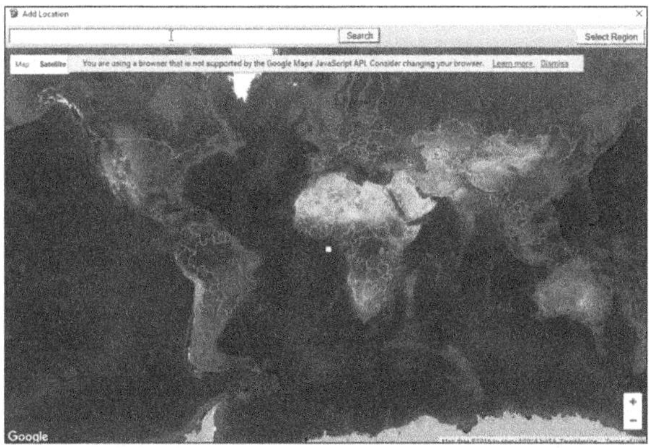

Figura 14.8 | Janela de busca do Google Maps dentro do SketchUp.

4. No campo superior de busca, digite "São Paulo" e clique no botão Search. A janela mostra a seguinte imagem:

Figura 14.9 | Mapa de uma avenida no centro de São Paulo.

5. Se o local for o desejado (nesse caso, está tudo correto), clique no botão superior chamado **Select Region**. Aparecem alguns "pins" para reconfigurar a área a ser capturada. Como a ideia é somente capturar as coordenadas, os limites do recorte do mapa em si não são tão interessantes no momento. Ao final, clique no botão superior chamado **Grab**.

Note na Figura 14.10 que as coordenadas e o local são exibi dos na janela do **Model Info**.

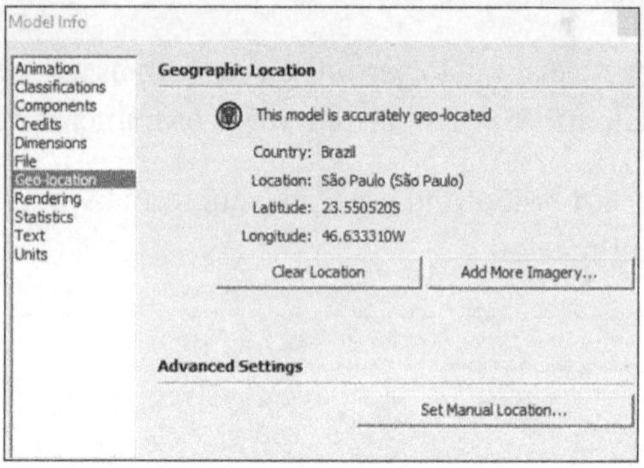

Figura 14.10 | Captura das coordenadas geográficas da cidade que buscamos.

6. Feche a janela e observe como ficou a área gráfica; o mapa foi inserido abaixo do projeto 3D da residência.

7. O mapa inserido não é interessante, então vamos deletá-lo. Ele vem como um objeto travado. Clique nele com o botão direito e acesse a opção **Unlock**, clicando nela para destravar.

Figura 14.11 | Busca do local geográfico.

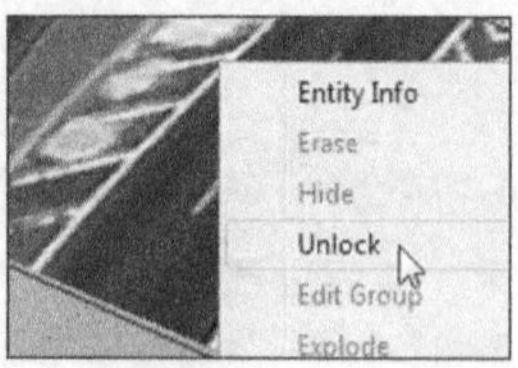

Figura 14.12 | Opção Unlock – destravar.

8. Selecione o mapa e tecle <DELETE>. Note como vai ficar:

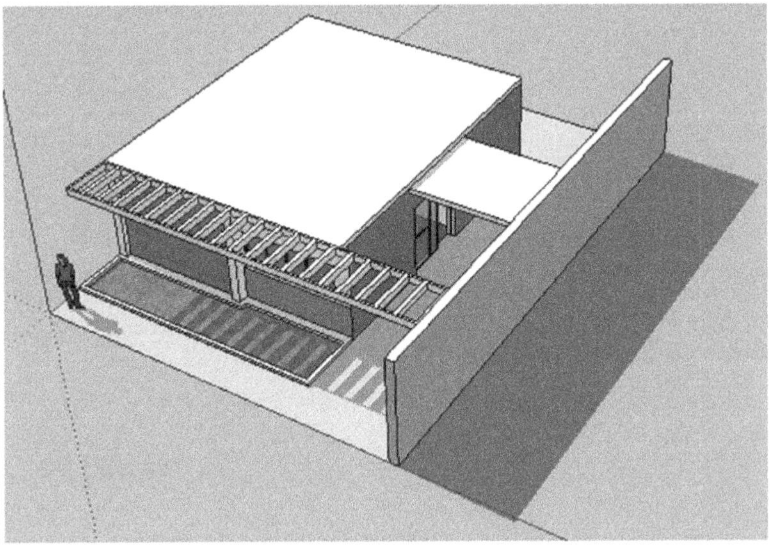

Figura 14.13 | Estudo de insolação projetado por meio das coordenadas geográficas.

14.3 Solar North

Conseguimos, até aqui, projetar as sombras de forma geograficamente correta. O último ajuste, para ficar perfeito, é a indicação da direção do norte solar. Para isso, precisamos exibir uma nova barra de ferramentas, que se chama Solar North.

- Primeiro, clique no botão Extension Warehouse, situado na parte superior da interface (Figura 14.14).

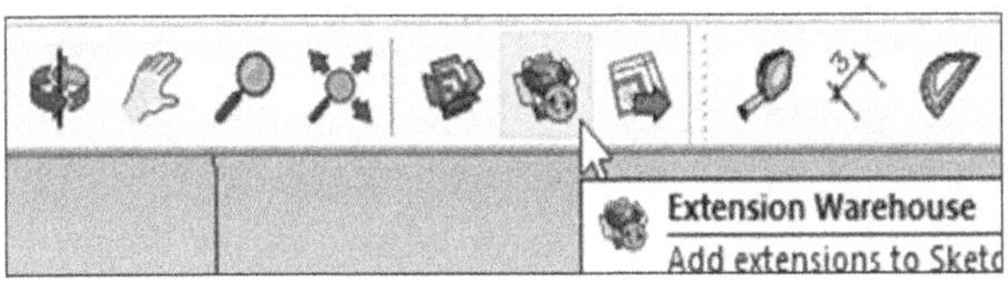

Figura 14.14 | Botão Extension Warehouse.

- O botão irá redirecionar para uma janela de Internet onde será exibida a página inicial do portal de plugins, o Extension Warehouse. Note que, antes de tudo, é necessário criar uma conta gratuita ou mesmo logar a partir de uma conta de e-mail do Gmail que você já possua.
- Assim que estiver logado em sua conta, procure, no canto superior direito, um campo de busca e digite o nome da barra que procuramos – Solar North:

FIGURA 14.15 | Busca do plugin.

Note que o resultado mostra o plugin pretendido por nós:

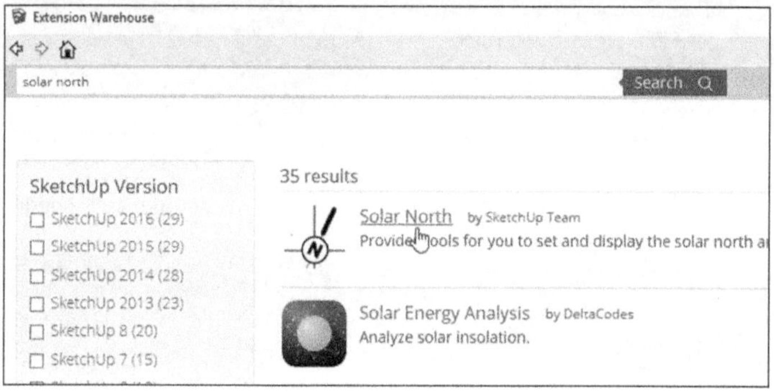

FIGURA 14.16 | Plugin Solar North encontrado na busca.

Assim que clicamos nele, veremos outra tela com um botão para instalá-lo.

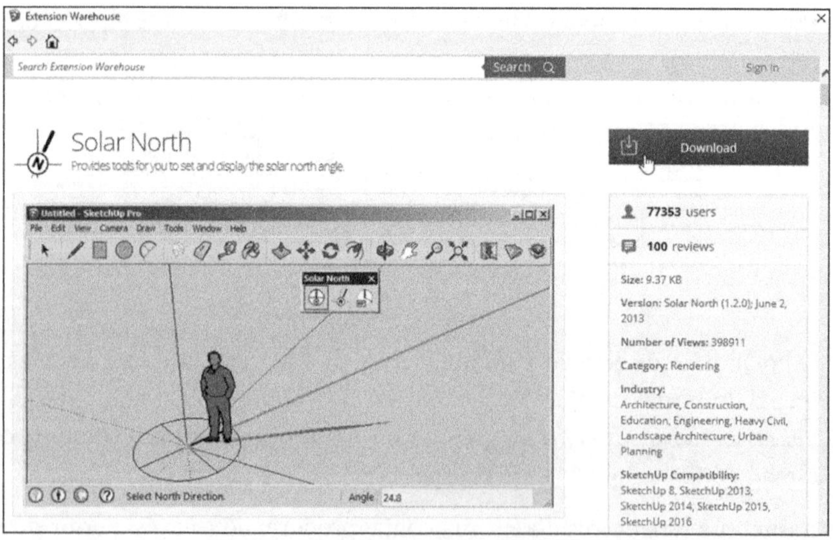

FIGURA 14.17 | Instalar o plugin.

Instale o plugin e aguarde a conclusão. A seguir, feche o SketchUp e o abra novamente. A barra do plugin Solar North agora está aberta, como uma barra flutuante. Agora é possível exibir ou ocultar essa barra pelo menu **View › Toolbars**.

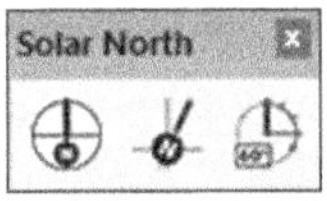

Figura 14.18 | Barra Solar North.

Continuando os dois últimos tópicos, vejamos o botão localizado no meio da barra, denominado **Set North Tool**:

Figura 14.19 | Botão Set North Tool.

1. Clique no botão **Set North Tool**.
2. Posicione o cursor do mouse sobre a área gráfica, no espaço em verde mesmo, e pressione o botão esquerdo do mouse, movimentando-o. Você vai perceber que a indicação do norte solar está sendo feita. Solte quando for desejado.

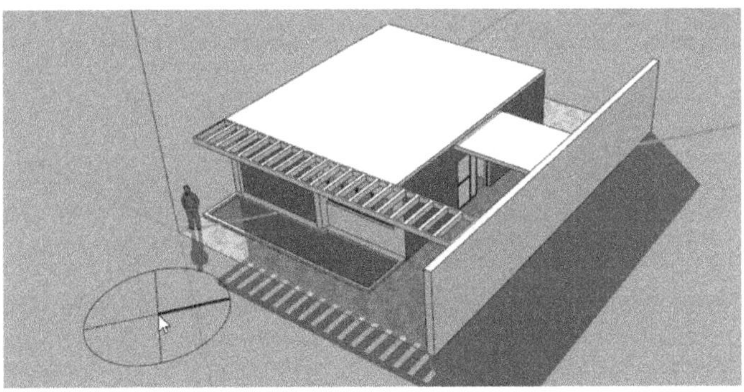

Figura 14.20 | Indicação do norte solar.

3. Já o primeiro botão da barra **Solar North** é o **Toggle North Arrow**. Clique nele para visualizar onde se aponta o norte. É uma espécie de botão *liga/desliga*.

Figura 14.21 | Botão que exibe o norte solar.

Note a indicação do norte, agora sendo exibida constantemente:

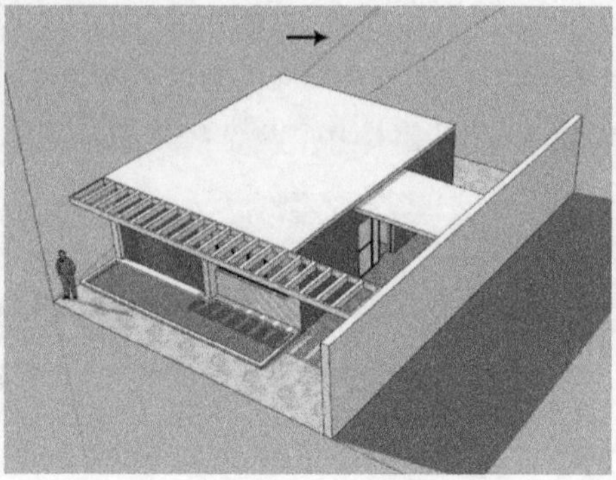

Figura 14.22 | Exibição da direção do norte solar.

Já o terceiro e último botão dessa barra, denominado **Enter North Angle**, possibilita digitar o valor numérico de um ângulo para indicar a direção do norte solar. A referência 0 (zero) é o eixo *Green* da área gráfica.

Figura 14.23 | Digitar um ângulo para a direção do norte solar.

Esta última ferramenta pode ser, eventualmente, menos utilizada.

Na Figura 14.24, observe o resultado final deste capítulo (o norte pode variar de acordo com o posicionamento que você escolheu, diferentemente do realizado no livro).

Figura 14.24 | Estudo de insolação.

Procure praticar essa sequência, já que a configuração, independentemente do tipo de projeto, não foge muito do que foi orientado no capítulo.

14.4 Exercício prático

Faça um estudo de insolação do arquivo "ÁREA GOURMET.*skp*". Se quiser, altere a cidade para aquela onde você mora ou qualquer outra do planeta.

Capítulo 15

Cenas e Exportação para Bitmap e Vídeo

Objetivos deste capítulo:

- Explicar o que são cenas, como criá-las e editá-las
- Mostrar como navegar entre as cenas e exportá-las como imagem ou vídeo

O objetivo deste capítulo é ensinar ao leitor como fixar os pontos de vista mais interessantes do projeto 3D criado. Com isso, se futuramente o projeto for mostrado a alguém, seja um cliente seja um colega de trabalho, sua visualização será muito mais interessante e profissional. Depois que tudo estiver modelado, com o acabamento e os estilos aplicados, se você quiser criar uma apresentação final de impacto, o uso de cenas é o mais indicado.

Essas cenas serão usadas para marcar os pontos de vista prediletos do projeto. Vamos criá-las.

15.1 Painel Scenes e criação de cenas

As cenas no SketchUp são criadas por meio de um painel específico, denominado **Scenes**, o qual é sempre aberto pelo painel lateral direito do SketchUp:

Painel lateral direito › bandeja Scenes

O painel **Scenes** é estruturado da seguinte forma:

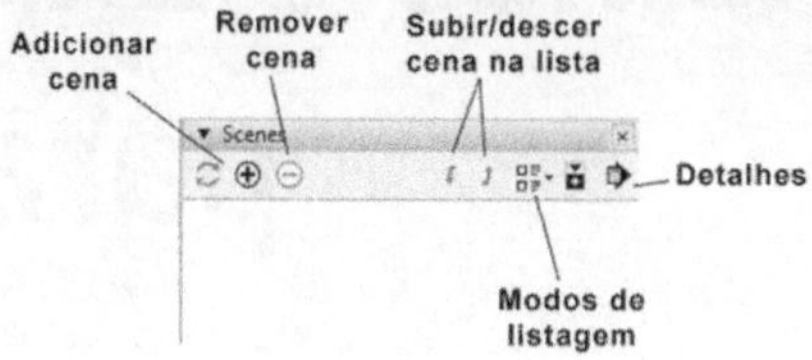

Figura 15.1 | Painel Scenes – criação e uso de cenas no projeto.

O motivo principal do painel é adicionar novas cenas. Geralmente, antes de adicionar uma cena ao projeto, devemos definir um ângulo de visão que será fixado na cena a ser criada, ou seja, no momento em que clicarmos no botão **Add Scene** (⊕), o SketchUp "bate uma foto" do que estamos visualizando.

Procedimento

1. Na barra lateral, clique no botão **Position Camera** ( ). Digite uma altura = **1,75 m** e clique num ponto em frente à maquete da residência, conforme Figura 15.2.

Figura 15.2 | Posicionar uma câmera para gerar uma cena.

2. Depois do clique, teremos uma vista do local:

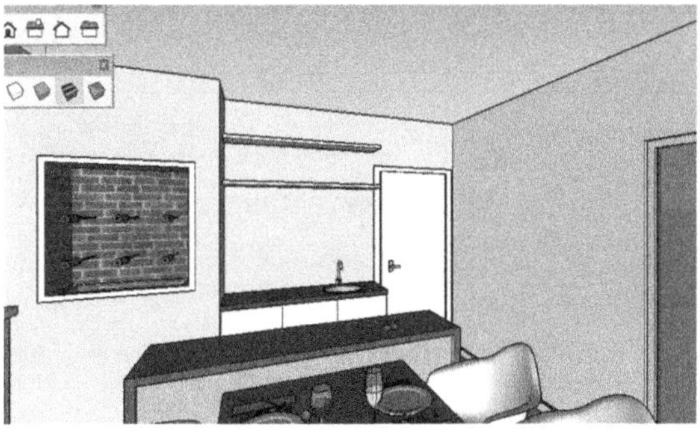

Figura 15.3 | Câmera posicionada.

3. Agora, vá ao painel Scenes e clique no botão Add Scene (⊕). Observe que uma outra cena foi criada sobre a sua atual vista do projeto 3D.

4. O nome da cena é *"Scene 1"*. Vamos alterá-lo para *"Cena 1"*. Para isso, vá até o botão à direita no mesmo painel chamado Menu (➪) e, com um clique, entre na opção Rename Scene, conforme Figura 15.5.

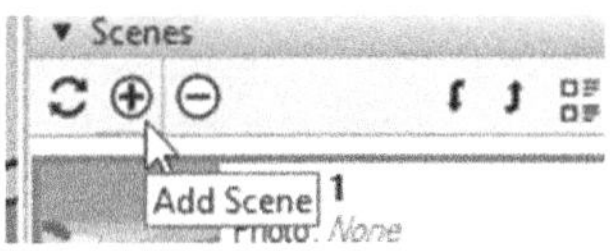

Figura 15.4 | Cena criada.

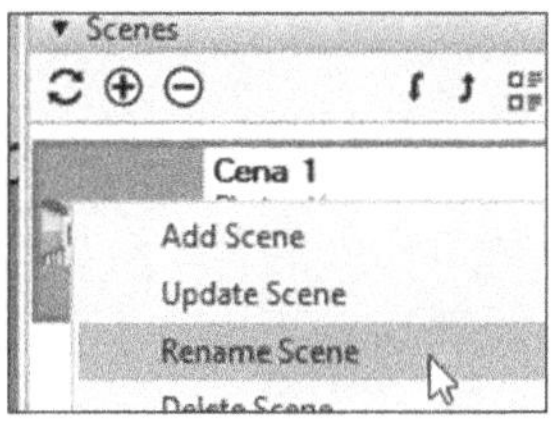

Figura 15.5 | Renomear uma cena.

Agora, sim; um pouco melhor.

Quando a cena é criada, há mais alguns ajustes que podem ser feitos. É possível digitar uma descrição para ela, como também incluí-la numa futura animação – Include in animation. Veja na Figura 15.6.

Nas propriedades, note que podemos exibir ou ocultar alguns elementos comuns, como eixos de coordenadas, projeção de sombras, estilo aplicado, planos de cortes etc.

5. Use as ferramentas Walk e Look Around, além da ferramenta Position Camera, para gravar outras cenas no projeto. Altere o modo de exibição das cenas, conforme Figura 15.7. Escolha o que mais lhe agrada.

Figura 15.6 | Nova cena e seus ajustes.

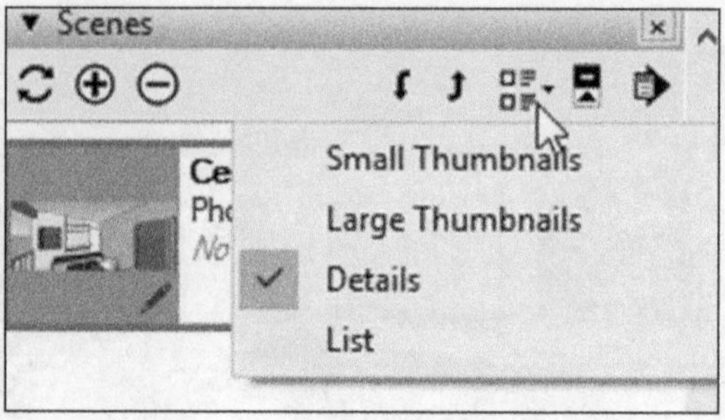

FIGURA 15.7 | Cenas e modos de exibição de listagem no painel.

Perceba também que as mesmas cenas são dispostas na parte superior da interface do SketchUp, bem acima da área gráfica.

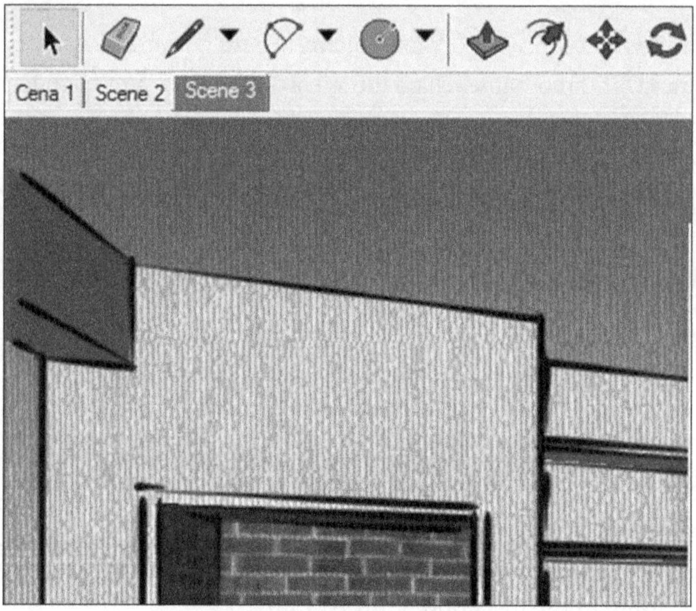

FIGURA 15.8 | Cenas dispostas acima da área gráfica também.

Escolha entre navegar nas cenas criadas clicando nas novas guias superiores ou com um duplo clique em cada cena do próprio painel **Scenes**. Você vai notar que há um movimento de câmera na transição de uma cena para a outra.

Se for o caso, aplique um estilo do painel **Styles**, porque agora pretendemos estudar a questão de exportar a cena desejada para um bitmap (uma imagem). Ao aplicar o estilo para a cena ativa, é necessário atualizar esta nova informação, pois, do contrário, o estilo não ficará atrelado a essa cena. Sendo assim, clique com o botão direito sobre a cena no painel **Scenes** e, no menu suspenso, clique em **Update Scene**.

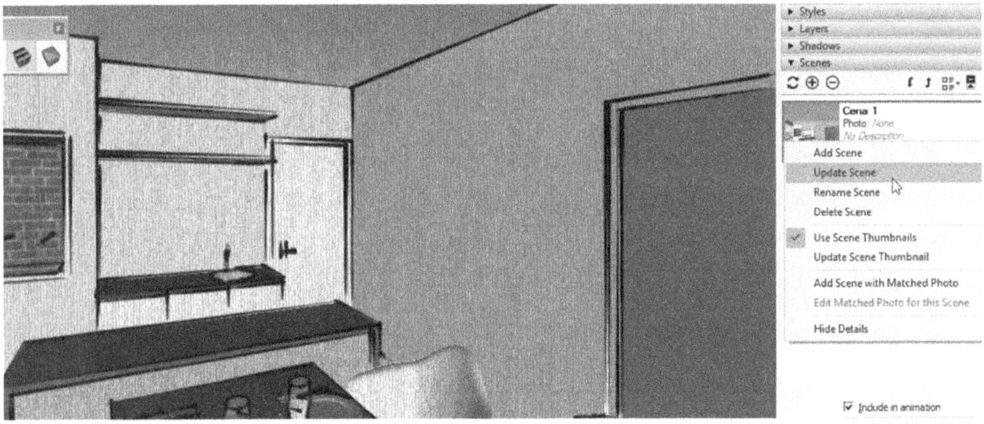

FIGURA 15.9 | "Cena 1" com um estilo de sketch aplicado.

Vamos, então, exportar uma imagem da "*Cena 1*".

15.2 Exportar para bitmap

Com a "*Cena 1*" ativa, acesse o seguinte caminho:

Menu File › Export › 2D Graphic

Você verá a tela-padrão para salvar do Windows. Atente ao tipo de arquivo e verifique se a opção .JPG está selecionada. Escolha um diretório e dê um nome. Antes de salvar, é preciso clicar no botão chamado **Options** (Figura 15.10).

FIGURA 15.10 | Exportar um bitmap .JPG.

A tela do botão **Options** fornece ajustes sobre a imagem exportada:

- **Use view size:** ajusta largura e altura de acordo com o que é visto na área gráfica e a resolução do monitor.
- **Width:** largura da imagem que será exportada.
- **Height:** altura da imagem que será exportada.
- **Anti-alias:** quando esse recurso está ligado, atenua-se a sensação de serrilhado nas arestas da imagem.
- **JPEG Compression:** nível de qualidade da imagem.

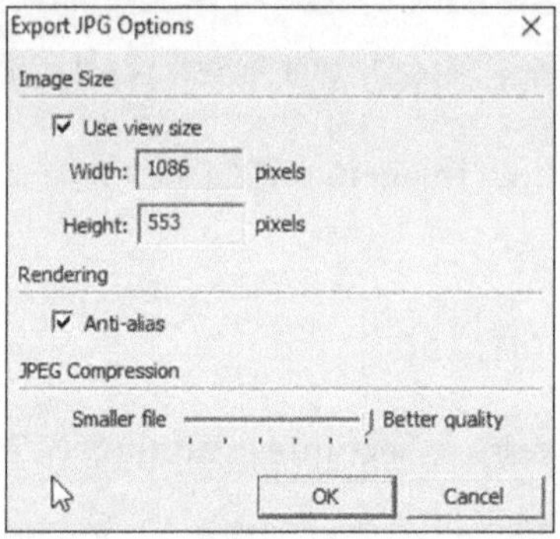

FIGURA 15.11 | Caixa Export JPG Options.

Se tudo estiver conforme o desejado, apenas clique no botão **OK** e depois no botão **Export**.

Pronto! A *"Cena 1"* está salva no diretório escolhido.

Deve-se fazer o mesmo procedimento com as demais cenas que quiser salvar em um bitmap do tipo .JPG.

Além do tradicional tipo .JPG, as imagens para apresentação podem também ser exportadas nos tipos .PDF, .EPS, .BMP, .TIF, .PNG, .DWG e .DXF.

15.3 Exportar para vídeo

A sequência de cenas que criamos pode gerar uma animação em quadros, que por sua vez pode ser exportada num arquivo em vídeo. Antes de realizar a exportação, devemos tratar de alguns parâmetros prévios, para que o vídeo tenha uma apresentação mais satisfatória.

A primeira coisa a ser feita é acessar, no menu **Window**, a opção **Model Info**. Das categorias que encontramos no lado esquerdo da janela que se abre, devemos selecionar a primeira, chamada de **Animation**, conforme Figura 15.12.

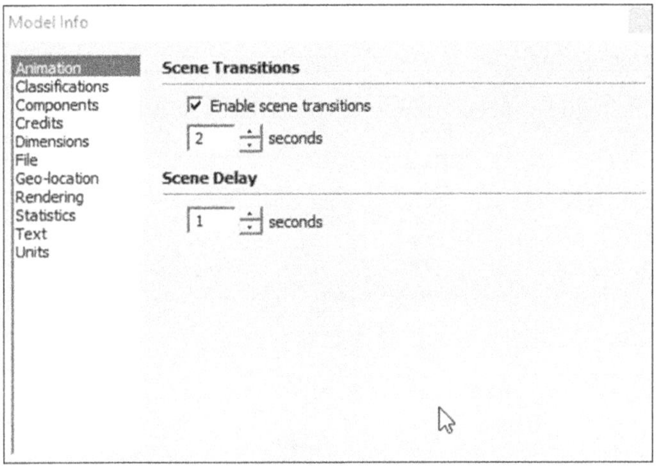

Figura 15.12 | Parâmetros de animação.

Os parâmetros são os seguintes:

Scene Transitions

- Enable scene transitions: quando ligado, habilita a transição das cenas criadas. É como se estivéssemos passeando, alternando-se as cenas. O campo seconds define quantos segundos dura essa transição.

Scene Delay

Seu único parâmetro, seconds, define quantos segundo haverá de parada entre as transições.

Nos segundos da opção Scene Delay, altere para o valor = 0 (zero), removendo qualquer pausa, deixando a animação correr de forma contínua.

Figura 15.13 | Delay entre as cenas no vídeo.

Pronto! Feche a janela e ative a primeira cena da sequência.

Para exportar, acesse o caminho a seguir:

Menu File › Export › Animation › Video

A janela para salvar do Windows também é aberta nesse caso. Devemos escolher um diretório, um nome para o arquivo e o tipo de arquivo. Vamos escolher o tipo .AVI. Antes de concluir, devemos clicar no botão **Options** para ver o que mais podemos ajustar no vídeo a ser criado logo mais.

Repare na janela que se abre quando clicamos no botão **Options**:

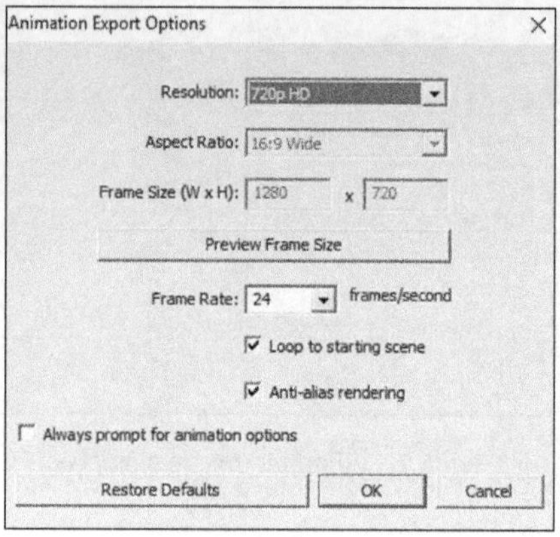

FIGURA 15.14 | Opções de exportação de vídeo.

Seus parâmetros são:

- **Resolution:** aqui, podemos escolher qual será a qualidade do vídeo. Opções como HD e Full HD, estão disponíveis para nós.
- **Aspect Radio**: este parametro trata do formato do vídeo, se é padrão 4:3 ou em tela *Widescreen* – 16:9.
- **Frame Size:** ao escolher uma resolução inferior, é possível definir as dimensões (largura e altura) da tela da imagem do nosso vídeo.
- **Preview Frame Size:** este botão, quando clicado, permite que haja uma pré-visualização do tamanho da tela da imagem do video.
- **Frame Rate:** o valor escolhido vai definir quantos quadros por segundo o vídeo terá.
- **Loop to starting scene:** o vídeo entra num "loop", ou seja, assim que termina, ele inicia novamente.

Para o seu primeiro vídeo, sugerimos que altere apenas o parâmetro de **Frame Rate** para um valor = **25**. Também desligue a opção **Loop to starting scene**.

Clique no botão **Export**, depois basta apenas aguardar a geração do vídeo. Quando concluir, abra-o com o seu programa de visualização de vídeos preferido (pode ser o *Windows Media Player*).

Se quiser que o vídeo fique mais "lento", ou seja, que o passeio seja mais devagar, aumente o valor de **Frame Rate** para **30**. Uma boa opção também é voltar novamente ao painel **Model Info** e, na categoria **Animation**, aumentar o valor de **segundos** da opção **Scene Transitions**.

15.4 Excluir uma cena criada

Para excluir uma cena que não queremos mais, podemos simplesmente selecioná-la no painel Scenes e clicar no botão Remove Scene(s). Vejamos:

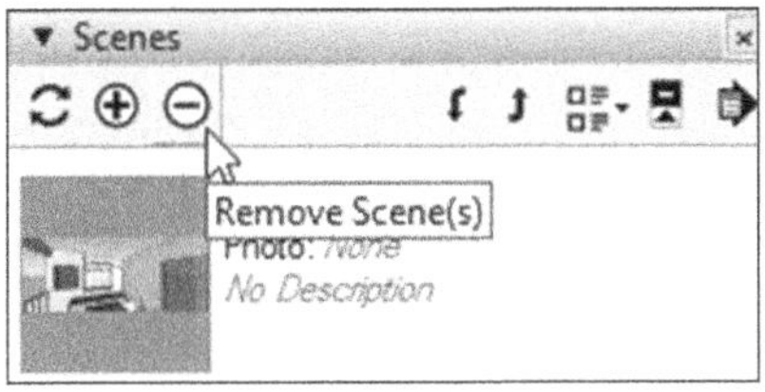

Figura 15.15 | Excluir uma cena.

Ao clicar, uma janela de informação é exibida, questionando se queremos mesmo apagá-la. Clique no botão Sim.

Pronto! Sua cena será excluída definitivamente.

Capítulo 16

Anotações em Geral

Objetivos deste capítulo:

- Adicionar textos indicativos, cotas e descrições em geral
- Formatar os textos e as cotas colocados no projeto
- Trabalhar com textos em 3D

Claro que não é só de desenho que o SketchUp vive. O programa oferece ferramentas de anotação para indicar dimensões dos objetos, volume, tipos de materiais, qualquer coisa de que precisemos. Ele pode até mesmo ser usado para documentar e gerar uma apresentação com informações completas a respeito do projeto.

Esses textos são simples de inserir e podem ser formatados também. Além do mais, é na própria área gráfica que conseguiremos colocar essas novas anotações.

As ferramentas que vamos utilizar encontram-se na barra **Construction**, apresentada na Figura 16.1.

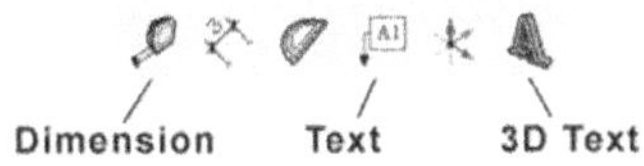

Figura 16.1 | Ferramentas de textos e cotas.

Então, vamos começar!

16.1 Adicionar textos indicativos

Começaremos com a ferramenta Text. Ao clicar nela, movimentamos o cursor sobre um elemento criado para fazer uma indicação a respeito dele.

Por exemplo, se clicarmos na aresta de um modelo 3D qualquer, o texto dará o comprimento dessa aresta automaticamente (Figura 16.2).

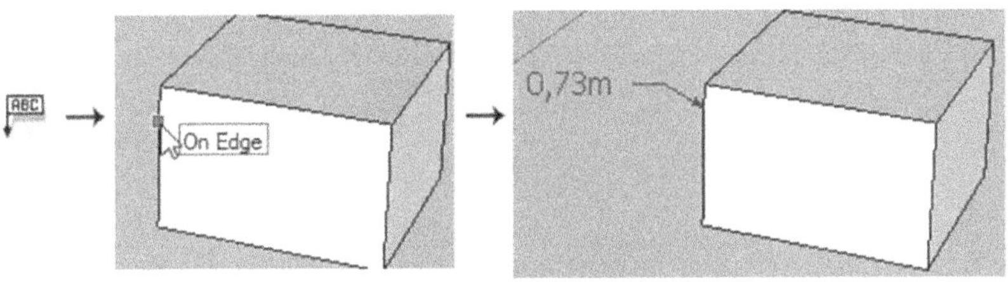

Figura 16.2 | Textos indicativos.

Assim que clicamos na aresta, podemos clicar num ponto qualquer para dizer que concluímos. Também é possível clicar na ferramenta Select ( ) para indicar que finalizamos a inserção do texto indicativo.

Em uma outra situação, a mesma ferramenta Text possibilita indicar quantos metros quadrados tem uma face. Ao acionar a ferramenta, clica-se na face e a metragem será escrita automaticamente. Note:

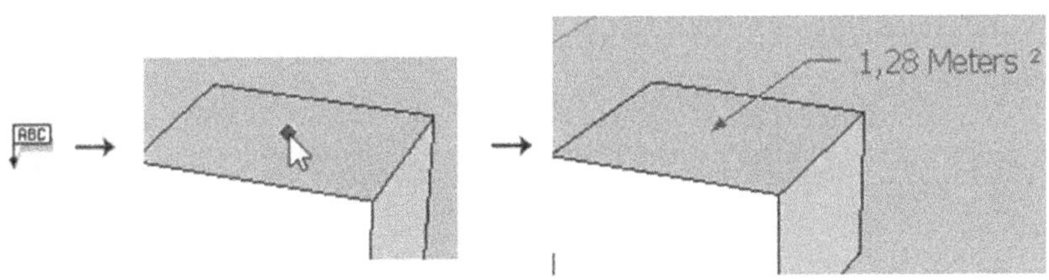

Figura 16.3 | Texto indicando metros quadrados da face.

Se o modelo clicado com a ferramenta for um grupo ou um componente, o texto indicativo trará o nome dele. Acompanhe:

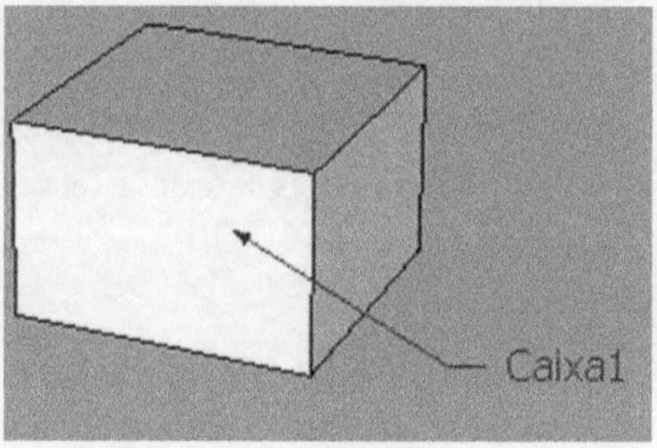

Figura 16.4 | Modelo do grupo indicado pela ferramenta Text.

Contudo, se precisar inserir qualquer coisa além das informações dadas, basta digitar o seu texto após o clique no elemento. Também é possível alterar o texto personalizado ou mesmo o que foi fornecido pelo SketchUp com um simples duplo clique nele. O cursor começa a piscar e podemos então fazer as devidas alterações.

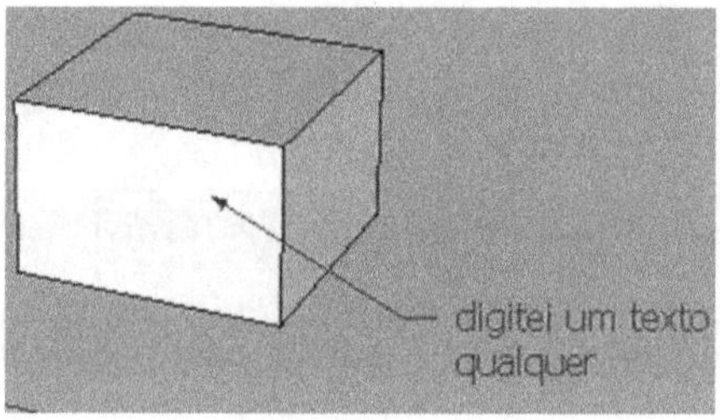

Figura 16.5 | Alteração do texto com um duplo clique.

Esses textos ficam sempre visíveis, mesmo que se gire a área gráfica com a ferramenta Orbit.

16.2 Adicionar textos descritivos

Podemos colocar texto onde bem entendermos. A mesma ferramenta Text pode ser utilizada para clicar num ponto qualquer da área gráfica, para então digitarmos o que for desejado. Note:

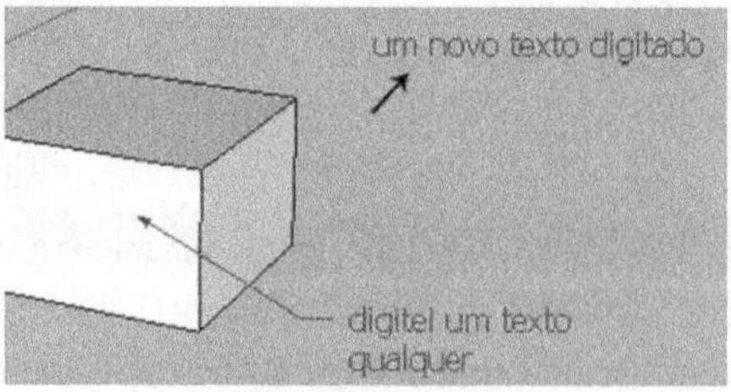

Figura 16.6 | Texto em um ponto qualquer da área gráfica.

Deve-se tomar certo cuidado com esse tipo de texto. Quando utilizamos a ferramenta Orbit para girar a tela, o texto acaba ficando num local diferente do que tínhamos em mente no início, coisa que não acontece com os textos indicativos.

FIGURA 16.7 | Texto descritivo em uma nova posição.

Vamos ver a seguir a questão da formatação desses textos inseridos no projeto.

16.3 Formatação de textos

A formatação dos textos já inseridos no projeto ocorre pelo painel Model Info:

Menu Window › Model Info

Depois, acessamos a categoria, ao lado esquerdo do painel, chamada Text (Figura 16.8).

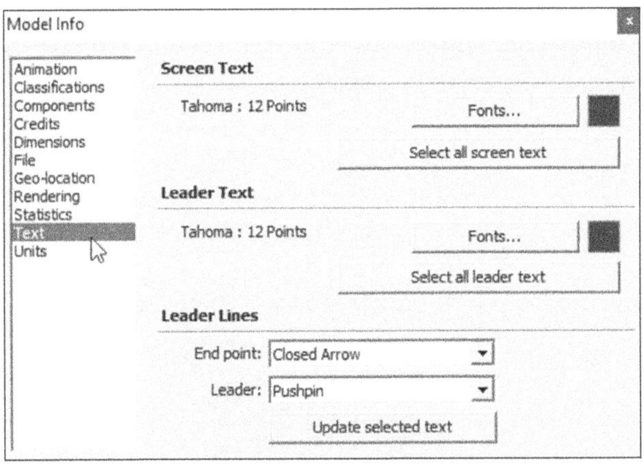

FIGURA 16.8 | Formatação de textos no SketchUp.

As três seções de parâmetros existentes na categoria Text são:

- Screen Text: cuida da formatação dos textos descritivos (posicionados em um ponto qualquer da tela).
- Leader Text: cuida da formatação dos textos indicativos (os que têm setas indicativas posicionadas em um elemento).

- **Leader Lines:** formata as linhas e setas dos textos indicativos.

Para atualizar a formatação dos textos já inseridos no projeto, geralmente devemos proceder da seguinte maneira:

1. Clique no botão **Select all leader text** (ou **Select all screen text**).
2. Altere a cor para a desejada.
3. Altere a fonte no botão **Fonts**.
4. Clique, por fim, no botão **Update selected** text.

No parâmetro **End point**, altere os tipos de seta disponíveis; note a diferença entre elas e escolha a desejada.

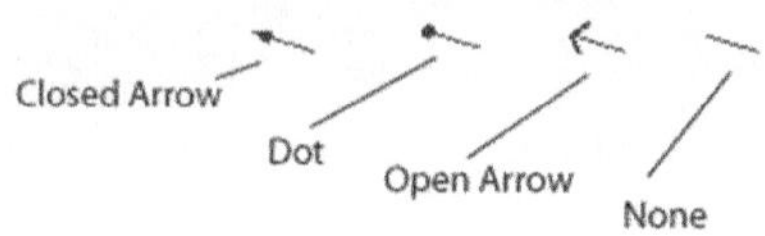

FIGURA 16.9 | Tipos de seta.

16.4 Dimensões ou cotas

Já sobre cotas, o procedimento é muito parecido com a inserção de textos. Claro que a quantidade de cliques é diferente. Vejamos:

Procedimento

1. Clique para acionar a ferramenta **Dimension** ( ).
2. Clique no primeiro ponto onde começa a medição da cota, depois no segundo ponto.

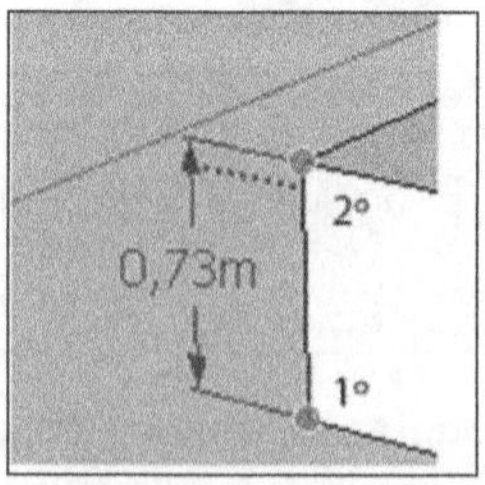

FIGURA 16.10 | Posicionando a nova cota.

3. Clique para fixar a cota num ponto distante com relação ao modelo cotado.

No SketchUp, as cotas podem ser criadas em todos os sentidos: *Red*, *Green* e *Blue*.

Para as cotas diferenciadas, como cota de raio ou diâmetro, por exemplo, podemos proceder de duas maneiras: utilizar o painel **Entity Info** com a ferramenta **Text** ou usar a própria ferramenta **Dimension**.

Vamos verificar as possibilidades, então poderemos julgar qual método é mais interessante, conforme o momento de colocar as anotações no projeto.

Painel Entity Info e ferramenta Text

1. Clique para selecionar o círculo ou arco em que se pretende inserir uma cota indicativa.

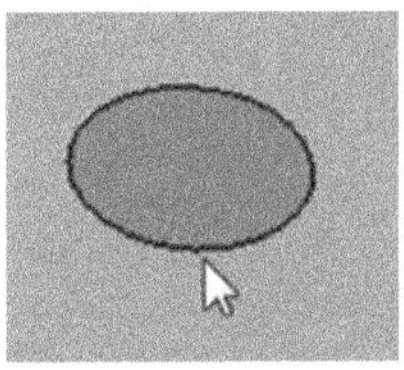

Figura 16.11 | Borda do círculo selecionado.

2. Com o botão direito nele, acesse o painel **Entity Info** (ou também pelo painel lateral direito, por meio da bandeja).
3. Verifique a informação do raio no painel:

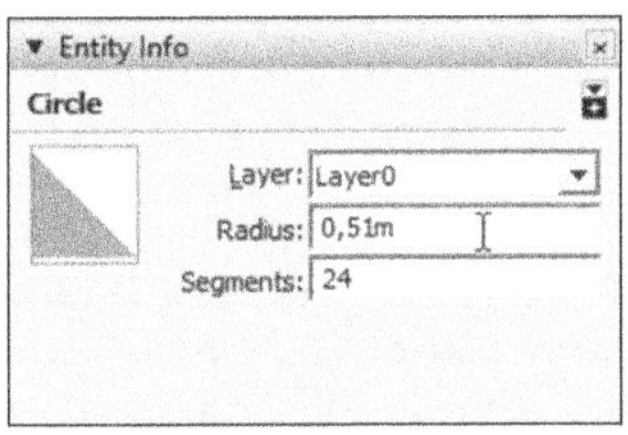

Figura 16.12 | Informação do raio do círculo.

4. Feche o painel. Agora, com a ferramenta **Text** ( ), clique na borda do círculo e posicione o texto próximo a ele. Digite a informação obtida pelo painel anterior = **0,30m** (ou 30 cm). Vejamos como fica:

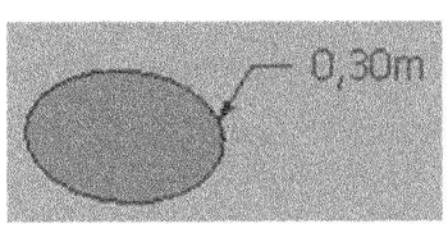

Figura 16.13 | Alternativa para uma cota de raio.

Viu como é feito? Outras situações com tipos de cota diferenciados devem seguir esse roteiro que acabamos de estudar.

Com a ferramenta Dimension

Se for um círculo, basta clicar na ferramenta **Dimension** ( ) e, em seguida, clicar na sua borda. Veremos que uma cota do tipo diâmetro é fornecida (Figura 16.14).

Se a cota for inserida num arco, a ferramenta **Dimension** fornece uma cota do tipo raio mediante clique exatamente nesse arco.

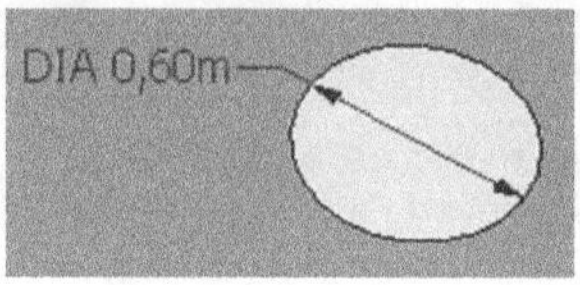

Figura 16.14 | Cota de diâmetro no círculo.

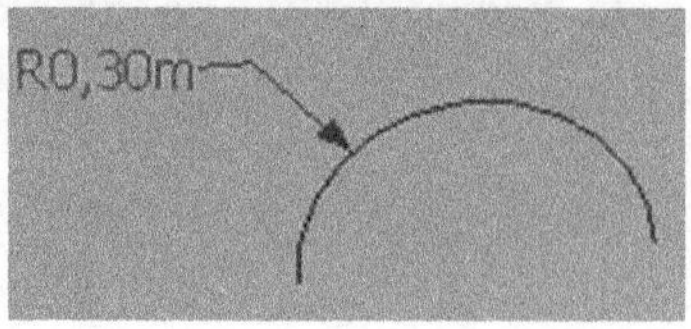

Figura 16.15 | Cota de raio no arco.

16.5 Formatação de dimensões ou cotas

Para a formatação das cotas, é necessário acessar o painel **Model Info**:

Menu Window › Model Info

Assim que o painel abrir, clique na categoria **Dimensions** para observar os parâmetros específicos para formatação de cotas.

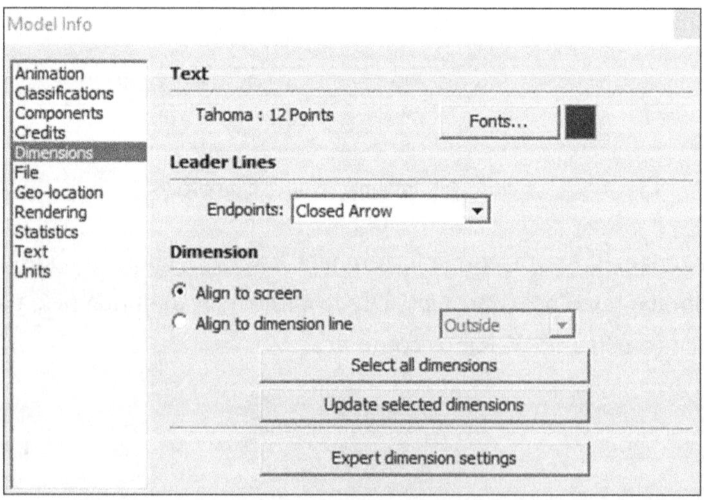

Figura 16.16 | Formatação de cotas no SketchUp.

Os parâmetros estão distribuídos em três seções, que são:

- Text: formatação dos números das cotas, além dos prefixos e sufixos que existirem nelas.
- Leader Lines: parâmetro único para alterar os tipos de seta das linhas de cota.
- Dimension: parâmetros para alinhamento dos valores das cotas com relação à própria linha de cota e botões de seleção.

16.6 Textos 3D

A ideia dos textos em 3D é meramente decorativa, nada de anotação! Veja exemplos na Figura 16.17.

Figura 16.17 | Textos em 3D.

O procedimento é bem simples:

1. Clique na ferramenta 3D Text ( ).
2. É exibido um painel específico para a edição do novo texto em 3D, chamado Place 3D Text.

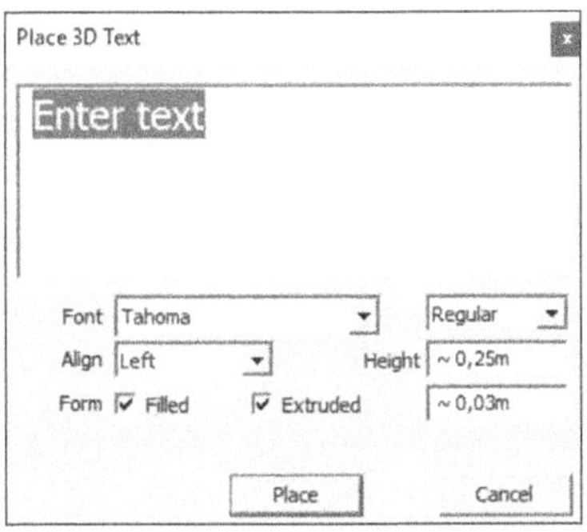

Figura 16.18 | Painel Place 3D Text.

3. Na caixa principal em que está a descrição *"Enter text"* devemos digitar o texto que queremos. Os parâmetros de formatação são simples, como em qualquer editor de textos, porém temos dois que devem ser destacados:

- **Filled:** habilita a possibilidade de se obter a extrusão das letras para o texto 3D.
- **Extruded:** podemos digitar a espessura da extrusão das letras do texto 3D.

Veja um exemplo:

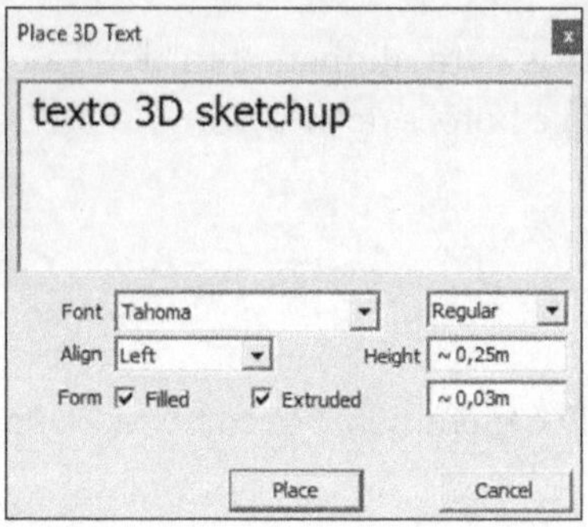

FIGURA 16.19 | Tela de ajustes de texto 3D.

4. Clicamos no botão **Place**. O cursor é levado à área gráfica e devemos clicar para fixar o novo texto em 3D. Com o uso da ferramenta **Rotate** (🔄) podemos posicioná-lo "em pé", conforme Figura 16.20.

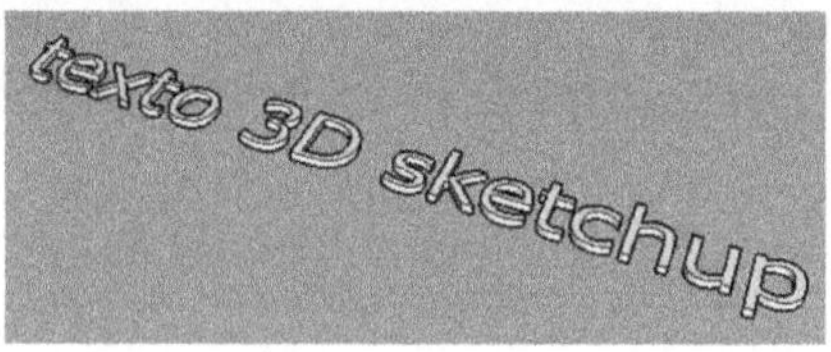

FIGURA 16.20 | Texto em 3D.

Capítulo 17

Cortes com a Ferramenta Section Plane

Objetivos deste capítulo:

- Criação de cortes nos projetos 3D
- Visualização e edição dos planos de corte e dos modelos
- Uso de grupos para geração dos cortes

Neste capítulo, vamos aprender a realizar sessões de corte em nossos projetos, seja para apresentação mais ilustrativa, seja para uma futura documentação no *Google Layout*, que será explicado mais à frente nesta obra.

Antes de tudo, devemos exibir uma barra de ferramentas que, geralmente, não é aberta na interface do SketchUp, chamada Section:

Menu View › Toolbars › Section

A Figura 17.1 mostra a barra.

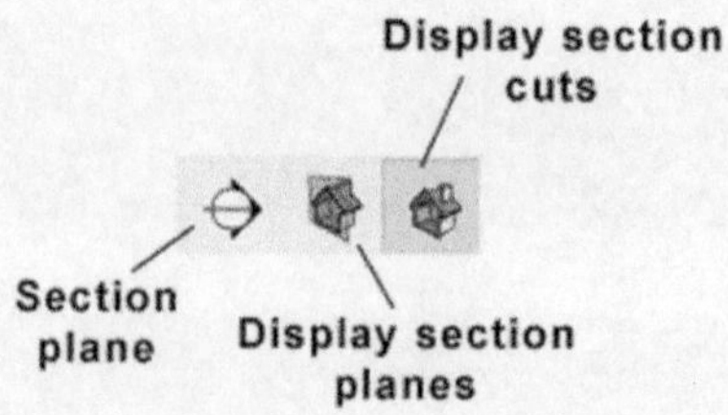

Figura 17.1 | Barra Sections e seus recursos.

Ferramenta mesmo é apenas uma, a **Section Plane** (⊖). Os outros recursos da barra são apenas modos de visualização, seja do próprio plano de corte, seja do modelo 3D alvo do corte.

17.1 Ferramenta Section Plane

Para uso da ferramenta, é sempre preferível, antes, gerar um grupo do modelo 3D alvo. Uma maquete, por exemplo, deve ser transformada, em sua totalidade, em um grupo, então conseguiremos informar ao SketchUp que tudo o que se encontra dentro desse grupo será alvo do plano de corte. O que não pertencer ao grupo não será cortado. Vejamos a residência como um grupo:

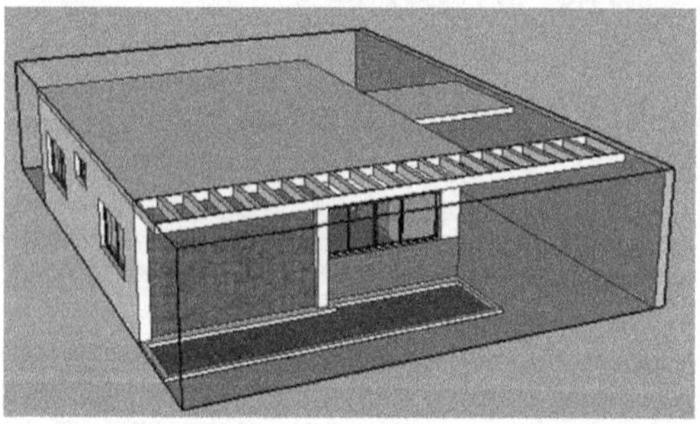

Figura 17.2 | Modelo 3D como um grupo para uso de Section Plane.

Agora que foi feita a preparação correta, é possível utilizar com segurança a ferramenta **Section Plane**.

Procedimento

1. Dê um duplo clique no grupo para acessá-lo, assim o plano de corte irá pertencer a ele.
2. Clicando na ferramenta **Section Plane** (⊖), traga o cursor sobre a maquete e perceba que um plano de cor verde-clara será exibido. Dependendo do sentido em

que se move o cursor sobre o modelo 3D da maquete, ele rotaciona sozinho, compreendendo o plano a ser cortado.

Veja o que ocorre até aqui:

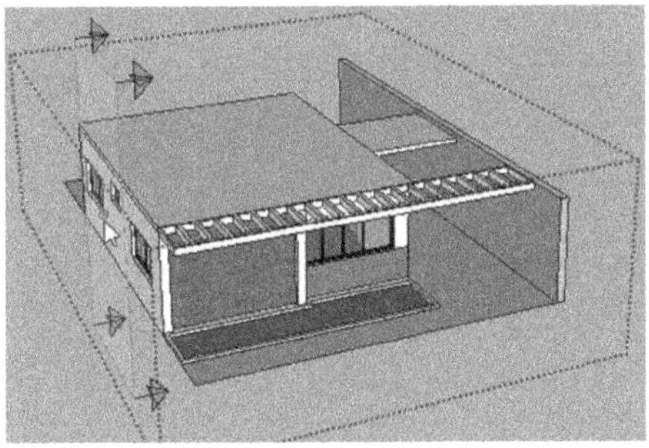

Figura 17.3 | Posicionando o novo plano de corte.

3. Clique para fixar o plano de corte criado.

17.2 Opções de exibição e visualização dos cortes

Vamos agora dar continuidade à edição do corte. Existem recursos da barra e também do menu suspenso aberto pelo botão direito sobre o plano de corte, que estudaremos neste momento.

Veremos que o corte já está sendo realizado na maquete. Use a ferramenta Move (✥) e clique para movimentar o plano de corte até o ponto desejado.

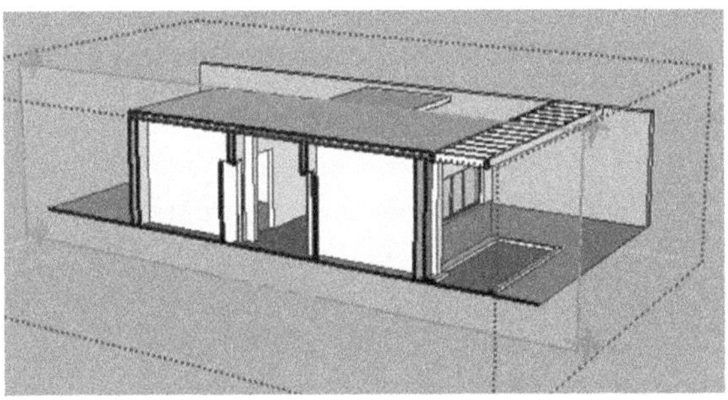

Figura 17.4 | Geração do corte.

Dê um simples clique fora do grupo para voltar ao nível principal da área de trabalho. Note que o plano de corte mantém-se fixo, sustentando o seu efeito. Caso queira ocultar o plano de corte, clique no botão Display Section Planes. Clique nele para verificar o resultado na maquete.

Também é possível visualizar ou não o que foi ocultado do modelo 3D com o plano de corte gerado por meio do botão **Display Section Cuts**. Clique nele para verificar o que ocorre no modelo 3D da maquete.

Figura 17.5 | Botão Display Section Planes.

Figura 17.6 | Botão Display Section Cuts.

O uso do botão direito sobre o plano de corte também oferece um menu com outros recursos. Lembre-se de entrar na edição do grupo para poder realizar as tarefas seguintes de aprendizado.

Clique com o botão direito sobre o plano de corte e escolha a opção **Active Cut**. Note que podemos manter ou não o que foi ocultado pelo corte realizado.

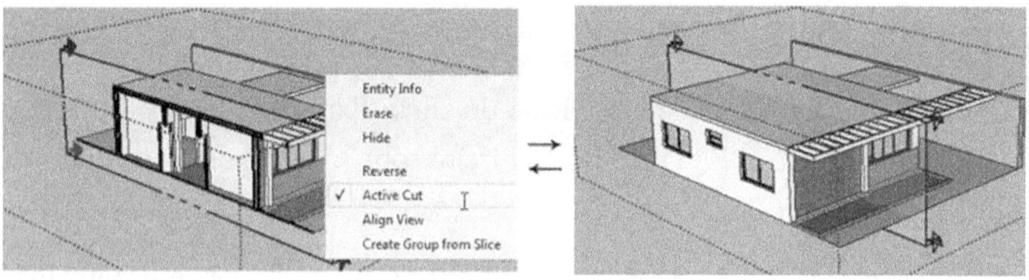

Figura 17.7 | Opção Active Cut.

Ainda no menu suspenso do botão direito, encontramos a opção **Reverse**, que possibilita inverter a direção de visualização do plano de corte, conforme Figura 17.8.

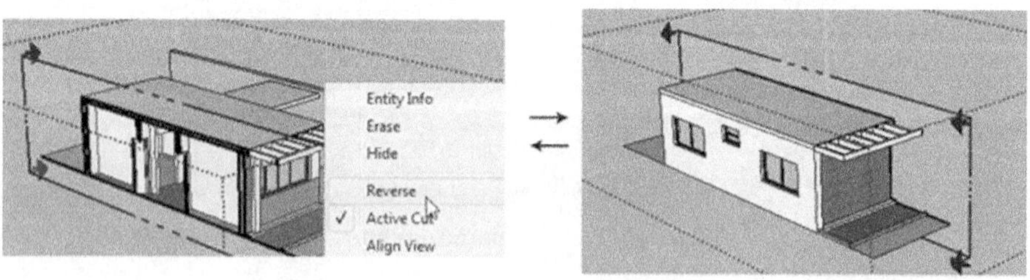

Figura 17.8 | Opção Reverse.

Veja que também é possível ocultar o plano de corte usando-se a opção **Hide** do botão direito:

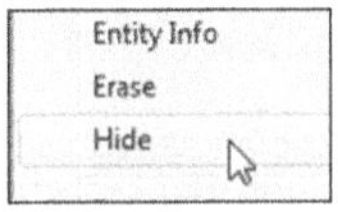

Figura 17.9 | Opção Hide.

Lembre-se de que, caso oculte o plano de corte e depois queira reexibi-lo, isso só poderá ser feito no menu Edit:

Menu Edit ❯ Unhide ❯ Last

Por fim, existe também a opção Align, com a qual a visualização da área de trabalho muda para exibir exatamente o que o plano de corte enxerga (Figura 17.10).

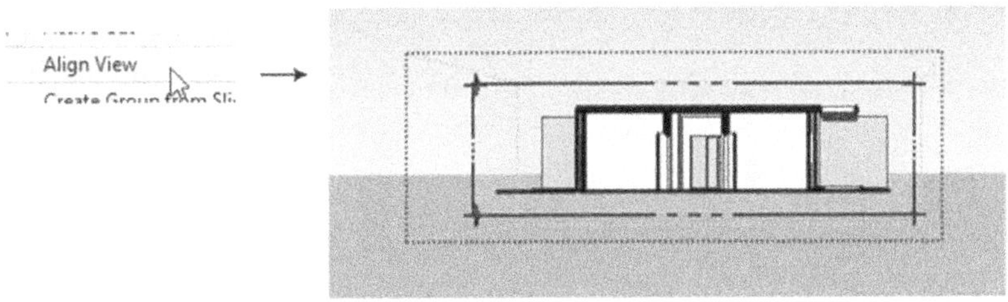

Figura 17.10 | Visualizando o corte.

Para ficar melhor ainda, podemos ajustar o modo de visualização da perspectiva para a opção Parallel Projection.

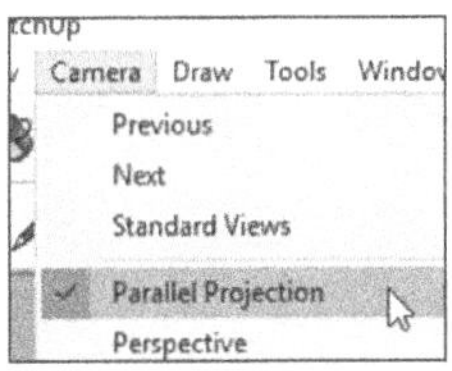

Figura 17.11 | Projeção paralela.

Note como fica ao final de todo o processo:

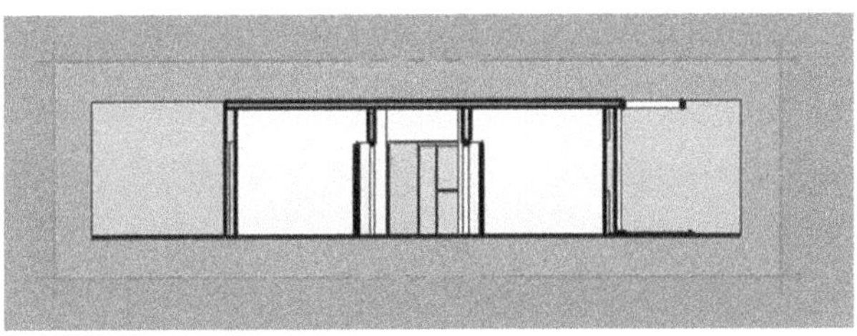

Figura 17.12 | Corte gerado do modelo da maquete 3D.

17.3 Exercício prático

Com os recursos estudados neste capítulo, realize diferentes cortes, como os exibidos nas Figuras 17.13 e 17.14.

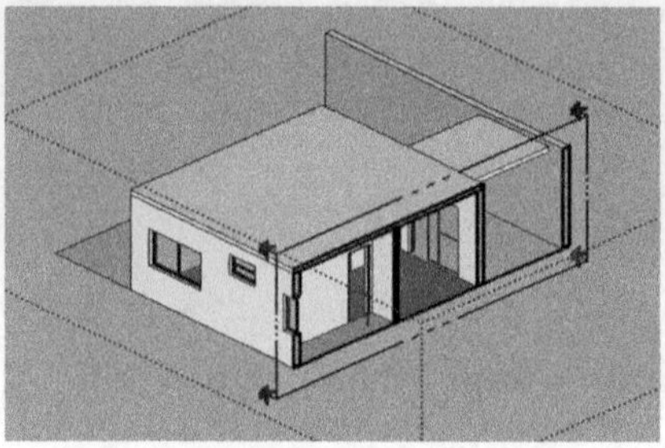

Figura 17.13 | Corte transversal.

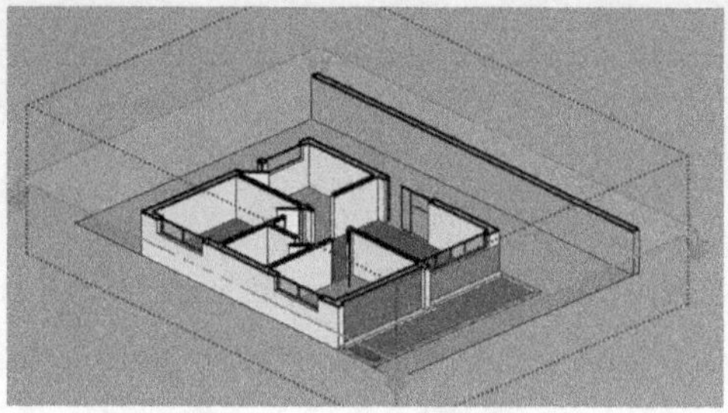

Figura 17.14 | Corte em planta.

Capítulo 18

Terrenos para Maquete Eletrônica com os Recursos Sandbox

Objetivos deste capítulo:

- Criar terrenos sobre curvas de nível
- Criar e editar terrenos de forma livre
- Criar plataformas e caminhos desenhados nos terrenos criados

O SketchUp, em sua versão Pro, fornece um grupo de ferramentas em uma barra chamada **Sandbox**. Essas ferramentas são úteis não somente para criação e edição de terrenos. Utilizadas integralmente, elas possibilitam criar modelos com formas tridimensionais mais complexas.

Esta obra demonstra o seu uso para criação e edição de terrenos para maquete eletrônica, engenharia civil ou qualquer outra área que necessite apresentar graficamente esse tipo de trabalho.

Para exibir a barra, devemos acessar o menu **View**:

Menu View › Toolbars › Sandbox

Assim é aberta a nova barra que vamos estudar:

Figura 18.1 | Grupo de ferramentas Sandbox.

Vamos lá!

18.1 From Scratch – Criação de terrenos em malha

Vamos iniciar os estudos com a ferramenta **From Scratch**, que permite criar um plano com as dimensões escolhidas. Depois, em virtude de sua malha, podemos editar o plano para gerar imperfeições.

A ferramenta é representada pelo seguinte botão:

Figura 18.2 | Ferramenta From Scratch.

Para aprender a utilizá-la, observe o procedimento a seguir:

1. Acione a ferramenta **From Scratch** ( ).
2. Visualize a sua barra inferior, a de status. O parâmetro **Grid Spacing** pede que o usuário digite quanto irá valer cada espaço quadrado da malha. Podemos digitar, para o aprendizado, um valor = **1,00 m**.

Figura 18.3 | Parâmetro Grid Spacing.

3. Agora estamos prontos para desenhar o plano. Clique num ponto da área gráfica e movimente o cursor do mouse no sentido do **eixo Red**. Veremos que novamente um valor deve ser digitado na barra de status, agora no parâmetro chamado **Length**. Digite o valor = **25 m**.
4. Aponte para o outro sentido no **eixo Green** e digite agora o valor no parâmetro **Length = 30 m**. Note como fica o plano:

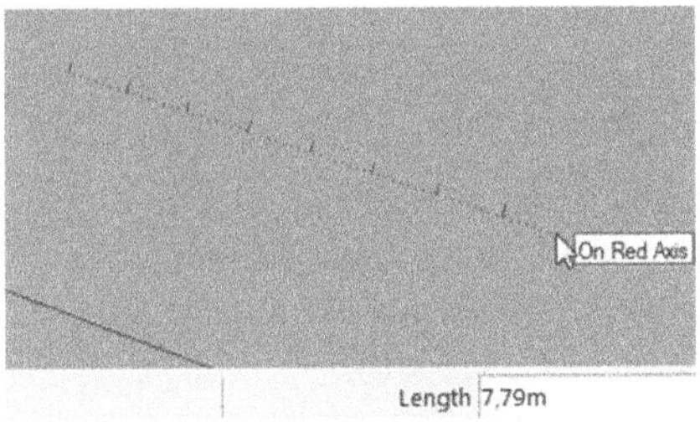

Figura 18.4 | Construção do plano em malha – From Scratch.

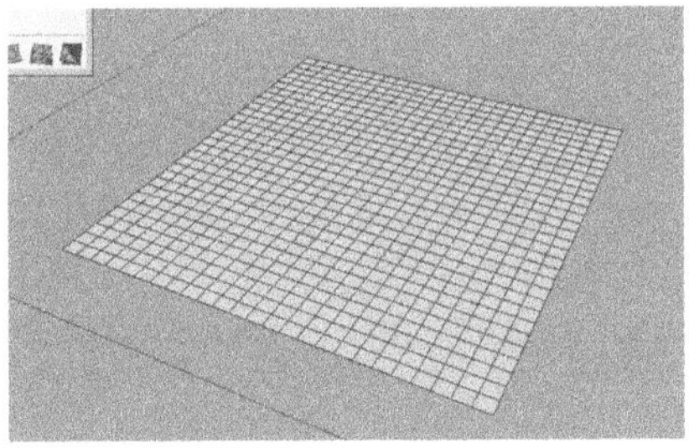

Figura 18.5 | Plano em malha - ferramenta From Scratch em uso.

Pronto! Já temos o plano em malha. Precisamos descobrir como gerar edições nele, para criar deformações, a princípio, de forma livre.

18.2 Smoove – edição de malha

Agora que temos um plano em malha, podemos alterar para criar elevações nele. O uso da ferramenta Smoove vai auxiliar nesse tipo de tarefa.

A ferramenta se encontra também na barra Sandbox. Note como ela é representada:

Figura 18.6 | Ferramenta Smoove.

Vamos precisar, antes de utilizar o novo recurso, entrar na edição do plano, uma vez que ele é criado como um objeto do tipo grupo.

Vamos começar:

1. Dê um duplo clique no plano para entrar em sua edição.
2. Com a ferramenta Smoove ( ) acionada, observe a barra de status. É preciso entrar com um valor para o raio de efeito da ferramenta sobre o plano. Digite um valor = 7,00 m.

Figura 18.7 | Parâmetro Radius – recurso Smoove.

3. Aponte o cursor sobre o plano num local de sua preferência e clique. Movimente o cursor para cima e fixe. Também é possível digitar uma altura por meio do parâmetro Offset, situado na barra de status inferior. Vejamos o que ocorre até aqui:

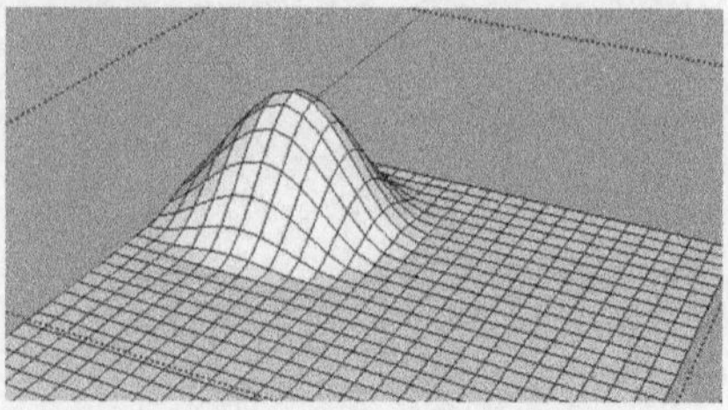

FIGURA 18.8 | Efeito da ferramenta.

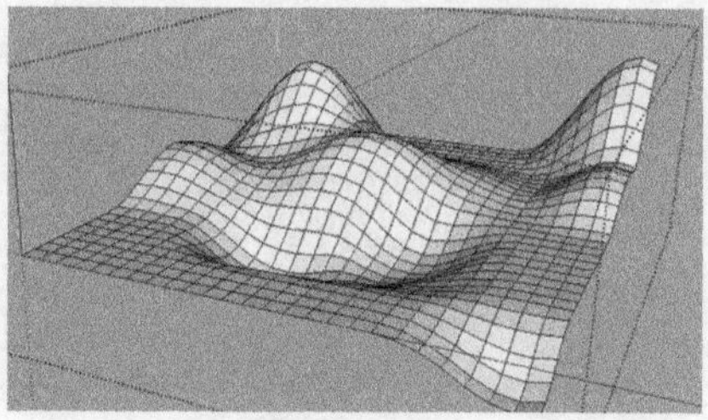

FIGURA 18.9 | Uso da ferramenta Smoove.

Usando raios diferentes e alturas também diversas, podemos criar um efeito legal sobre o plano, antes meio sem graça.

18.3 From Contours – terrenos com curvas de nível

Quem é da área já deve estar acostumado a desenhar curvas de nível de terreno no tradicional AutoCAD® da Autodesk®. Essas referências podem ser importadas, para que não seja preciso desenhar tudo novamente. Mesmo assim, o que vamos apresentar também pode ser realizado com curvas desenhadas no próprio SketchUp.

Procedimento

1. Vá ao menu **File** para importar a referência .DWG.

Menu File › Import

2. Escolha o seu arquivo de preferência ou utilize o disponível para download no site da editora, chamado *"curvas de nivel.dwg"*. Não se esqueça de clicar no botão **Options** para acertar a unidade de medida para metros (meters).
3. Dê um duplo clique para entrar na edição das curvas. Com a ferramenta **Move** (✥) movimente cada uma delas, de fora para dentro, um metro a mais para cima (no **eixo Blue**) com relação à anterior. A curva mais externa deve ser mantida onde está (Figura 18.11).

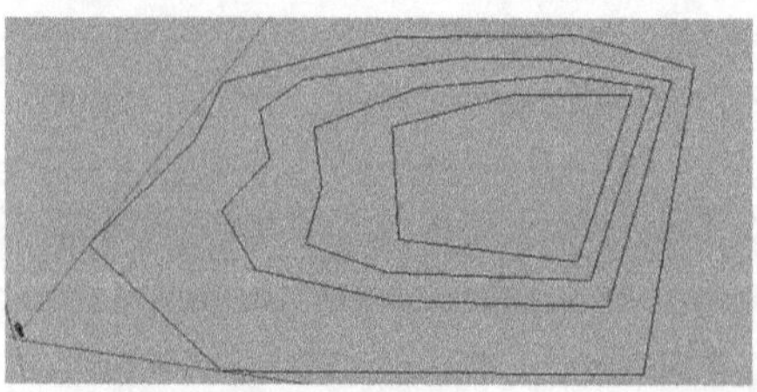

FIGURA 18.10 | Curvas de nível importadas.

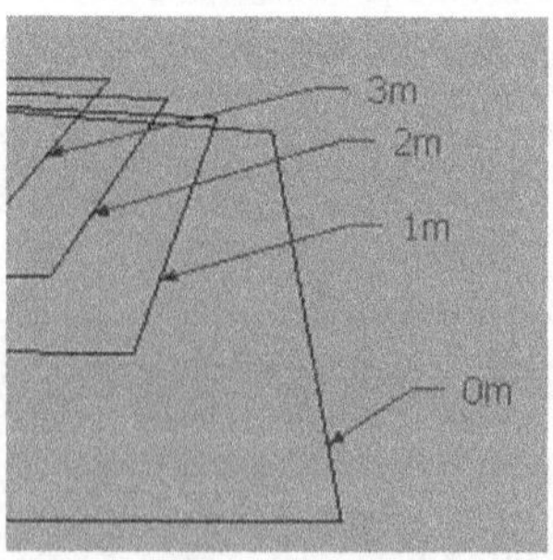

FIGURA 18.11 | Níveis em alturas diferentes.

4. Por fim, ainda na edição do grupo das curvas, selecione todas elas, sem exceção, e clique no botão From Contours ( ) para criar o terreno em 3D.

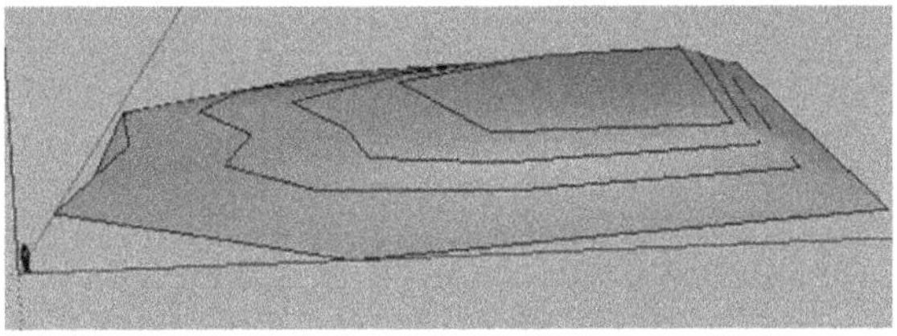

Figura 18.12 | Terreno criado com curvas de nível.

5. Entre na edição do grupo do terreno e apague arestas e faces indesejáveis, criadas pela ação anterior.

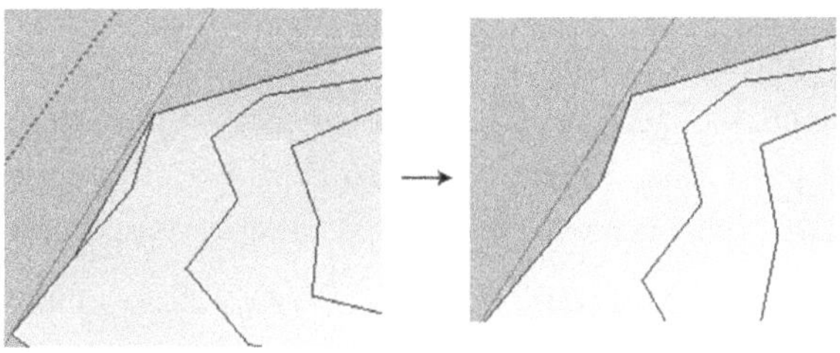

Figura 18.13 | Deletar elementos indesejáveis do terreno criado.

Prontinho! Temos mais um terreno criado. Fácil, não?

18.4 Stamp – terraplanagem

A ferramenta Stamp encontra-se junto às demais da barra Sandbox. Precisamos fazer um desenho à parte para saber como irá ficar o formato da terraplanagem (ou plataforma) criada no terreno (seja por malha, seja por curvas de nível).

No exemplo, há um retângulo desenhado ao lado, com as medidas indicadas na Figura 18.14.

Figura 18.14 | Desenho para o uso da ferramenta Stamp.

Devemos ainda posicionar o retângulo sobre o terreno, a uma pequena distância, para que a ferramenta **Stamp** "carimbe" a nova forma para a terraplanagem, conforme Figura 18.15.

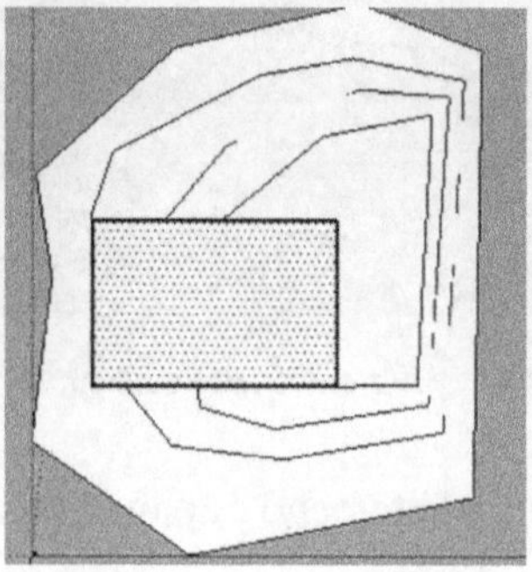

FIGURA 18.15 | Posicionando o retângulo sobre o terreno.

Mantendo o retângulo selecionado, clique na ferramenta **Stamp** ( ). Na sequência, clique no terreno de curvas de nível. Movimente o cursor para definir a altura desejada e clique novamente para fixar a plataforma (rotacione a área gráfica para visualizar o modelo em perspectiva mais uma vez antes de realizar esse procedimento).

Vamos ver como fica ao final (também apague o retângulo sobreposto inicialmente):

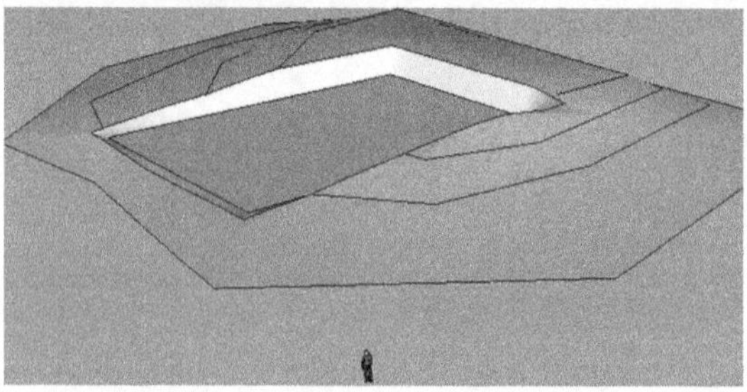

FIGURA 18.16 | Efeito da ferramenta Stamp.

18.5 Drape – desenho sobre o terreno

Em algum momento vamos desejar partes do terreno com acabamentos diferentes, áreas que contenham grama, um caminho de terra ou de pedras para percorrer, entre outras situações possíveis. A ferramenta estudada neste tópico permite desenhar uma forma sobre o desenho, já que não é possível simplesmente desenhar por cima com a ferramenta **Line**.

Para melhor compreensão, a Figura 18.17 mostra um círculo desenhado e sobreposto ao terreno (não se esqueça de deixar o círculo e o terreno um pouco distantes). Observe a posição:

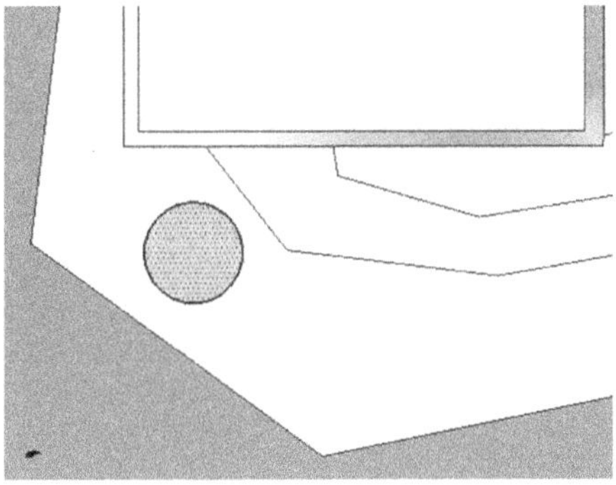

Figura 18.17 | Desenho sobreposto.

Mantendo o círculo selecionado, clique na ferramenta **Drape** ( ) e já na sequência clique no grupo do terreno. Veja que a forma do círculo é replicada sobre ele. Apague o círculo inicial. Acompanhe:

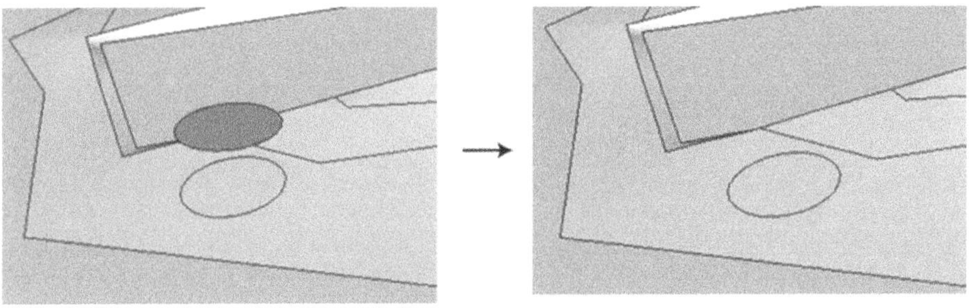

Figura 18.18 | Uso da ferramenta Drape.

Agora é fácil aplicar materiais diferentes; apenas não se esqueça de entrar na edição do terreno com o duplo clique.

Figura 18.19 | Diferentes materiais aplicados em áreas distintas do terreno.

Utilizando o menu **File**, opção **Import**, podemos trazer a residência para dentro do modelo atual do terreno (não se esqueça de alterar o tipo de arquivo de .DWG para .SKP). Note a possibilidade:

Figura 18.20 | Terreno e projeto de arquitetura.

Capítulo 19

Match Photo: Modelagem 3D sobre Referência de Imagem

Objetivos deste capítulo:

- Criar perspectivas sobre uma imagem de esboço ou foto
- Usar os eixos para modelagem e ajustar a escala real do modelo 3D

Existem situações específicas na área de projeto em que queremos aproveitar parte do que existe e fazer reformas, um "puxadinho", um novo estudo de possibilidades. Modelar em 3D sobre um esboço ou uma foto aquilo que pretendemos representar, para futuras correções ou mera ilustração, é algo perfeitamente possível no SketchUp, com o uso do recurso Match Photo. Ele permite encaixar a perspectiva dos eixos de coordenadas espaciais do programa na perspectiva da imagem de referência.

19.1 Importar a referência de imagem

O processo de uso do recurso começa pela importação da referência de imagem, seja uma foto, seja um mero esboço feito à mão e digitalizado. Não daremos importância, a princípio, à escala, ao tamanho imagem ou ao modelo que será criado. Isso será facilmente corrigido utilizando-se, mais adiante, a ferramenta **Tape Measure Tool**, com a qual, a partir de uma medida real de qualquer parte do elemento da imagem, tudo é escalonado de novo de maneira proporcional.

Para isso, vamos acessar desta vez o menu **Camera**:

Menu Camera ❯ Match New Photo

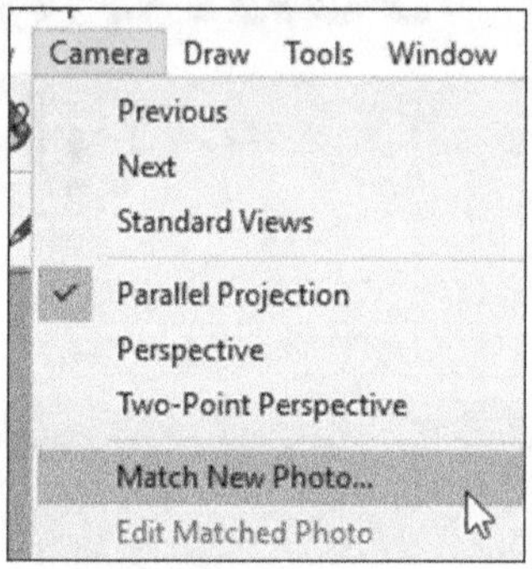

Figura 19.1 | Recurso Match Photo.

Na janela do Windows que aparece, selecione e abra uma imagem desejada (Figura 19.2). Para o exemplo, foi escolhida a imagem que está junto com os demais arquivos para download no site da editora.

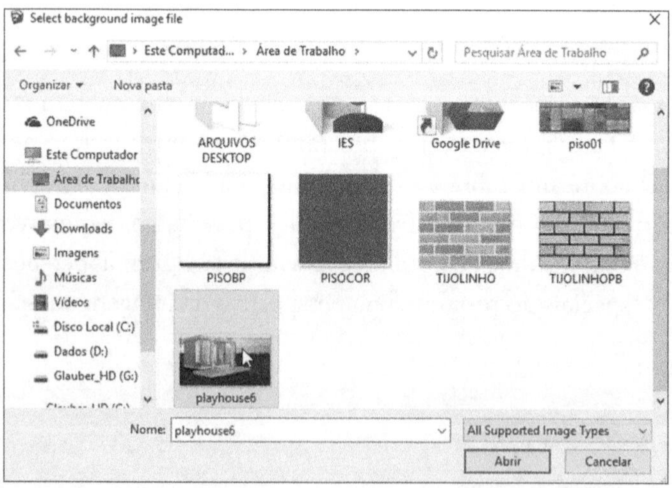

Figura 19.2 | Selecionar a imagem desejada.

Quando clicar no botão para abrir, a imagem será colocada no fundo da área gráfica, trazendo também eixos e grids de manipulação da perspectiva sobre si mesma (Figura 19.3).

FIGURA 19.3 | Imagem importada por Match Photo.

19.2 AJUSTE DOS EIXOS PARA ENCAIXE DA PERSPECTIVA

Antes mesmo de averiguar os parâmetros do painel do recurso, que se abriu com os eixos, devemos posicionar o marcador de cor amarela na ponta inferior do eixo azul. Esse marcador deve ser reposicionado com o botão esquerdo do mouse pressionado e movimentado; o eixo azul delimita as faces perpendiculares da perspectiva (Figura 19.4).

FIGURA 19.4 | Posicionando o eixo azul.

Deve-se também posicionar os eixos vermelhos e verdes, de tal forma que suas linhas entre os marcadores acompanhem as linhas de perspectiva do modelo representado imagem (Figura 19.5).

Figura 19.5 | Posição dos eixos vermelhos e verdes.

Com relação ao painel do recurso, os parâmetros estão descritos na Figura 19.6.

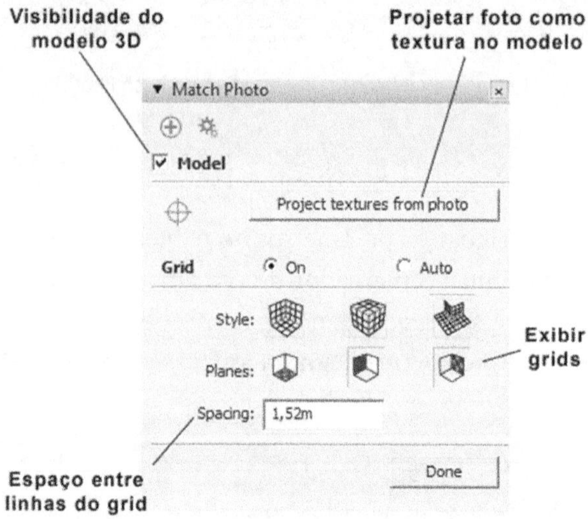

Figura 19.6 | Ajustes do painel.

Não damos muita importância ao painel, já que o ajuste dos eixos e uma boa modelagem 3D na imagem são o que, de fato, importa.

19.3 Primeiros traços e a modelagem 3D

Clique no botão **Done** do painel para verificar que as ferramentas laterais voltam a ficar ativas. Com a ferramenta **Line** devemos começar a desenhar, contornando os principais traços do futuro modelo na imagem.

Continuando na outra lateral, o desenho é feito. Note que, quando estiver traçando as linhas, elas devem sempre estar na cor dos eixos vermelho, verde ou azul. Um – na cor preta é sinal de que seu desenho não está encaixado na nova perspectiva ajustada. Repare mais um pouco:

Figura 19.7 | Desenho sobre a foto.

Para conferir se tudo está indo bem, podemos usar a ferramenta **Orbit** para rotacionar, conforme Figura 19.8. Não se preocupe com a imagem que desaparece temporariamente. Também não se preocupe com a escala do modelo, que, comparada à nossa personagem Suzan (na figura), está muito pequena.

Figura 19.8 | Uso da ferramenta Orbit para rotacionar.

Para voltar e continuar a modelagem sobre a imagem, dê um duplo clique na guia superior chamada *"imagem match photo"* (este é o nome do arquivo da imagem importada, podendo variar conforme a imagem usada no recurso do **Match Photo**), conforme Figura 19.9.

Figura 19.9 | Guia do Match Photo.

Repare um pouco mais no modelo criado e nos detalhes (Figura 19.10). Uso da ferramenta **Push/Pull**:

FIGURA 19.10 | Modelagem 3D sobre a imagem.

Podemos rotacionar a área gráfica para conseguir criar os traços do outro lado do modelo 3D, conforme Figura 19.11.

É normal precisar fazer algumas correções, mesmo das primeiras linhas criadas, para que o modelo se encaixe perfeitamente. Note como fica benfeito com o estudo volumétrico, conforme Figura 19.12:

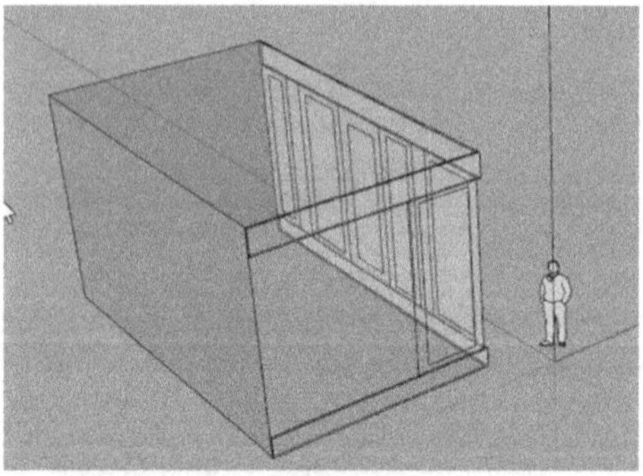

FIGURA 19.11 | Desenho das demais faces e laterais do modelo.

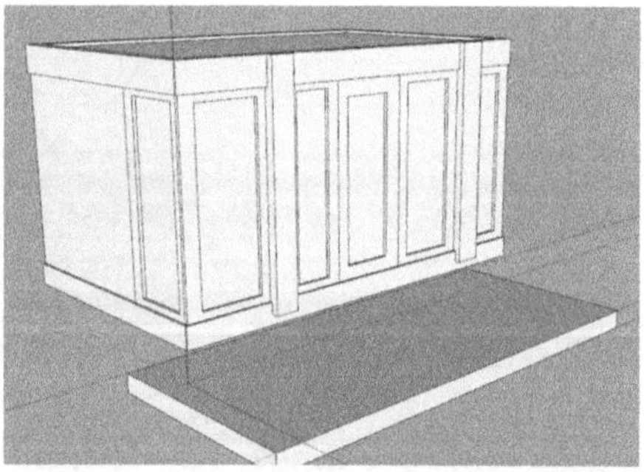

FIGURA 19.12 | Modelo 3D feito com Match Photo.

Você vai notar que muitas linhas e acertos são realizados sem a imagem de fundo, por questão prática mesmo.

Para efetuar a correção da escala, selecione totalmente o modelo.

Com a ferramenta **Tape Measure Tool** ( ), clique nos dois pontos indicados na Figura 19.13, digite o valor = **1,10 m** e confirme com a tecla **<ENTER>**. Uma mensagem de confirmação é exibida e também deve ser confirmada.

Figura 19.13 | Altura dos pontos reajustada para 1,10 m.

Se comparar agora a escala da casa com relação ao tamanho do nosso personagem, podemos comprovar que está de acordo, conforme Figura 19.14.

Figura 19.14 | Modelo 3D criado.

Visualize o projeto completo na Figura 19.15.

Figura 19.15 | Modelo 3D completo.

Capítulo 20

LayOut: Introdução e Documentação de Projeto

Objetivos deste capítulo:

- Aprender as configurações essenciais do LayOut
- Documentar os modelos realizados em SketchUp por meio de pranchas
- Ajustar vistas e escalas dos desenhos
- Realizar fechamento em PDF para plotagem ou impressão

Neste capítulo, vamos aprender os principais recursos de documentação de um modelo 3D criado em SketchUp. Na proposta, veremos como fazer a escolha e a configuração da prancha e suas margens, como estabelecer as preferências de impressão, como importar o modelo 3D e posicionar suas diferentes vistas em escala, como realizar o fechamento em PDF e como abordar desenhos e anotações num aspecto básico em geral.

O **LayOut 2013** é um programa que acompanha a versão Pro do SketchUp, sendo instalado separadamente. É possível encontrá-lo no menu **Iniciar** do Windows.

O programa **LayOut** se localiza na pasta do Google SketchUp 8, mas com o seu atalho específico.

Também podemos acessá-lo pelo atalho no Desktop:

Figura 20.1 | Atalho no Desktop.

Ao iniciar o LayOut, uma tela com o nome Tip of the Day (dica do dia) é exibida (Figura 20.2). Ela compõe uma navegação que alterna diversas dicas para o aprendizado do novo usuário do programa. Com os botões Previous e Next podemos avançar e retroceder as dicas apresentadas. Podemos comprovar que há uma pequena animação e uma breve descrição de cada dica.

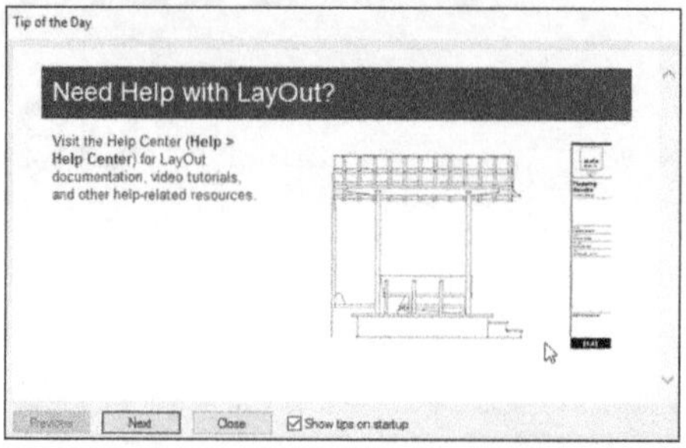

Figura 20.2 | Tela de dica do dia.

Ainda na tela, o parâmetro Show tips on startup, quando ligado, sempre apresenta a tela; do contrário, ela não se abre na próxima vez que o usuário iniciar o LayOut.

Clique no botão Close. A outra tela que aparece na inicialização do software é chamada Getting Started. Nela, deve-se escolher um dos modelos disponíveis de tamanhos de pranchas.

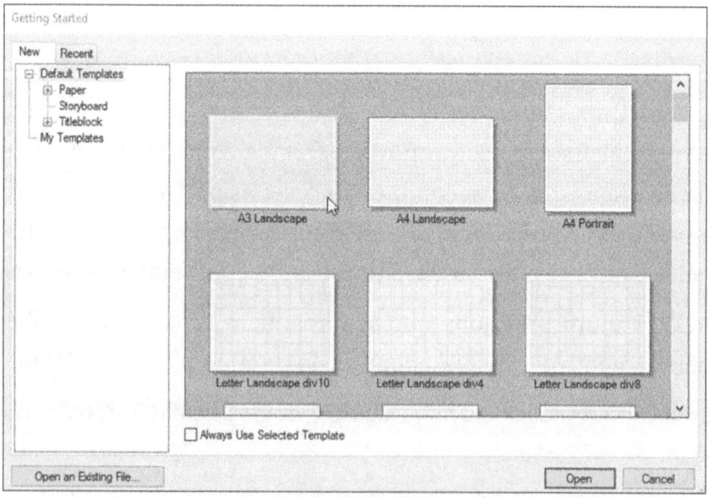

Figura 20.3 | Escolha do documento da prancha.

Para o exemplo, escolha a opção **A3 Landscape**, clicando para fixar uma borda amarela e indicando que está selecionada. A qualquer momento podemos alterar o tamanho do documento para outro desejado, além das configurações do grid ao fundo.

Clique no botão **Open**. A nova prancha é exibida dentro da interface do **LayOut**. Note que as ferramentas de desenho e anotações encontram-se na barra superior, além dos menus clássicos. Já do lado direito encontramos os painéis de configuração e formatação dos elementos de prancha.

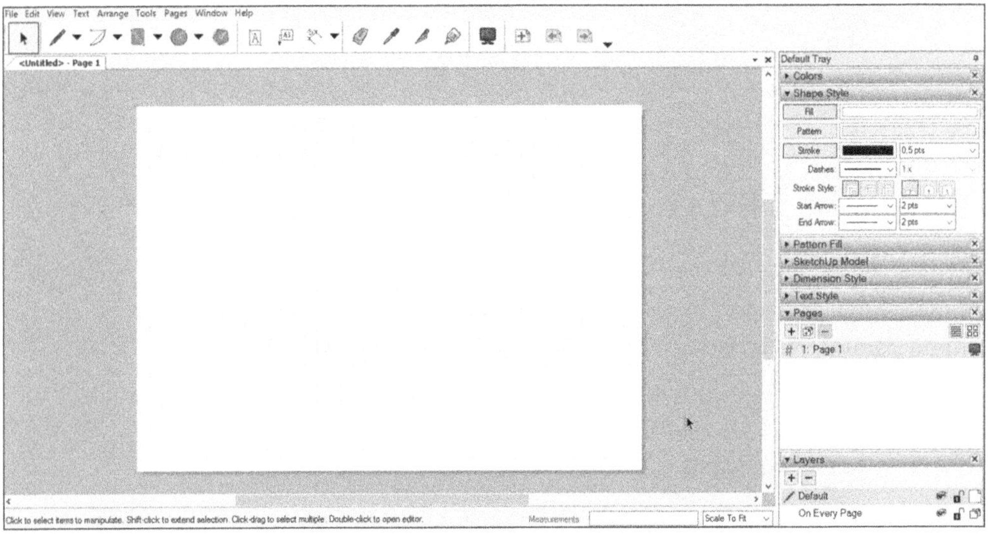

FIGURA 20.4 | Interface e prancha escolhida inicialmente.

20.1 Configurações iniciais do documento

Antes mesmo de importar o modelo criado no SketchUp ou de realizar qualquer tipo de anotação ou desenho, devemos fazer ainda alguns ajustes do próprio documento ou prancha. É necessário acessar o menu **File**:

Menu File › Document Setup

Esse caminho exibe um painel com diversas categorias dispostas do lado esquerdo. Já do lado direito são mostrados os parâmetros relacionados.

Auto-text

Nessa categoria, encontramos parâmetros para identificar o autor, endereço, data e demais informações da documentação.

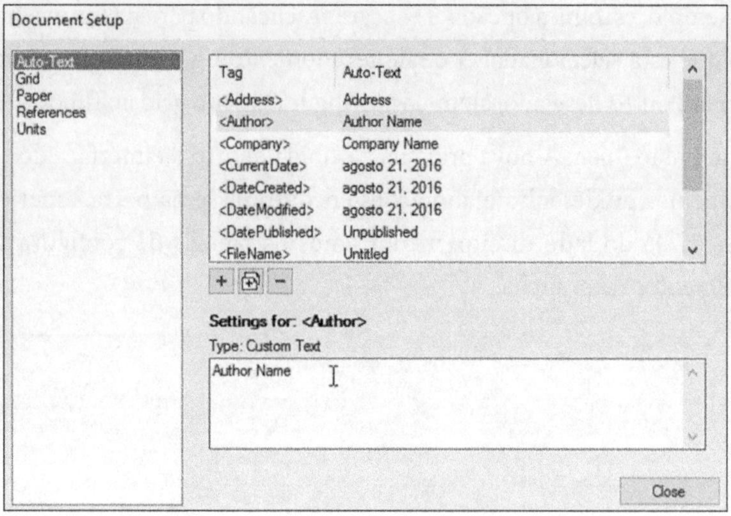

FIGURA 20.5 | Entrar com o autor do projeto e a descrição.

GRID

São parâmetros a respeito do quadriculado no meio da prancha.

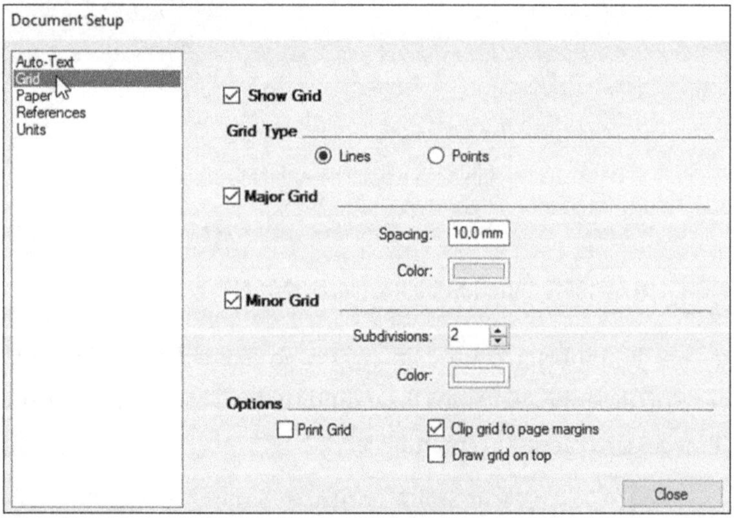

FIGURA 20.6 | Categoria Grid.

- **Show Grid:** exibe ou oculta o quadriculado ao fundo.
- **Grid Type:** alterna o grid da prancha para linhas ou pontilhado.
- **Major Grid:** liga e desliga as linhas mestras do grid. No parâmetro **Spacing**, podemos ajustar o tamanho dos quadrados formados por meio do encontro das linhas mestras.

- Minor Grid: liga e desliga as subdivisões dos quadrados formados pelas linhas mestras. No parâmetro Subdivisions, podemos dizer quantas subdivisões queremos em cada quadrado do grid.
- Print Grid: parâmetro que define se o grid será impresso ou não.
- Clip grid to page margins: indica que o grid termina ao encontrar as linhas das margens da prancha.
- Draw grid on top: posiciona o grid por cima do que é desenhado na própria prancha.

Em tese, podemos até mesmo desligar o grid desativando o primeiro parâmetro, chamado Show Grid.

Paper

Nessa categoria, obtemos parâmetros a respeito da folha da prancha.

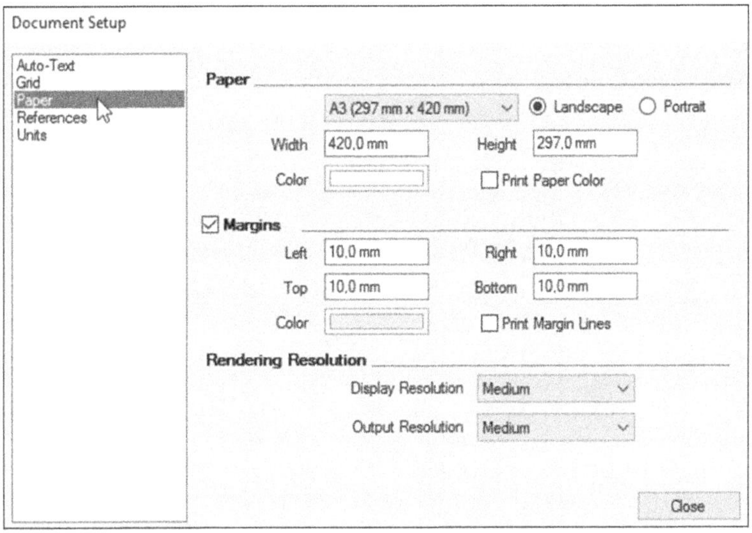

Figura 20.7 | Categoria Paper.

- Paper: podemos escolher qualquer tamanho de folha ou prancha dentre as opções disponíveis.
- Width: largura da folha.
- Height: altura da folha.
- Color: cor da folha. Se ativada a opção Print Paper Color, é possível obter na impressão a cor escolhida na opção Color, mas isso não é aconselhável, pois há papéis já coloridos que podem ser comprados em papelarias e armarinhos.

- **Margins:** nas opções **Left**, **Top**, **Bottom** e **Right**, podemos definir em unidades reais quanto valerão as respectivas margens. Ativando a opção **Print Margin Lines**, a margem é impressa com o documento. Na opção **Color**, podemos configurar a cor da margem.

É interessante ajustar as margens de acordo com o padrão ABNT, para desenvolver uma documentação mais profissional. No caso de uma folha A3, os valores seriam:

- *Left = 25, Top = 7, Bottom = 7 e Right = 7.*

Também ative a opção **Print Margin Lines** e escolha a cor preta para a opção **Color** das margens.

References

Essa categoria lista arquivos vinculados à prancha atual.

Units

A última categoria possui parâmetros relacionados à unidade e à precisão de desenho na prancha.

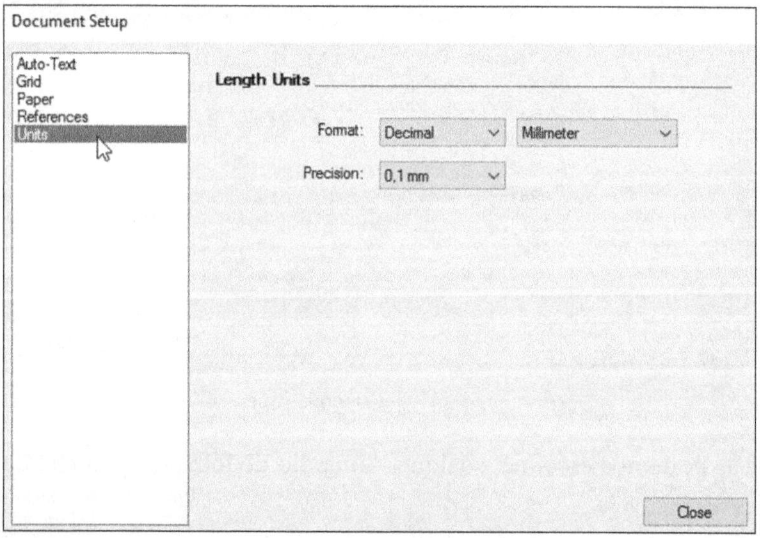

Figura 20.8 | Categoria Units.

- **Format:** formato e unidade de medida para o desenho e anotações na prancha.
- **Precision:** escolha da precisão pela quantidade de casas decimais.

Em suma, mantenha a opção **Millimeter** (milímetros) para a unidade.

20.2 Importar modelos 3D do SketchUp

Este tópico explica como trazer um modelo 3D do SketchUp para dispor suas vistas na prancha.

Começamos com o menu File, que possui a opção de importação. Perceba o caminho:

Menu File › Insert

Uma janela do Windows é aberta, e nela devemos encontrar nosso arquivo 3D criado e abri-lo. Após a importação, o modelo é exibido numa pequena janela dentro da prancha. Use o cursor para encontrar as alças de redimensionamento nos cantos e pressione o botão esquerdo para aumentar ou diminuir, conforme Figura 20.9.

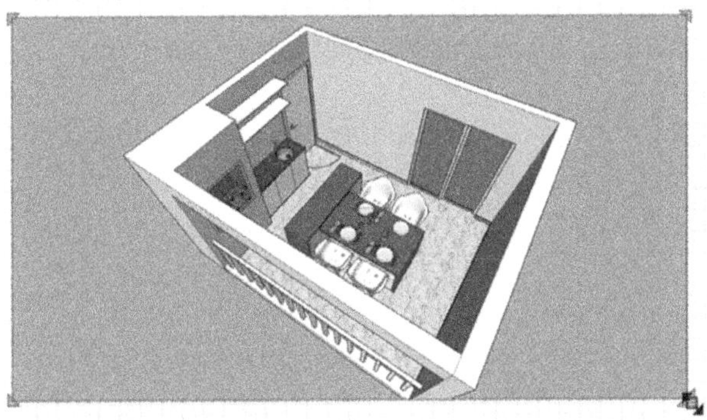

Figura 20.9 | Redimensionamento da janela do desenho.

Também é possível movimentar a vista do desenho, pressionando o botão esquerdo sobre ela. Observe como podemos deixar com relação à prancha:

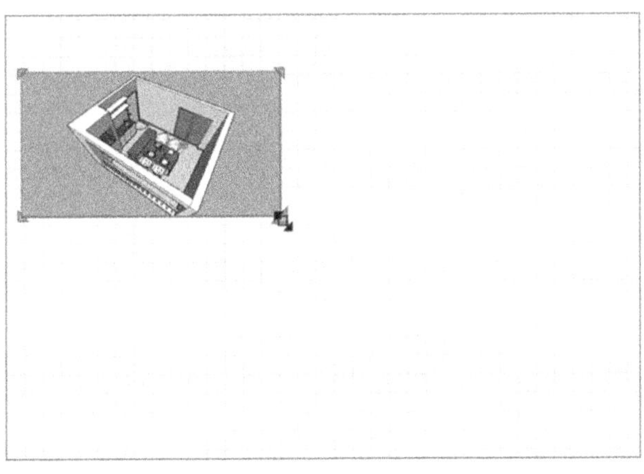

Figura 20.10 | Prancha e modelo 3D importado.

Se quisermos obter mais desenhos do mesmo modelo, basta movimentar o primeiro pressionando a tecla <CTRL>.

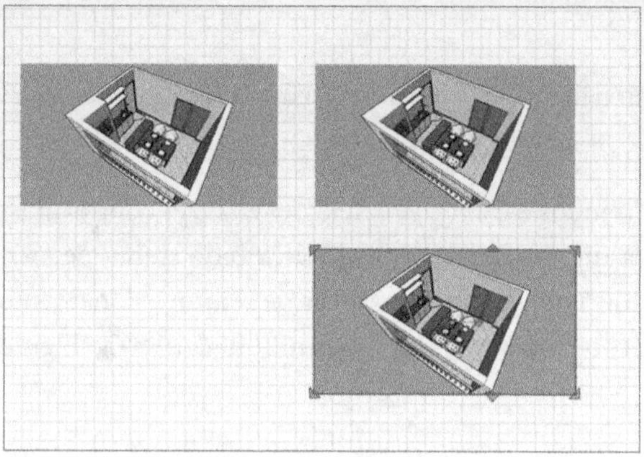

Figura 20.11 | Duplicação do desenho na prancha.

Por que duplicar o desenho? Porque com um duplo clique em um deles podemos acessar a sua edição e assistir, rotacionar com **Orbit** e utilizar a ferramenta **Pan** para alterar as vistas. Acompanhe na Figura 20.12 o que podemos conseguir.

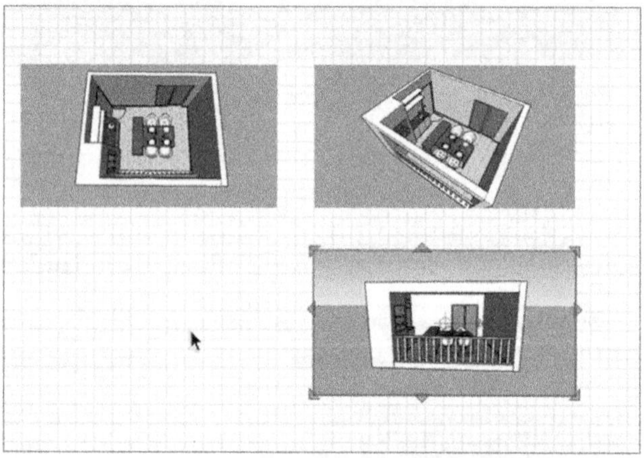

Figura 20.12 | Duplo clique no desenho para liberar a alteração das vistas.

20.3 Visualização e escala do desenho

Para conseguir adicionar uma pré-visualização mais adequada, como os padrões **Front**, **Left**, **Iso** etc., além de padronizar o desenho com uma determinada escala de redução ou aumento (1:50 e 1:100, entre outras), é preciso selecionar a vista do desenho com um clique. A borda azul e as alças aparecem, assim podemos acessar o painel lateral à direita, chamado **SketchUp Model**.

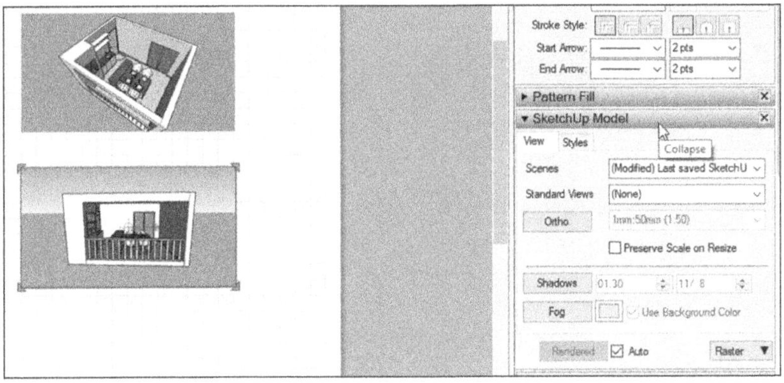

Figura 20.13 | Painel SketchUp Model.

Entenda o painel por meio de uma orientação passo a passo, a seguir:

Procedimento

1. Mantenha o seu desenho selecionado (a vista com a borda e as alças azuis).
2. Vá ao painel lateral **SketchUp Model** e mantenha-se na guia **View**.
3. Na opção **Scenes**, encontram-se as cenas criadas no arquivo do SketchUp. Não escolha nenhuma no momento. Na opção **Standard Views** escolha a opção **Front**.
4. Abaixo, clique no botão **Ortho**. Isso faz com que a lista de escalas de redução ou aumento fique ativada. Vamos escolher a opção **1mm:50mm**. Note como fica o primeiro desenho:

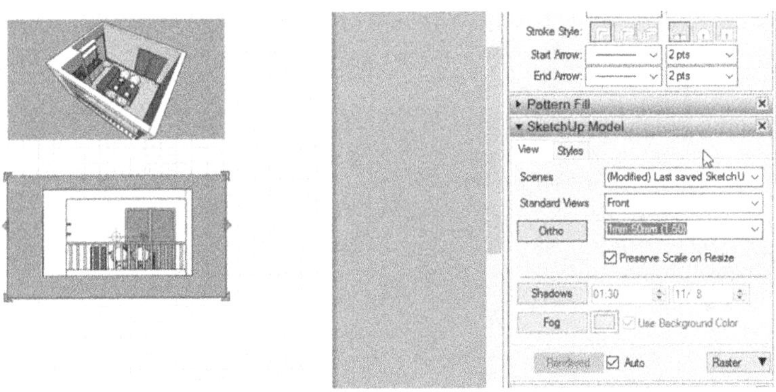

Figura 20.14 | Vista da fachada e escala aplicada em 1:100.

Em tese, basta selecionar cada uma das vistas e alterar para **Front**, **Back**, **Iso**, **Left** – ou seja, a vista desejada – e a seguir ligar o botão **Ortho** para a aplicação da escala no desenho. Note como pode ficar:

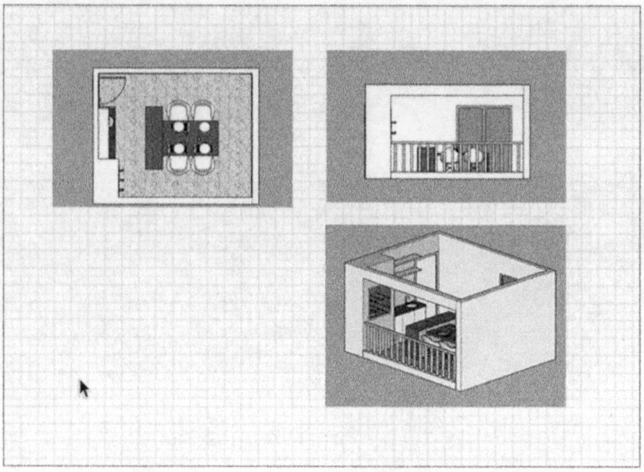

Figura 20.15 | Vistas com escala e projeções aplicadas.

Se quiser adicionar uma escala que não existe na pré-lista, basta clicar e acessar a lista de escalas. A última opção é justamente para adicionar uma escala customizada.

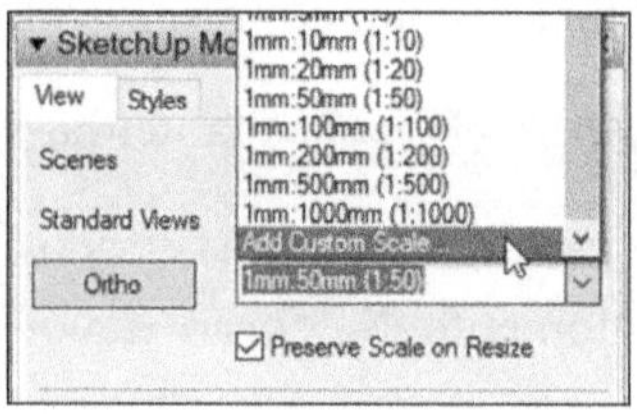

Figura 20.16 | Adicionar uma nova escala customizada.

Na tela que se abre, basta entrar com os valores, respeitando sempre a unidade de milímetros nos campos.

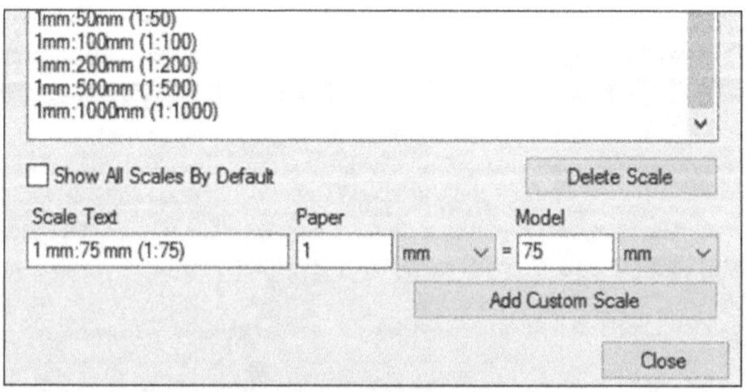

Figura 20.17 | Customização de escalas.

Perceba que se deve digitar o valor **Paper** e o valor **Model**. No exemplo da Figura 20.17, foram digitados os respectivos valores de 1 e 75, para uma em *escala 1:75* (padrão para projeto arquitetônico). No parâmetro **Scale Text**, o nome é automaticamente sugerido. Clique no botão **Add Custom Scale** para a escala ser usada.

20.4 Trabalhar com mais de uma prancha

É possível, assim como em programas de CAD, trabalhar não somente com uma, mas com quantas pranchas de desenho forem necessárias. É para isso que existe o painel Pages, situado também ao lado direito da interface do LayOut, conforme Figura 20.18.

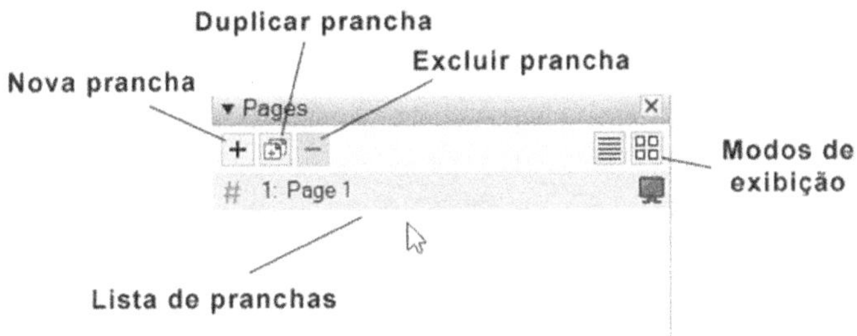

Figura 20.18 | Painel Pages com seus botões e parâmetros.

Podemos simplesmente clicar no botão Add New Page para obter uma nova folha ou prancha em branco para uso.

Imagine a possibilidade de criar uma prancha com os cortes do modelo. Para isso, devemos voltar ao modelo no SketchUp e gerar esses cortes. Note, na Figura 20.19, que o modelo é duplicado duas vezes e cada um se transformou num grupo para que seja usada a ferramenta Section Plane.

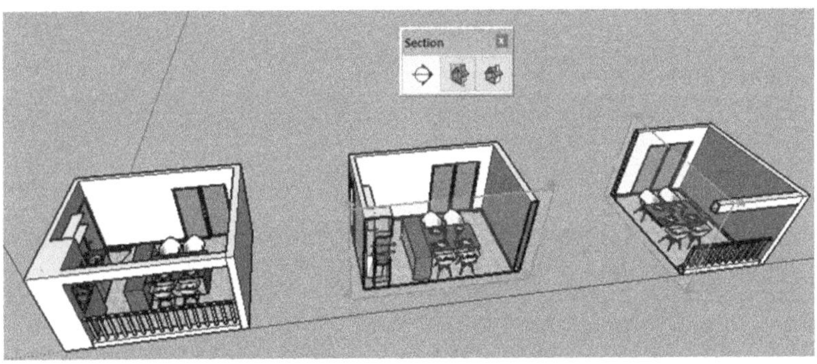

Figura 20.19 | Cortes realizados em grupos copiados do modelo 3D.

Não se esqueça de salvar qualquer alteração realizada.

Voltando ao SketchUp, podemos agora, na nova prancha, importar novamente o desenho, adicionando vistas e escalas.

Provavelmente, os planos de cor alaranjada vão aparecer. Devemos voltar ao SketchUp, entrar na edição de cada um dos grupos e, com o botão direito em cada um dos planos de corte, clicar em Hide.

Voltando ao SketchUp, para que essa nova alteração seja visível, devemos clicar com o botão direito na vista do desenho e escolher a opção **Update Model Reference**.

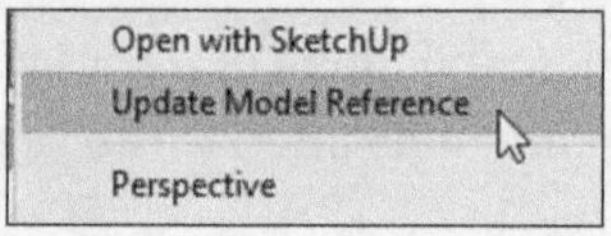

FIGURA 20.20 | Opção de atualização.

Agora, temos duas folhas (ou pranchas) em nossa documentação:

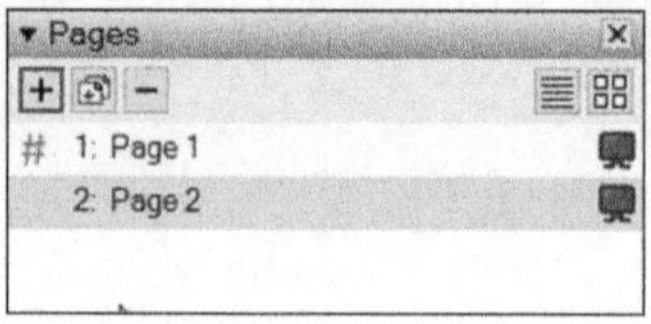

FIGURA 20.21 | Pranchas criadas.

Com o botão direito nelas, podemos utilizar a opção **Rename** para dar nomes relacionados ao conteúdo das pranchas.

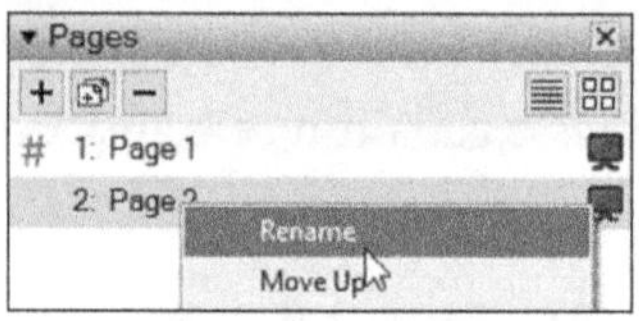

FIGURA 20.22 | Renomear as pranchas existentes.

20.5 DESENHOS E ANOTAÇÕES EM GERAL

Para fazer legendas, tabelas e detalhes decorativos, entre outros, podemos usar a barra de desenho do **LayOut**, que fica disposta na parte superior da interface.

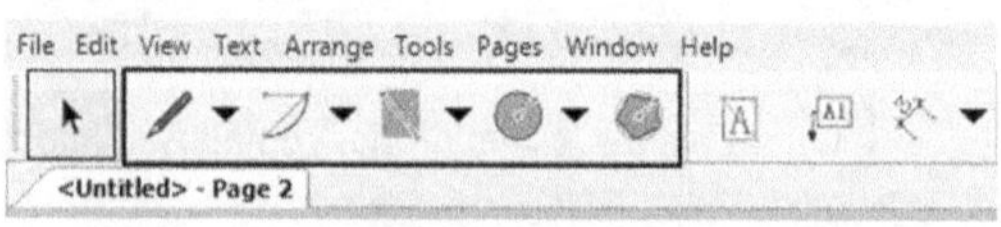

FIGURA 20.23 | Ferramentas de desenho.

Vamos salientar as principais:

LINE

1. Clique para ativar a ferramenta **Line**.

2. Clique num ponto na folha. Aponte com o cursor para o lado e digite um valor = **30 mm**.

Figura 20.24 | Linha reta desenhada.

3. Aponte para cima e digite o valor = **15 mm**. Continuando desta forma, conseguiremos um retângulo desenhado ou qualquer forma desejada.

Arc

1. Clique para ativar a ferramenta **Arc**.
2. Clique num ponto na folha. O primeiro clique será o centro do arco.
3. Clique num outro ponto para indicar o raio. Movimente o cursor para definir o ponto terminal do arco desenhado.

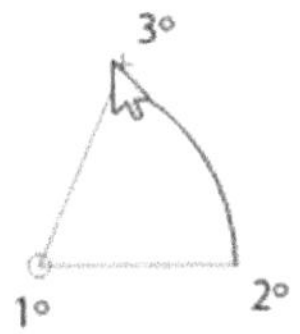

Figura 20.25 | Construção do arco.

Rectangle

1. Clique para ativar a ferramenta **Rectangle**.
2. Clique num ponto da folha e abra o desenho do retângulo, movendo o cursor. Digite na sequência o valor = **50; 20**. Teremos então um retângulo de 50 mm x 20 mm.

Figura 20.26 | Retângulo.

Circle

1. Clique para ativar a ferramenta **Circle**.

2. Clique num ponto na folha. Movimente o cursor para abrir o círculo. Clique para fixar ou digite um raio desejado.

Figura 20.27 | Círculo criado.

Polygon

1. Clique para ativar a ferramenta **Polygon**.
2. Clique em um ponto na folha para indicar o centro. Mova o cursor para visualizar o polígono e clique para fixar o seu extremo ou digite um raio desejado.

Para alterar as cores de preenchimento e os próprios contornos dos objetos e linhas, devemos, primeiramente, selecionar o objeto selecionado.

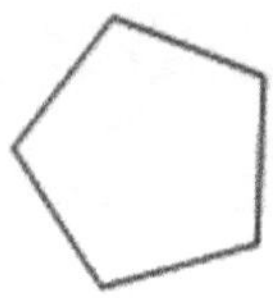

Figura 20.28 | Polígono.

Figura 20.29 | Desenho selecionado.

Do lado direito da interface, encontre o painel **Shape Style**.

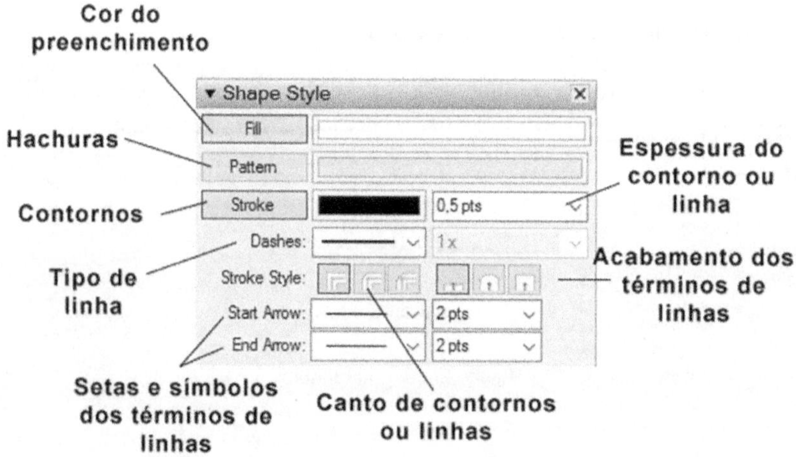

Figura 20.30 | Ajustes de preenchimentos e linhas do objeto selecionado.

Repare nas possibilidades de estilização dos objetos desenhados na prancha:

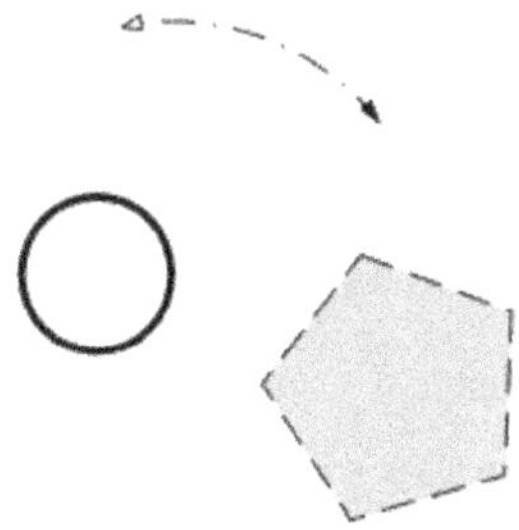

FIGURA 20.31 | Objetos com diferentes estilos e cores.

Com relação aos textos e sua formatação, é bem simples também. O primeiro passo é encontrar as devidas ferramentas, que estão na barra superior (Figura 20.32).

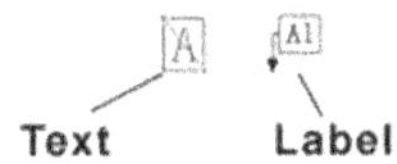

FIGURA 20.32 | Ferramentas de texto do LayOut.

O procedimento é comum a qualquer outro software que possui editoração de texto.

PROCEDIMENTO

1. Clique na ferramenta Text ou Label.
2. Clique num ponto da prancha.
3. Digite o texto desejado.
4. Com a ferramenta de seleção marque o texto e formate-o no painel lateral Text Style.

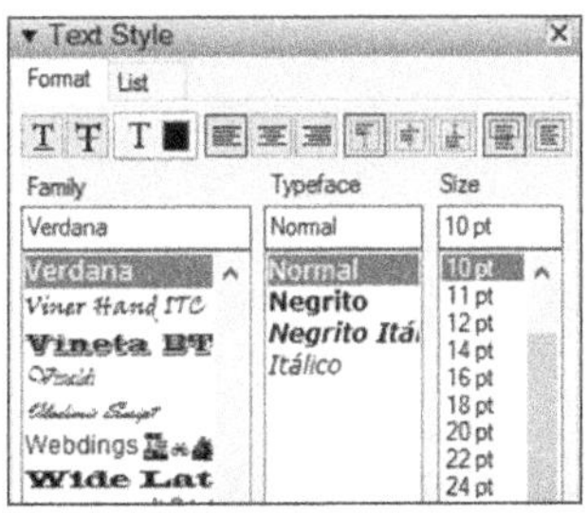

FIGURA 20.33 | Painel de formatação de textos.

As possibilidades de formatação são inúmeras também:

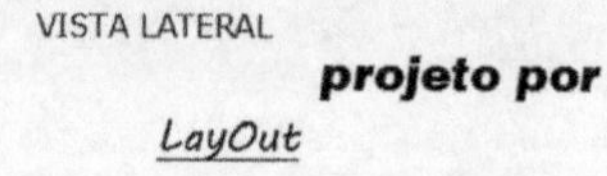

FIGURA 20.34 | Textos formatados.

Tanto os desenhos como os textos podem ser movimentados e rotacionados. Para movimentar, basta pressionar o botão esquerdo sobre o objeto de desenho ou texto e deslocar, movimentando o mouse para outro local. Para rotacionar, pressione o botão esquerdo do mouse sobre o indicador exibido na Figura 20.35 e faça movimentos circulares com o cursor para conseguir a rotação desejada.

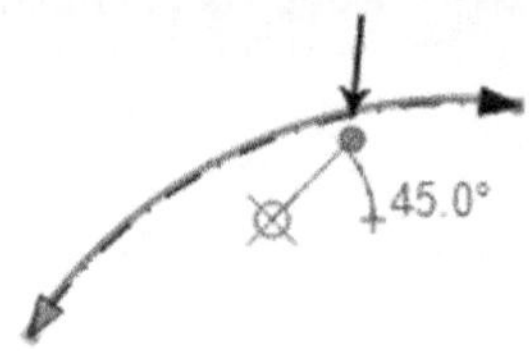

FIGURA 20.35 | Rotacionar um desenho ou texto.

20.6 FECHAMENTO EM PDF PARA IMPRESSÃO OU PLOTAGEM

Depois que as pranchas são criadas e o seu conteúdo é diagramado, precisamos encerrar e preparar para uma futura plotagem ou impressão. Para o encerramento, contamos com a possibilidade de fechar o arquivo em formato PDF, o mais utilizado e de fácil visualização em programas provavelmente já conhecidos pelo leitor.

Para fazer o fechamento, não importa em qual folha estejamos, uma vez que, durante a exportação, é oferecido um parâmetro que pergunta qual prancha ou quais delas serão convertidas.

Note o caminho:

Menu File › Export › PDF

Ao acessar o caminho anteriormente indicado, vamos nos deparar com uma janela do Windows que permite escolher um diretório, um nome e comprovar o tipo de arquivo, que está em **PDF Format** (Figura 20.36).

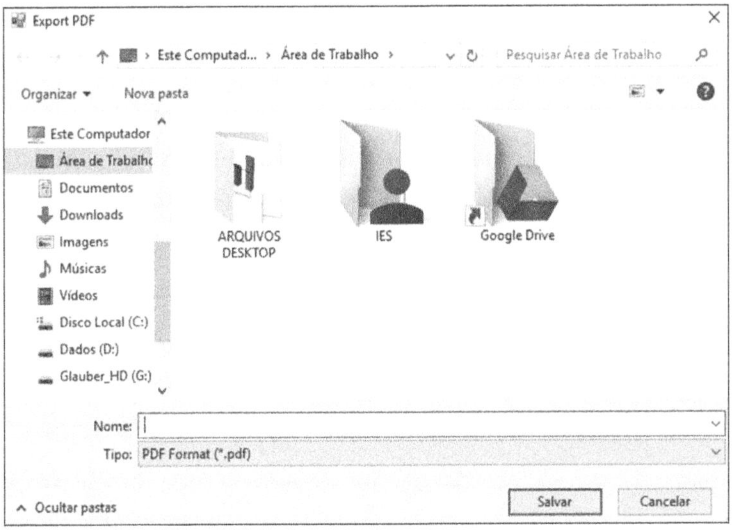

FIGURA 20.36 | Projeto sendo exportado para PDF.

Assim que se clica no botão **Salvar**, é possível visualizar outro painel proveniente do **LayOut**, o qual contém informações a respeito da exportação das pranchas em formato PDF. No parâmetro **Export File**, vamos constatar o endereço e o nome do arquivo que está sendo gerado, conforme Figura 20.37.

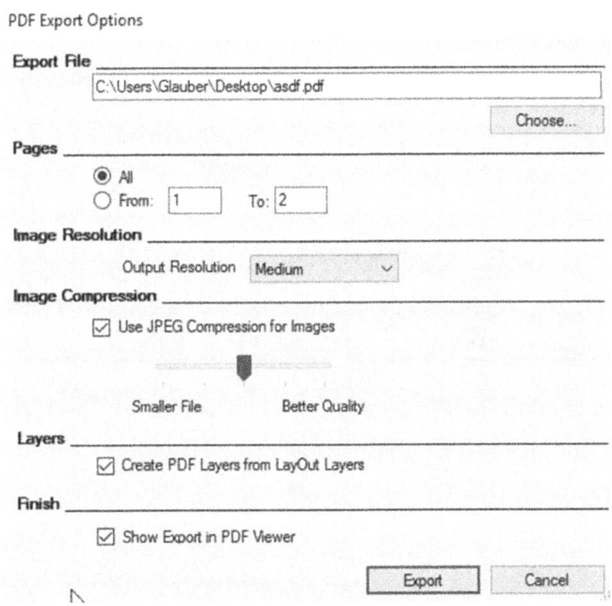

FIGURA 20.37 | Exportação para PDF.

Vamos ver:

- **Page:** parâmetro que questiona se todas as pranchas (**All**) devem ser convertidas ou somente as desejadas (**From**).
- **Quality:** fornece uma lista de menu suspensa a respeito da qualidade das linhas e da fidelidade de tons de cores, detalhes de texturas e transparência dos materiais no arquivo convertido em PDF.
- **Layers:** quando a opção desse parâmetro está ligada, todas as layers utilizadas são exportadas com o arquivo convertido.
- **Finish:** quando a opção desse parâmetro está ligada, o **LayOut** dispara os arquivos exportados em um visualizador PDF padrão do seu computador.

Por fim, basta clicar no botão **Export** e tudo vai ocorrer conforme o esperado.

Como dito no início, a ideia do capítulo foi dar uma visão geral do programa **LayOut**, e não temos como proposta ensinar todos os seus recursos. Os demais botões e recursos disponíveis podem ser encontrados em bibliografias específicas, sugeridas ao final do livro. Apesar de ser um livro sobre o SketchUp especificamente, achamos válido dar uma visão geral da documentação dos modelos, como proposta de complemento didático e aprendizado extra da versão Pro da ferramenta.

20.7 Exercício prático

Faça o desenho de uma legenda (ou carimbo, dependendo da sua região) para um modelo mais completo de prancha. O desenho está proposto na Figura 20.38.

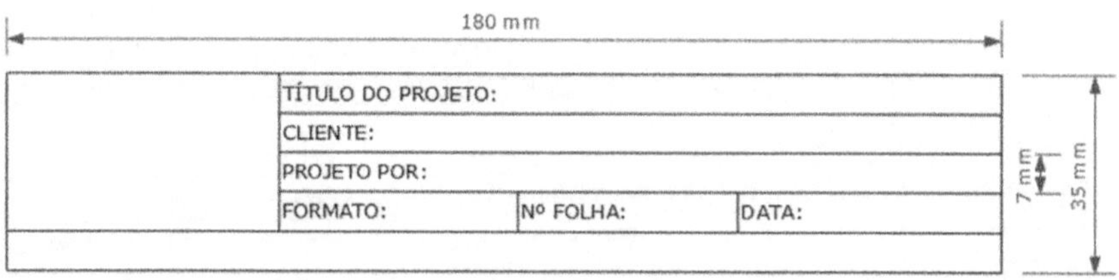

Figura 20.38 | Carimbo para layout.

Note como fica com relação ao restante da folha:

FIGURA 20.39 | Layout.

Utilize as ferramentas **Line** e **Text** para a composição do layout da Figura 20.39.

Capítulo 21

Técnicas e Recursos Extras e Avançados

Objetivos deste capítulo:

- Aumentar a compreensão geral do SketchUp por meio de recursos específicos
- Mostrar técnicas que envolvam texturização, planos de corte e estilos
- Introduzir a utilização de plugins para o SketchUp
- Exportar o modelo 3D e usar a 3D Warehouse
- Apresentar a interação do SketchUp com o serviço Google Maps

21.1 Projetar texturas em modelos 3D complexos

Neste tópico, a ideia é conseguir projetar uma textura em uma malha de objeto mais complexa.

Com imagens é mais fácil explicar esse caso. Note, na Figura 21.1, como o material é repetido em virtude dos polígonos verticais do objeto com curvas.

Figura 21.1 | Repetição da textura devido à sua malha.

Cada faixa é texturizada, uma a uma, sem que haja continuidade. Vamos consertar?

Procedimento

1. Primeiramente, faça um retângulo com a ferramenta Line (✎) "de pé", como se estivesse na frente do objeto, conforme Figura 21.2. Esse retângulo deve estar com a textura que se pretende aplicar ao modelo.

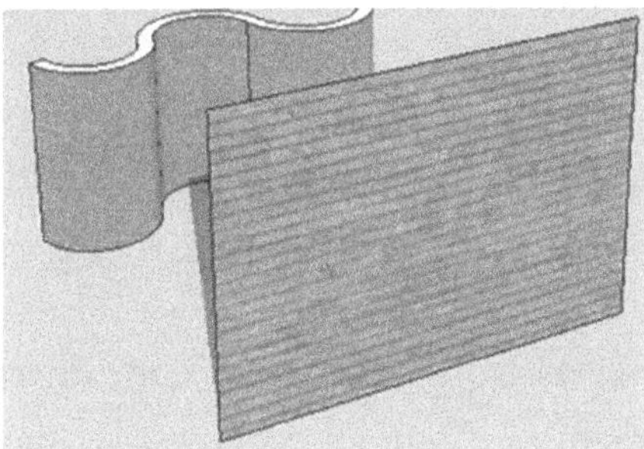

Figura 21.2 | Esfera e retângulo com a textura.

2. Clique com o botão direito do mouse na textura do retângulo, acesse a opção Texture e depois Projected. Clique nesta última.

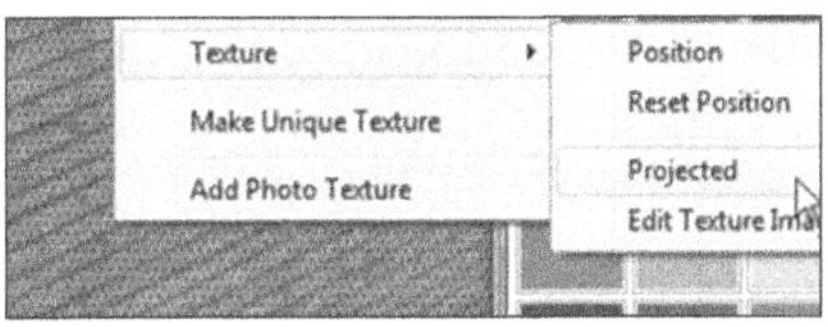

Figura 21.3 | Textura projetada.

Isso faz com que o procedimento aconteça corretamente. O material precisa ter essa opção ativada para que funcione.

1. Abra o painel **Materials** e clique na ferramenta **Sample Paint** (ou conta-gotas), conforme Figura 21.4.

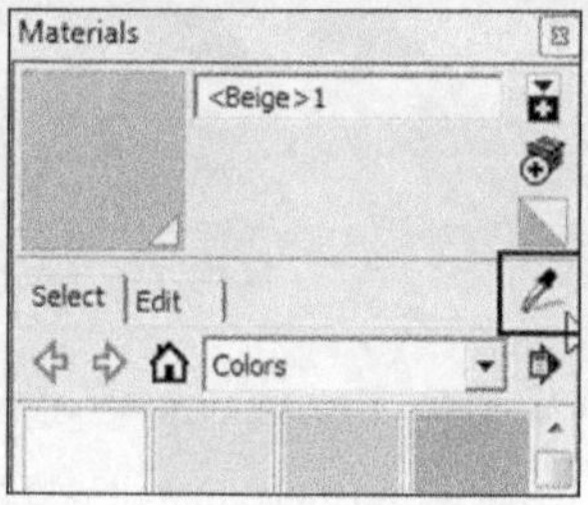

FIGURA 21.4 | Conta-gotas.

2. Clique na textura do retângulo. O cursor do mouse torna-se um balde. Clique, por fim, no objeto 3D complexo, conforme Figura 21.5.

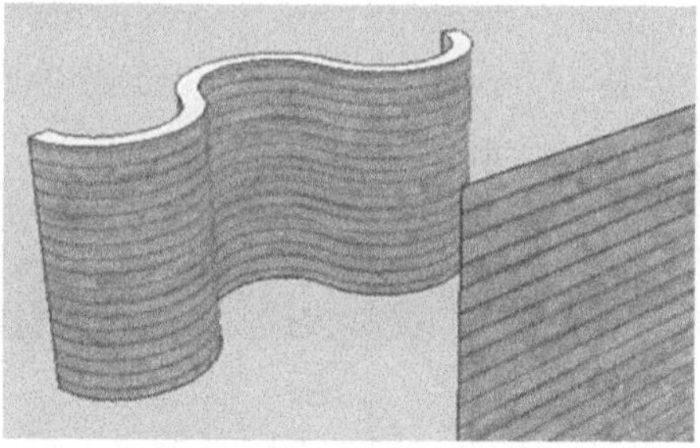

FIGURA 21.5 | Textura projetada finalizada.

A continuidade agora existe. Essa técnica é um diferencial para criar ótimos acabamentos, sem frustrações, visando à representação de seus projetos artísticos e profissionais.

21.2 Múltiplas seções de corte no modelo 3D

Criar múltiplas seções de corte no projeto requer um bom uso dos objetos do tipo *grupo* no SketchUp. Vamos verificar como é executada essa tarefa.

Procedimento

1. Primeiramente, selecione todo o modelo 3D (se for uma maquete eletrônica, selecione-a por inteiro) e, com o botão direito, acione a opção **Make Group**. Note como vai ficar:

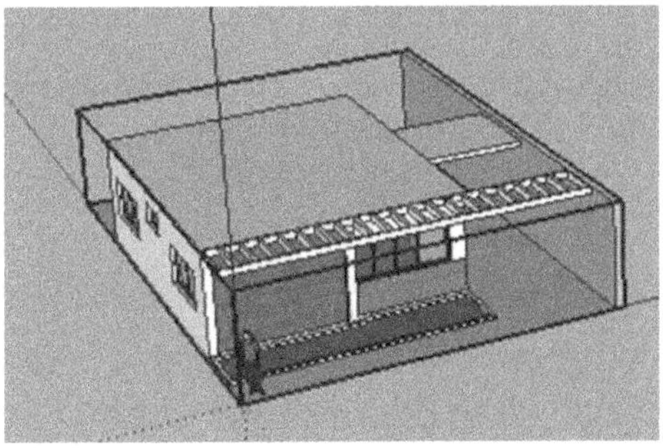

Figura 21.6 | Primeiro nível de grupo.

2. Dê um duplo clique para entrar no grupo. Selecione tudo novamente (dentro do grupo mesmo) e, com o botão direito, crie outro grupo, com a opção Make Group. Temos, agora, um grupo dentro de outro grupo.
3. Dê um duplo clique para entrar nesse segundo nível de grupo. Use agora a ferramenta Section Plane (⊕) e clique para fixar um plano de corte, conforme Figura 21.7.
4. Clique uma vez fora do grupo para voltar um nível. Perceba que ainda estamos dentro do grupo principal. É nessa hora que devemos criar outro plano de corte sobre o modelo (Figura 21.8).

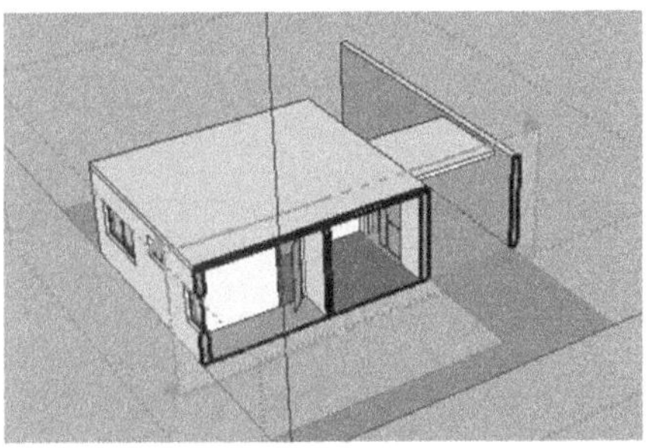

Figura 21.7 | Primeiro plano de corte aplicado no modelo 3D.

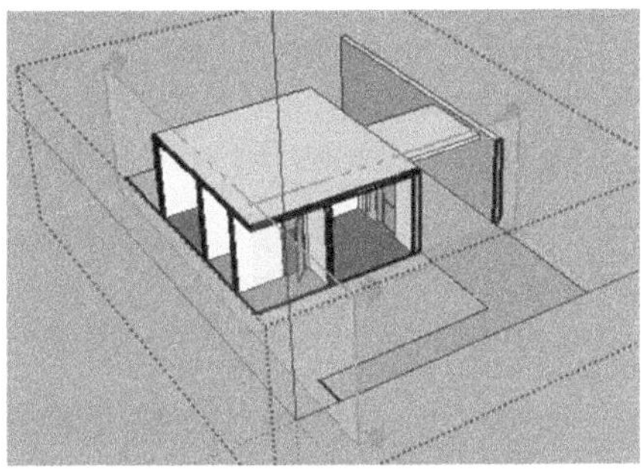

Figura 21.8 | Segundo plano de corte aplicado no modelo 3D.

5. Pronto. Clique agora fora do grupo e você terá a conclusão.

21.3 Importar novas bases de estilos para apresentação

É claro que, em um determinado momento, os estilos disponíveis no painel Styles não serão suficientes. Às vezes, queremos variar um pouco mais os estilos de traço e cor apresentados nos trabalhos artísticos.

Neste tópico, vamos aprender a importar para o painel **Styles** do SketchUp estilos criados por tantos outros estudantes, entusiastas e profissionais mundo afora.

Procedimento

1. A primeira coisa é encontrar um blog ou website que disponibilize esse tipo de arquivo com a extensão .STYLE de forma gratuita (ou paga, se for algum de muito interesse e compatível com seu gosto). Procure no www.google.com.br algo do tipo *"download de estilos para sketchup"* ou *"sketchup styles download"*. Várias referências serão exibidas. Para um aprendizado prático e rápido, junto com os demais arquivos de apoio do livro é disponibilizada uma pasta com três estilos, a qual será chamada de coleção de estilos.

O arquivo referência deste tópico encontra-se no site da editora.

2. O diretório está com três arquivos .STYLE que foram baixados da Internet de forma gratuita – http://www.sketchupartists.org/2011/02/styles-2011/. Visualize os arquivos salvos na pasta:

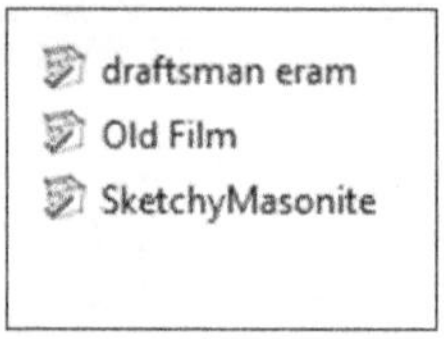

Figura 21.9 | Arquivos .STYLE – estilos para SketchUp.

3. Agora, no SketchUp, abra um projeto desejado e também o painel **Styles**.

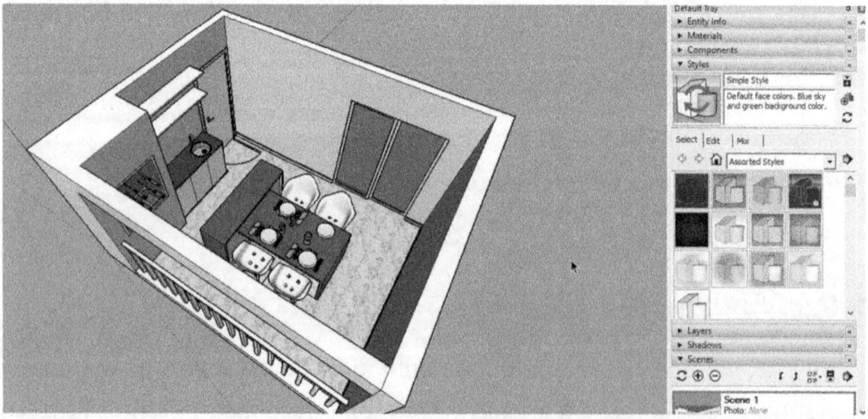

Figura 21.10 | Cena escolhida e painel Styles aberto.

4. No painel **Styles**, clique no botão **Details** (➡) e também na opção **Open or create a collection**.

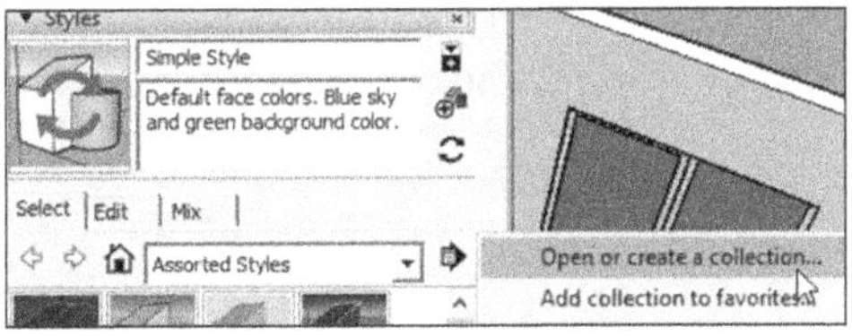

Figura 21.11 | Opção Open or create a collection.

Busque o diretório com os estilos. O diretório que está para download como apoio do livro chama-se *"coleção de estilos"*. É necessário clicar para abrir a pasta (essa janela não "enxerga" os arquivos, somente pastas), conforme Figura 21.12.

5. O painel agora exibe a nova categoria e os novos estilos que estavam salvos na pasta, como vemos Figura 21.13.

Figura 21.12 | Procurar pasta de estilos a serem importados.

Figura 21.13 | Novos estilos importados.

6. Basta aplicar o estilo desejado, clicando nele uma vez.

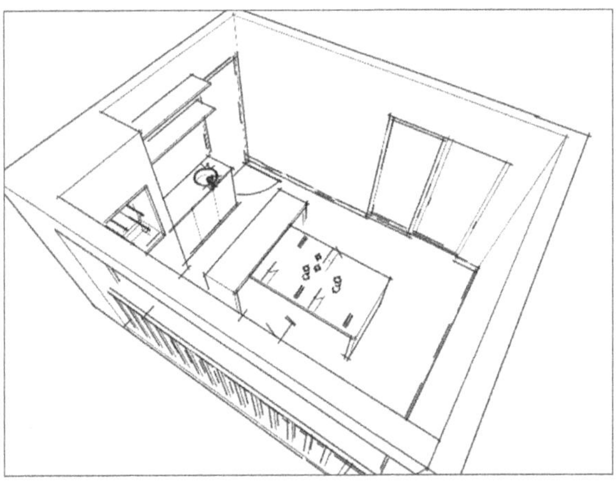

Figura 21.14 | Novo estilo importado e aplicado à cena do projeto.

21.4 Disponibilizar o seu modelo na 3D Warehouse

Antes de tudo, é válido salientar que o modelo a ser enviado e disponibilizado na 3D Warehouse deve ser do tipo *componente* e estar de acordo com o usufruto do seu modelo por terceiros (lembre-se de que a 3D Warehouse é uma ferramenta de uso gratuito).

Procedimento

1. Abra o seu modelo do tipo componente no SketchUp. Para exemplificar, vamos modelar uma prancheta de desenho fixa. Esse arquivo vai estar disponível para download com os demais arquivos do livro no site da editora.

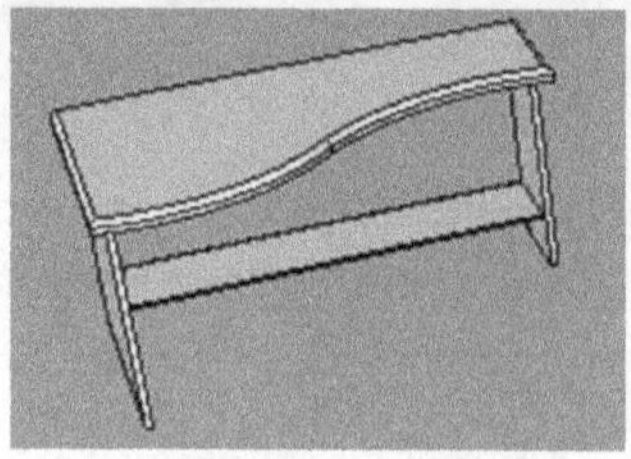

Figura 21.15 | Prancheta de desenho.

2. Após ter selecionado o modelo, com o botão direito do mouse acesse a opção **Make Component** e converta. Defina um nome e o confirme.

3. Depois de convertido, com o botão direito novamente no modelo encontre a opção **Share Component** e clique nela, conforme Figura 21.16.

O SketchUp abre uma janela para inserção de usuário e senha de uma conta Google. Caso tenha uma conta do Gmail, faça a associação com ela; do contrário, clique no link **Create an account now**. Na situação de já ter a conta, digite o **Username** e a **Password**, clicando depois no botão **Sign In**.

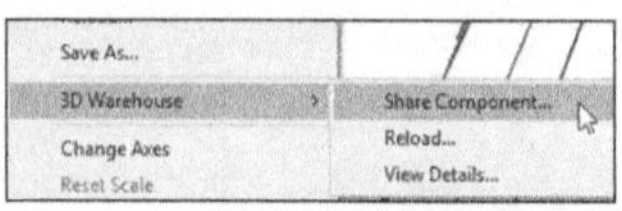

Figura 21.16 | Opção Share Component.

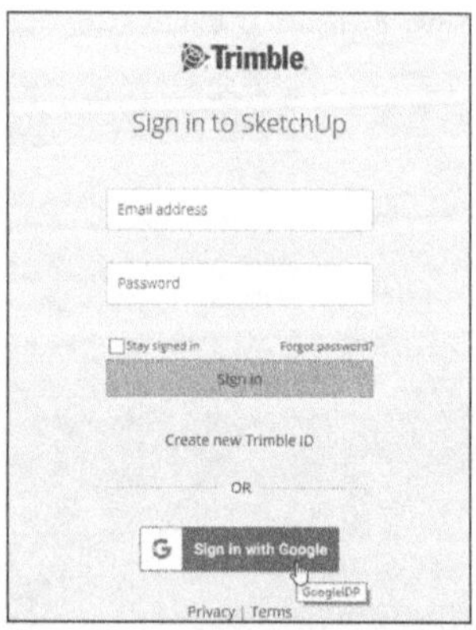

Figura 21.17 | Tela de login de conta Google.

Note a tela que se abre:

Figura 21.18 | Tela para fazer o upload do seu modelo.

Vamos ver os campos propostos e numerados na Figura 21.18:

1. Digitar um título para o seu modelo.
2. Inserir uma descrição a respeito do seu modelo.
3. Entrar com palavras-chave que remetem ao seu modelo, para que os usuários o encontrem por meio do campo de busca da 3D Warehouse.
4. Adicionar um endereço de website, blog pessoal ou profissional.
5. Adicionar a imagem de um logo pessoal ou profissional.
6. Opções para liberação do seu modelo em listas e coleções nas buscas da 3D Warehouse.
7. Pré-visualização do seu modelo.

Após o cadastro, basta clicar no botão **Upload**. Note o processo concretizado na Figura 21.19.

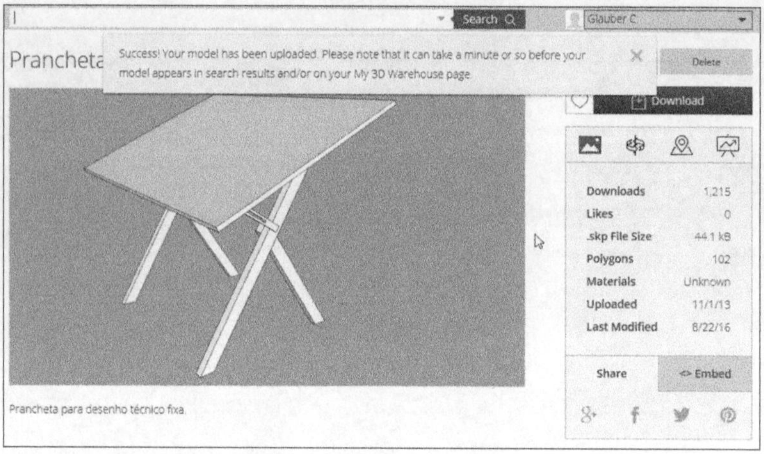

Figura 21.19 | Upload completo do modelo na 3D Warehouse.

Também podemos baixar novos modelos na 3D Warehouse usando o botão denominado **Get Models**, situado na barra superior da interface do SketchUp, conforme Figura 21.20.

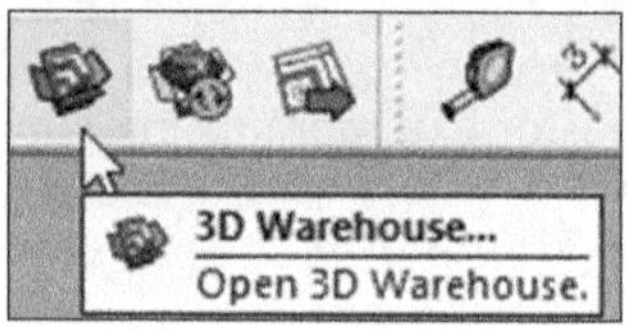

Figura 21.20 | Download de modelos 3D – recurso Get Models.

21.5 Adicionar novos plugins e ferramentas ao SketchUp

O SketchUp, inclusive em sua versão Pro, aceita a integração, em sua interface, de novos recursos e ferramentas desenvolvidos e inseridos por usuários. Os chamados *plugins* são rotinas programadas com a linguagem Ruby Script, e quem aprende a usá-la passa a ter um mundo de possibilidades de criar e modificar os seus projetos.

Essa seção explica como realizar o download e instalação de plugins. Repare, na Figura 21.21, em que parte podemos encontrar o botão na interface que nos permite acessar a página da Internet Extension Warehouse:

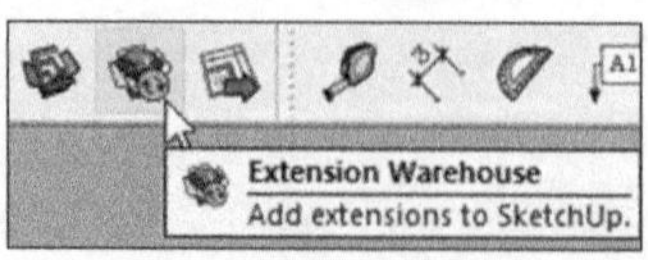

Figura 21.21 | Botão Extension Warehouse.

Podemos ainda acessá-la diretamente pela barra de endereços de nosso navegador preferido. Segue o link:

http://extensions.sketchup.com/

Acessando a página, podemos encontrar uma boa quantidade de plugins para a realização do download e instalação junto ao SketchUp, conforme Figura 21.22:

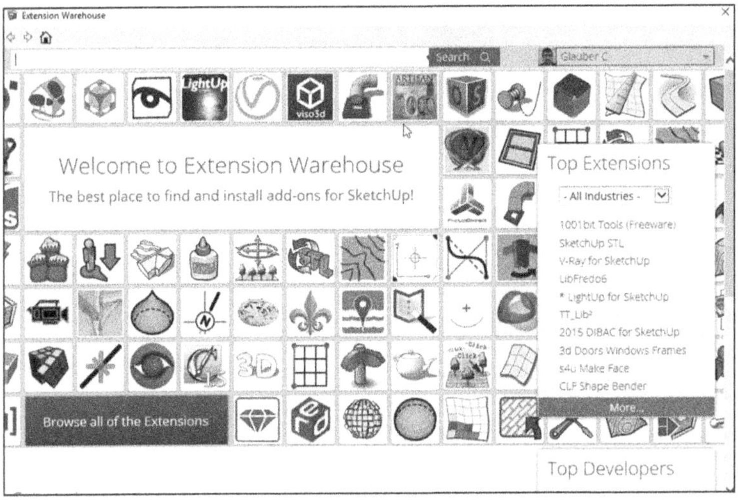

FIGURA 21.22 | Página da web – Extension Warehouse.

Tenha em mente a importância de utilizar plugins, já que a possibilidade de embutir novas funções no programa é muito bacana. Como exemplo, no campo de busca foi digitada a palavra *Shapes*.Uma lista aparece e uma das opções foi escolhida.

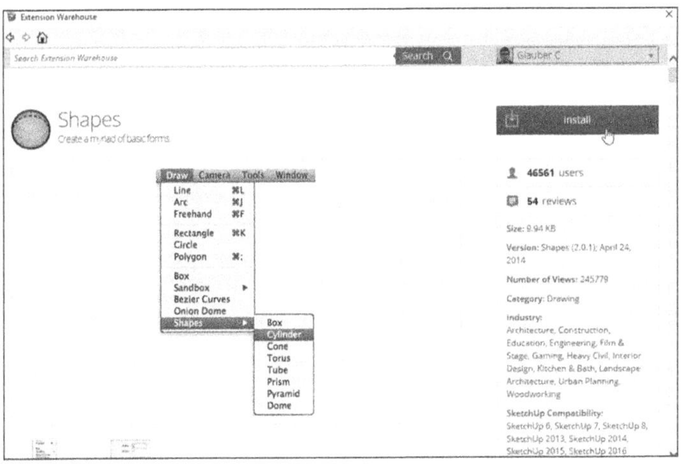

FIGURA 21.23 | Plugin Shapes.

Ao clicar no botão **Install**, o novo plugin passa a fazer parte da interface do SketchUp. Veja esse plugin **Shapes** posto como mais um recurso no menu **Draw**:

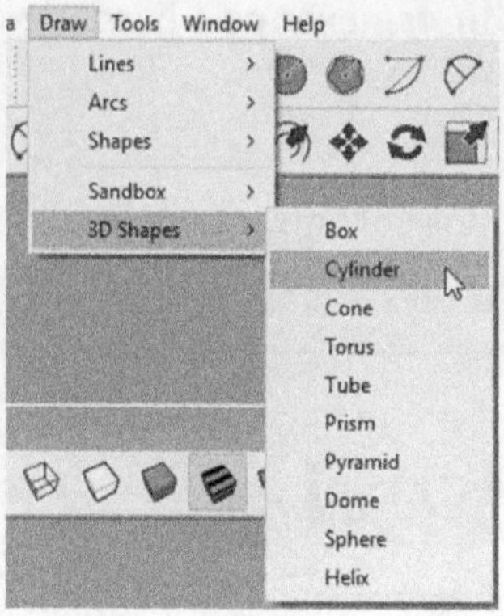

FIGURA 21.24 | Plugin Shapes

21.6 Interação com o Google Maps

Vamos tratar do uso de mapas do Google Maps para alocar modelos de arquitetura, urbanismo e engenharia civil para a questão de entornos e locação dos modelos 3D construídos.

Com os recursos seguintes, será possível compreender e importar mapas do Google Maps, criar os prédios do entorno de sua construção digital e fazer a interação desses elementos.

FIGURA 21.25 | Ferramentas de interação com serviços Google.

Note a barra de ferramentas na Figura 21.25, situada na parte superior da interface do SketchUp.

Em que:

- **Add Location:** importar um mapa do serviço do Google Maps para o SketchUp.
- **Toggle Terrain:** criar desníveis e ondulações reais dos terrenos importados por meio do recurso anterior.
- **Photo Textures:** adicionar fotos como texturas das construções e fachadas dos prédios, entre outros, aos modelos produzidos nos mapas do Google Maps.

Começaremos com a ferramenta **Add Location** ( ):

Procedimento

1. Clique no botão para abrir a tela de busca de locais e regiões do mundo inteiro pelo Google Maps. Como exemplo, foi digitado o nome da cidade de *Porto Alegre/RS*. Vamos ver:

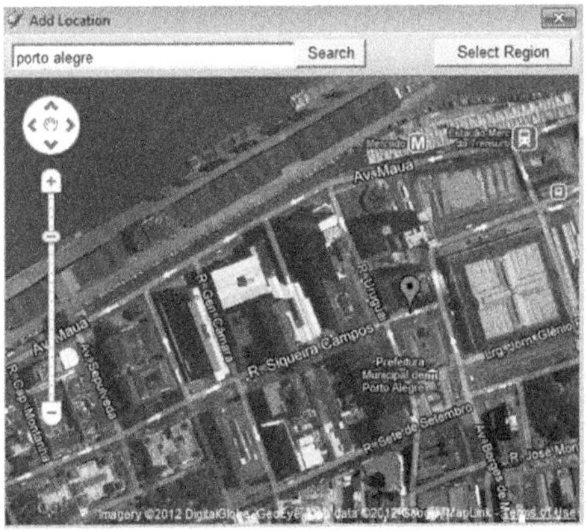

Figura 21.26 | Busca de lugares do mundo todo.

2. Escolha o nome do lugar e clique no botão **Select Region**, assim alguns *pins* azuis são exibidos para que possamos demarcar corretamente apenas a área do mapa que planejamos recortar e trazer para a área gráfica do SketchUp.

Figura 21.27 | Recorte para importação do mapa.

3. Clique no botão **Grab** para concluir o recorte e trazer o mapa para a área gráfica.

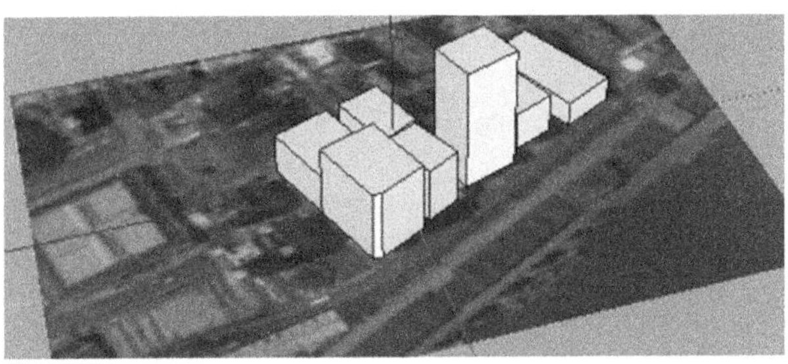

Figura 21.28 | Mapa importado do serviço Google Maps.

O recurso é simples e objetivo. Como o mapa entra já em escala real, podemos fazer estudos de volume e locação dos projetos, entornos, vias e praças.

Vamos ver agora o recurso chamado Toggle Terrain ( ). Ele serve para criar os desníveis e qualquer ondulação real em que o terreno é formado. Os mapas importados do Google Maps geralmente vêm num formato do tipo plano.

Procedimento

1. Clique para manter selecionado o seu mapa importado, por meio do recurso Add Location ( ).
2. Clique no botão Toggle Terrain ( ) e visualize o resultado final.

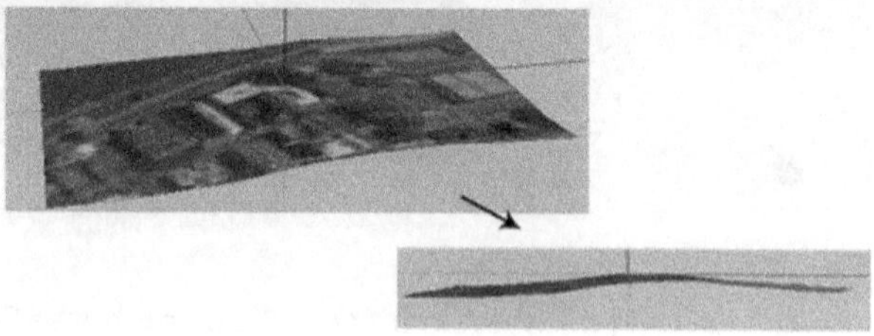

Figura 21.29 | Níveis de deformação do terreno do mapa local escolhido.

Pronto. O recurso é basicamente isso.

A opção Photo Textures permite buscar fotos dos lugares, das construções e das vistas diversas do local, para usar como textura em modelos de entornos feitos sobre os mapas.

Procedimento

1. Importe um mapa preferido com o recurso Add Location ( ).
2. Faça um modelo 3D sobre uma das construções da foto do mapa.
3. Clique no botão Photo Textures ( ). Note a janela que se abre na Figura 21.30.

Figura 21.30 | Janela do recurso Photo Textures.

4. Repare que o recurso já se situa no local onde foi ultimamente importado o mapa por meio do **Add Location**. Rotacione com as setas de navegação para enquadrar a fachada de um local e capturar a sua figura, para depois adicionar como acabamento a um modelo 3D de maquete.

5. Escolha a vista da fachada diretamente na ferramenta ou na opção de fotos enviadas pelos usuários.

Assim, não teremos grandes distorções ou falta de uma boa captura por um elemento muito grande.

6. Escolha o posicionamento ideal e clique no botão **Select Region**. Posicione os *pins* de forma a enquadrar a fachada de forma correta.

FIGURA 21.31 | Fotos de usuários como ótima alternativa.

FIGURA 21.32 | Recorte da fachada para texturizar o modelo de volume 3D.

7. Selecione também a face do volume 3D que vai receber a nova fachada e clique no botão **Grab**, no painel do recurso.

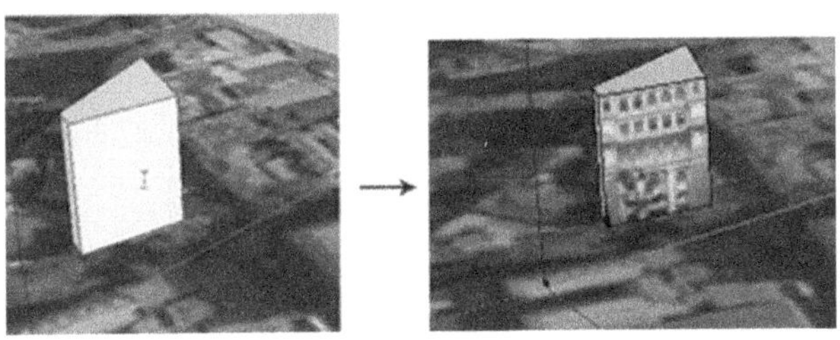

FIGURA 21.33 | Modelo de estudo volumétrico a receber a nova fachada.

Faça esse processo para cada prédio do entorno de sua maquete a fim de obter um realce mais fidedigno de escala e proporção em todo o local.

21.7 Serviço Trimble Connect

Este é um novo recurso disponibilizado pela desenvolvedora do SketchUp, a Trimble, a fim de oferecer um serviço de nuvem e compartilhamento de arquivos. Existem alguns planos oferecidos, pagos e gratuitos.

É possível acessar esse novo serviço pela URL http://connect.trimble.com/get-started

Ou por meio do próprio SketchUp; veja o caminho:

Menu File › Trimble Connect › Sign In/Sign Out

Veja quais são os planos oferecidos. De preferência, clique no botão *Get Started* do plano *Personal*, que é gratuito :

Figura 21.34 | Planos do serviço Connect.

Se você tiver uma conta Google, clique a seguir em **Sign In**, bem no final da página, e logue. O painel de gerenciamento dos seus arquivos em nuvem é exibido:

Figura 21.35 | Painel de trabalho do Trimble Connect.

Conforme mostra a Figura 21.36, o botão **New Project** pode ser o primeiro passo. Clique nele. Um novo painel é exibido. No plano gratuito, podemos trabalhar com até um projeto em andamento.

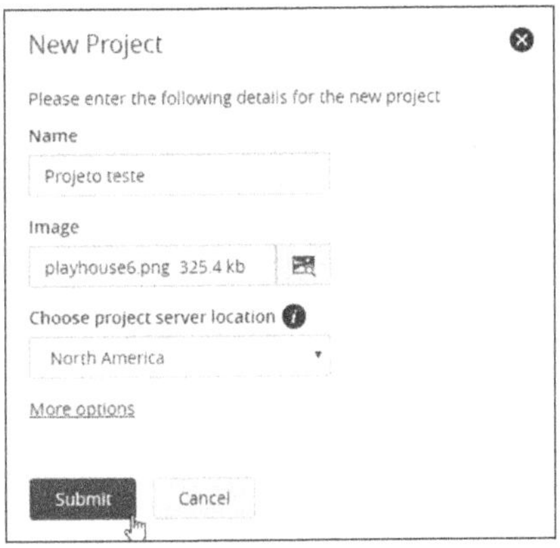

FIGURA 21.36 | Painel para a criação de um novo projeto.

Ao confirmar, o painel exibe o projeto criado. Clique sobre o novo projeto para começar a realizar o upload dos arquivos relacionados e, assim, começar o compartilhamento e armazenamento na nuvem. Veja o botão de Upload na Figura 21.37:

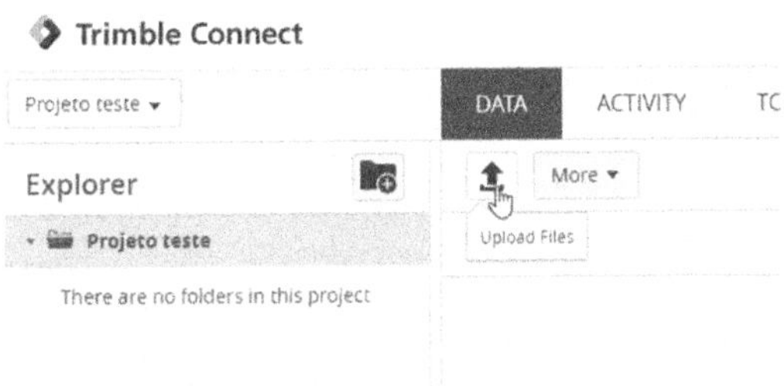

FIGURA 21.37 | Botão de upload de arquivos do projeto.

BIBLIOGRAFIA

CAVASSANI, G. **SketchUp Pro 2013**: ensino prático e didático. São Paulo: Érica, 2014.

CAVASSANI, G. **V-Ray 2.0 para SketchUp**: renderização fotorrealista para representações tridimensionais. São Paulo: Saraiva Educação (selo Érica), 2015.

FERREIRA, P. **Desenho de Arquitetura**. Rio de Janeiro: Imperial Novo Milênio, 2011.

GASPAR, J. **SketchUp Pro 2013**: passo a passo. São Paulo: Rede AEC Pro, 2013.

NETTO, C. C. **Estudo Dirigido de AutoCAD 2016**. São Paulo: Saraiva Educação (selo Érica), 2016.

SKETCHUP. **Tutoriais**. Disponível em: <http://www.sketchup.com/pt-BR/learn>. Acesso em: 06 out. 2016.

Marcas Registradas